匠心宁夏

丁洪　主编

黄河出版传媒集团
宁夏人民出版社

图书在版编目（CIP）数据

匠心宁夏 / 丁洪主编 . -- 银川：宁夏人民出版社，
2023.12

ISBN 978-7-227-07932-3

Ⅰ . ①匠… Ⅱ . ①丁… Ⅲ . ①人物 – 先进事迹 – 宁夏

Ⅳ . ① K820.843

中国国家版本馆 CIP 数据核字（2024）第 028121 号

匠心宁夏   丁洪 / 主编

责任编辑　管世献
责任校对　杨敏媛
封面设计　姜善玉
责任印制　侯　俊

黄河出版传媒集团
宁夏人民出版社　出版发行

出 版 人　薛文斌
地　　址　宁夏银川市北京东路 139 号出版大厦（750001）
网　　址　http：//www.yrpubm.com
网上书店　http：//www.hh-book.com
电子信箱　nxrmcbs@126.com
邮购电话　0951-5052104 5052106
经　　销　全国新华书店
印刷装订　宁夏银报智能印刷科技有限公司
印刷委托书号　（宁）0029003

开　　本　787 mm×1092mm　1/16
印　　张　26
字　　数　420 千字
版　　次　2023 年 12 月第 1 版
印　　次　2023 年 12 月第 1 次印刷
书　　号　ISBN 978-7-227-07932-3
定　　价　60.00 元

CONTENTS 目录

吴忠礼：
一辈子就干了修志这一件事

　　对吴忠礼不陌生，因为之前的采访，没少打扰他。记得每次前去，吴先生都埋怨我们耽误他的研究时间，但说归说，"刀子嘴豆腐心"的吴先生却每次都能端出早早为我们备好的资料，一页一页为我们详解。这次吴先生预先备好的书是《盐池县志》《吴忠县志》《宁夏方志20年》。这三本书，打开的是宁夏方志早期研究的一段艰难岁月。

吴忠礼。

42 岁，从宁夏方志"0"做起

1981 年 8 月的一天，在宁夏社科院从事地方史研究的吴忠礼接到上级通知，让他赶赴山西太原参加中国地方志协会举办的一个研讨会。但地方志究竟是什么？当年的宁夏人几乎没人知道。有人想宁夏既然有研究地方史的，想必和地方志相差不会太远，于是吴忠礼便"稀里糊涂"受命参会。

带着一脑子修方志的新鲜想法，回到宁夏后，吴忠礼却不想和地方志有瓜葛了。因为当年的宁夏地方志研究一片空白，无像样资料可循，无研究人才、无专门机构，修志的困难"随便抖抖，就一箩筐。"但也没办法，那个百废待兴的年代，没人考虑吴忠礼的个人意愿，他不得不"被套上'方志'这辆战车"，那一年他已 42 岁。

1985 年，当上区志办的"搬运工"

1986 年版的《盐池县志》便是那段时间吴忠礼为方志四处奔波后结出的第一颗果实。为什么新中国成立后宁夏的首部方志聚焦盐池，而非首府银川？因为盐池在解放战争时期，是陕甘宁地区的一处重要根据地，在党史研究上有丰富的成果。研究人员在整理盐池党史资料时，发现不少资料和吴忠礼前来做辅导时所说的地方志有关。于是 1982 年，盐池县就率先成立了宁夏首个编纂盐池县志的机构，并在吴忠礼等人严格的编审校验下，于 1986 年出版了新中国成立后宁夏公修的第一部地方志——《盐池县志》。

有了基层方志机构，有了渐渐明朗的修志思路，1985 年 7 月 1 日，宁夏成立了专门的地方志编审委员会办公室，机构挂靠在宁夏社科院，简称区志办。吴忠礼是首任区志办主任，从此和宁夏地方志"一生都脱不了干系"。想当好区志办这个头，吴忠礼定的目标是"首先自己得成为专家"。当年为了搜集资料，吴忠礼跑遍了兰州、北京、南京等大城市的专业图书馆。为节约经费，他专门在寒暑假时出差，为的是能够住进不需多少费用的大学生宿舍里。中国史籍汗牛充栋，吴忠礼自嘲像个史料"搬运工"，要从中"搬"出所有有关宁夏的史料。

20 世纪 80 年代初期，许多图书馆既没有复印设备，又没有检索系统，只能靠阅读和抄写等原始手工作业来完成资料搜集工作。经几年时间的不懈努力，吴忠礼这个"搬运工"把有关宁夏的史料系统地整理出来，汇编整理成《廿六史宁夏资料辑录》《明实录宁夏资料辑录》《清实录宁夏资料辑录》《宁夏历代方志萃编》和《宁夏近代历史纪年》等书籍，供同行使用。

一生，都在"书而不论"

别看吴忠礼一生著作颇丰，于今已有 24 部著作问世，但他依然强调他仅仅是"书而不论"，他说这是做地方志研究的一条法则，研究者不能创作、想象，不能轻信，不能仅凭孤证。"每一句话都要有出处"，地方志的功能就是要"补史之缺，正史之讹"。

"补史之缺，正史之讹"短短 8 个字，背后付出的艰辛却是常人难以想象的。打个比方说，吴忠礼所著的《明实录宁夏资料辑录》共有 78 万字，其中涵盖的阅读量却达 4000 万字，而 4000 万字仅仅是正史。为了"正史之讹，补史之缺"，他还需要在浩如烟海的野史、民间传说、考古发现中寻找蛛丝马迹，相互印证、辨别、综合分析，这个过程，有时需要跨越国界查询资料，有时则需要数年等待。

1981 年，吴忠礼听说在日本国会图书馆收藏有一本我国明朝最早的北方方志古书。此书名为《宁夏志》，是明太祖朱元璋第 16 子朱栴所著，记述了西北元末明初的许多在史料中看不到的事情。吴忠礼颇费周折得到这本明代志书的复印本。这本古志共 38500 字，吴忠礼结合国内的史料进行考证性延伸研究，出版了 30 万字的《宁夏志笺证》一书。

最近，又做宁夏方志新"手擀面"

2006 年，66 岁的吴忠礼才退休，家人都以为他从此可以悠闲度日了，可没想到他却越来越忙。退休之后，他完成了多部著作，还主持并参与了自治区一些重点文化书籍的编纂和审查工作。

吴忠礼退休后的工作强度，还"连累"到了他的家人。吴忠礼不会电脑，几十万字的手写初稿完成后，他的老伴则要负责全部抄录和校对等工作，女儿负责电脑录入。吴忠礼笑称妻子是他得力的"学术助理"，有时，他来不及写完整的那几个注释，他从不担心，妻子都会帮他填写完整。一家三人组建的是"宁夏地方志小作坊"，每天出炉的则是"手擀面"。问为啥是"手擀面"，老先生说，因为是他"纯手工做"的啊。

最近，吴忠礼家的"小作坊"又有"新面"问世。一本约 4 万字的《宁夏旧志小考》初稿已经完成。记者看到了手稿，纸上字体龙飞凤舞，用不同颜色的笔密密麻麻做着注释和补充。此书是对宁夏解放前志书的一次全面盘点，主要囊括了明、清、民国期间宁夏丢失的志书、遗存的志书以及和地方志书有关的地情书等方面的内容。

"通过此书，解放前宁夏志书的家底一目了然。"吴忠礼觉得捧出这碗"手擀面"很有必要，他年事已高，但有了这本方志的家底，后世人拿着它，溯本追源就方便多了，没准有关宁夏的某本志书就静静地躺在某个地方，等待着人们去发现它。

人物介绍

吴忠礼 原任宁夏社科院副院长。多年从事历史与方志研究，他整理或参与整理出一批宁夏史志研究的系统基本资料，著书 24 部，被誉为"宁夏地方志的拓荒者"和宁夏历史的"活字典"。2014 年荣获宁夏回族自治区社科突出贡献奖。

（乔建萍　文／图　本文采写于 2015 年）

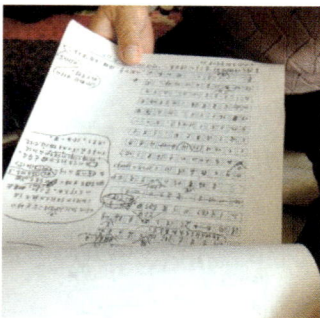

《宁夏旧志小考》手稿。

牛达生：
耕耘考古，治学西夏

2015年12月15日，上午9时，银川市北安小区一居室内，一位老人准时打开了电脑。在他身前的案头，同时堆积着的还有一摞摞的书，以及资料、文稿。而在桌案紧邻的阳台上，一盆盆绿植正长得葳蕤。窗外的寒冬，仿佛并不存在。

时间往前推大约9年，中国初中学生的《中国历史》课本，经过了一次修改。教材在介绍毕昇发明泥活字印刷术后，写道："考古学家发现了西夏时期的木活字印本，这是已知最早的活字印刷品。"

从一定程度上讲，上面这段话里的"考古学家"，完全可以替换成一个具体的人名——牛达生。也就是这位坐于电脑前、笔耕不辍的老者。他今年82岁。

学术研究至今，牛达生先生仍是笔耕不辍。 ▶

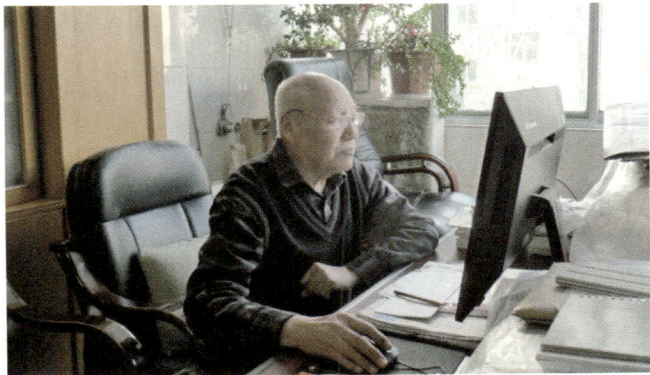

"改写印刷史的人"

1992 年，他在对拜寺口方塔废墟中发现的西夏文印本进行研究后，得出其为"木活字印本"的重要论断，并在其后通过专家鉴定，被称为"改写印刷史的人"。

考古学家，不过其一。事实上，我们很难给眼前这位学者，下一个单一、精准的"定位"，可以加在他身上的称呼是：考古人、西夏学者、钱币学家、印刷史研究者……或者，还可以有更多。

20 世纪 80 年代初，他调查并考证了位于贺兰山东麓的拜寺口方塔，以充足的论据证明其为西夏原建。

也是自这段时期起，他埋首西夏钱币考古与研究多年，其处女作《西夏钱币辨证》一文，被学界认为是研究西夏钱币的权威之作，并写就专著《西夏钱币论集》。

近 30 年来，他发表论文等 180 余篇，其中 4/5 与西夏有关，且皆有独到见解。他广涉西夏遗址、西夏陵墓、西夏文书等研究，著有《西夏遗迹》《西夏考古论稿》等

考古行程中的留影（20 世纪 80 年代）。本人提供

专著。

《中华印刷通史》主笔张树栋称："（近年来）印刷史研究可谓硕果累累，成就卓著。牛先生于此奉献巨至。"著名西夏学者史金波这样形容："他在西夏钱币、西夏印刷、西夏造纸、西夏建筑、西夏雕塑艺术等方面屡有新见，不时引领西夏考古研究的方向，是西夏文物考古界的一面旗帜。"

从事学术研究至今，牛达生仍在耕耘不断。他说："许多朋友劝我：年纪大了，不要干了，不要再受那份苦了。做学问是苦，但也有乐。没有苦，哪有甜；苦中有乐，甘从苦来。这就是生活的辩证法。"

兴县牛家

说起牛达生的人生履历，之前也有不少人写过。但对于他早年时的经历，却鲜有提及。这次，牛先生也同意给记者讲一讲，回味一下那些特殊岁月里的年少往事。

1933 年，牛达生出生于山西太原。父亲牛映翼毕业于民国时期的山西大学，在当时阎锡山主政的山西省政府里当职员。单说他父亲的名字，可能人们并不熟悉，但如果说到他们所在的家族，却在当地甚至中国的革命史上，都留下过一笔。

牛达生原籍山西省兴县蔡家崖村。在这个"北倚元宝山，南襟蔚汾河"的晋西北村庄里，有个在全省都颇有知名度的大家族——兴县牛家。在牛达生的童年时期，家族里"主事"的是他的一位最小的爷爷，名叫牛友兰。

翻阅相关的史料和书籍，在牛友兰这个名字前，被最多冠以的称呼是"开明绅士""红色士绅"。这位曾于清末年间考入京师大学堂（北京大学前身）的进步人士，不仅在当地大兴教育，而且在抗战时期，为共产党军队捐物捐粮，并主动献出自家宅院，供贺龙等晋绥领导同志和领导机关使用。毛泽东、周恩来、任弼时、刘少奇、朱德等都在牛家宅院留下过足迹。

而牛友兰之子牛荫冠，也就是牛达生讲述中多次出现的"叔父"，同样是当时晋绥边区著名人物，曾担任过晋西北行政公署副主任、党组书记等要职。如今，他们家族中的这处宅院，便是晋绥边区革命纪念馆所在。

颠沛童年

简述这段经历，一方面是说说牛达生先生的家世渊源，另一方面便是其中的历史背景。他的童年，完全可用"颠沛流离"来形容。

1933 年出生的他，刚刚 4 岁，便遭遇战火的侵袭。1937 年 11 月，日寇攻陷太原。他与家人一起往山西南部逃难，辗转流落到一处名叫猗氏（今山西临猗县）的地方。一年多后，日军继续南下，他们又回到位于晋西北的老家。

在故乡蔡家崖住了一段时日后，1940 年，同样处于"流亡"命运的民国山西省政府，在晋西吉县一处叫"克难坡"的地方暂安。牛达生与母亲便又踏上投奔父亲的路途，最后在一个叫隰县的山区县城落脚。

那段时日，是牛达生少有的一段还算安稳的童年。在那里，他从小学二年级上到了四年级。"出县城西门有一条河流，孩子们在里面戏耍；还有阎锡山的孙子，也跟我在同一所学校；他在河边的矮土崖上行走，一不小心掉了下去，跟随的卫兵赶紧下去救上来……"

时光远去，牛先生的记忆多少有些零断，但眼角偶尔露出的光彩，能看出这是他早年颠沛经历里，为数不多的一些闪光片段。

落脚银川

1945 年，抗战胜利。12 岁的牛达生，再次与家人踏上迁徙之旅。这次，经历过几次相对短暂的停留，他终于回到了出生之地太原，在那里开始了自己的中学生涯。

然而，奔波的脚步并没有就此打住。不过一年多的时间，牛达生与家人再次启程，目的地：宁夏银川——投奔已在此处落脚的一位亲友。这时已是 1948 年，牛达生 15 岁。而在此前的人生里，他几乎没在一个地方待过超过 4 年的时间，完整的学校教育，无从谈起。

来宁之后，牛达生就读于贺兰中学。一年后，银川解放，牛达生又在学校学习了一段时间。1950 年，当时的宁夏省成立保险公司，招收职员。

出于家境的考虑，牛达生决定尽早参加工作，挣钱养家。

虽然年纪小，但在保险公司工作的这段日子，牛达生认真、善于学习的特点，开始显露出来，深得同仁和上司的喜爱。也是在这段时期，牛达生越来越遗憾于学业的中断，梦想能有机会重新就读。1954年，牛达生决定参加高考。公司领导也比较支持，专门给了他两个月的复习时间。

1954年秋，牛达生终于考入西北大学历史系。再度背起行囊的他，或许还没完全意识到，他即将跨出的这一步，将是人生中一个至关重要的转折点，而随后叩响的，更会是一扇之前从未想过的学术之门。

结缘考古

对牛达生来说，1954年考入西北大学后的人生历程，还远不能用顺遂来形容。大学的前两年，还算是安稳学习了一段时日。之后，特殊年代里的各种"运动"接踵而至，大学里的正常学习，也屡受冲击。

上大三时，牛达生所在的历史系开了民族史和考古专业（时称"考古专门化"），供大家选修。怀揣对考古的兴趣，牛达生选学了这一学科。当时学校缺少专业师资，就常从北京等地聘请专家学者授课，牛达生也得以聆听到诸多名家的授课，为之后的学术之路，积累下不可或缺的基础。

1958年，牛达生从西北大学毕业，也正是宁夏回族自治区成立之时。他被分配至宁夏，来到自治区地志博物馆（宁夏博物馆前身）工作。然而，在博物馆相当长的一段时日里，他们的主业，并不是考古研究和文物陈列，而主要是配合"运动"搞展览。"文革"期间，文博单位更是受到很大冲击，业务也基本处于停顿。

如此情形，一直到1970年后方才逐渐改善。1972年，在时任国家文物管理局局长王冶秋的指示和建议下，宁夏开始对西夏陵进行发掘，牛达生即是当时考古队伍中的一员。这是宁夏考古界迈出的重要一步，也是牛达生学术生涯里的一次关键"邂逅"。

改写历史

进入 20 世纪 80 年代，牛达生的研究之路才算真正开启。

这一时期，他倡导和参与了对须弥山石窟的调查。“跑遍了石窟区每个角落，访问乡耆故老”，终于弄清须弥山石窟 8 个区的名称，石窟区的测绘和编号工作即由他主持。

但其后，他“逐渐、更深刻地意识到了西夏考古对宁夏的重要性，并逐步把精力转向西夏学研究。”其中，著名的拜寺口方塔发掘，便不能不提。

1990 年冬，位于贺兰山深处的拜寺口方塔，被不法分子炸毁。痛惜之余，当时已年近花甲的牛达生“主动请缨”，对古塔废墟进行清理发掘。这是一次异常辛苦的发掘：深山中无路、无水、无电，所有生存用品，都得靠毛驴从山外往回驮，晚上只能借助蜡烛整理资料……就是在这艰苦的一个月里，他带领同仁不仅搞清了方塔的建筑结构，还意外地发现了一批西夏文物和汉文、西夏文文献。

野外工作结束，进行文物整理时，牛达生逐渐将精力放在对其中几本完好的西夏文印本的研究上。然而，更大的挑战才刚刚开始。西夏文文献，所涉学科、领域众多，牛达生只得“陆续买了上百种相关书籍，从头学起”，并“利用各种机会向各界专家学习，甚至登门请教”。

一番艰辛努力之下，他不仅搞清了这些西夏文印本的书名（《吉祥遍至口和本续》）、内容，而且证实其为木活字印本。1996 年，文化部在北京组织专家对这一成果进行了鉴定，一致肯定：《吉祥遍至口和本续》为西夏后期的木活字印本，是迄今为止世界上发现最早的木活字印本实物。由此，牛达生也被称为“改写印刷史的人”。

学者人生

牛先生的研究当然不止上述内容。他所涉领域众多，考古学、西夏学、钱币学、印刷史、地方史……且皆有建树。但仔细分析，考古却是条贯穿始终的主干之线，而由此伸展出的不同领域的脉络，却又都可统一在西夏

工作中的牛达生。
本人提供

学的范畴。一位学者的明智与心血，可见一斑。

访谈中的一个小插曲：牛先生讲起他正写的一篇文稿，顺便让记者帮忙解决一个电脑文档方面的技术问题。记者想办法解决后，牛先生并没有"罢休"，而是一直探寻"根本症结"究竟何在……

得承认，这是记者接触过的如此高龄，却还能对电脑、网络运用自如的少之又少的受访者。而藏在这寻常表象背后的，其实正是一颗永不满足的学习之心。这一点，在他成果累累的学术之路上，也被屡屡验证。

2013年9月，"第三届西夏学国际学术论坛"在北京举办，牛达生以80岁高龄出席了这次学术盛会。集体晚餐时，他在席间刚刚落座，一个生日蛋糕"意外"地被捧到了他的面前。与此同时，餐厅内响起众人不约而同的"生日歌"……

原来，会议为祝贺牛先生八十寿诞，表彰其在西夏研究方面的卓越贡献，特别为他送上了这份"惊喜"。这一刻，"先生异常激动，目光闪闪，颤着声连连道谢，让大家感

受到了一位学者可爱可敬的单纯秉性。"（史金波语）

达生语录

◎ 无论是西夏钱币还是西夏印刷研究，我都有一个明确的定位，即纵向和横向定位：纵的是中国货币史或中国印刷史研究的一部分；横的是西夏学研究的一部分。只有这样，才能使研究具有深度，成为历史链条中的有机组成部分。

◎ 做考古的不能只做见物不见人的研究，必须抓住各种现象，进行深入的挖掘，从而获得更多的信息，揭示真实的历史面貌。

◎ 人的一生中，在学术研究中，一点错误也不犯的人大概是没有的，问题是不能文过饰非，而是要闻过则喜，知错必改。

◎ 作为一名宁夏的考古工作者，不能只在宁夏这个小天地里打转转，必须立足宁夏，以西夏为主轴，面向全国，展望世界，参与全国的学术交流。在钱币研究上我做到了这一点，在印刷史研究领域，我也做到了这一点。

◎ 任何真正的考古，对地下的东西都是难以预测的。有人说"考古是发现的科学"，我的经历也证实了这一说法。

旁观者说

◎ 他是使收藏在禁宫里的文物、陈列在广阔大地上的遗产、书写在古籍里的文字都活起来的实际践行者。（史金波，西夏学专家，中国社科院学部委员、学术委员会委员）

◎《西夏学考古论稿》，是牛达生先生近40年来有关西夏文物与考古工作及主要研究成果的汇集，也是一部西夏考古学的奠基之作。（白滨，中国社科院人类学与民族学研究所研究员）

◎ 牛达生说自己"生性愚钝，讷于言谈，思维不敏"，"没有想过要成就什么了不起的事业，只是想干自己力所能及的事情"，但他确实具有许多人没有、而对学者来说又至关重要的学术品质。（庄电一，高级记者，《光明日报》驻宁夏记者站原站长）

◎ 牛达生作为德艺双馨的大家，著作等身，荣誉无数……他"活到老学到老"、淡泊名利、笔耕不辍、为学术奋斗终身的人生信条，是我们学习的榜样和今后努力的方向。（于光建，宁夏大学西夏研究院博士）

人物介绍

牛达生 1933 年 3 月，出生于山西太原；1937 年，抗战爆发后，先后于山西兴县、隰县、蒲县、太原等地生活、学习；1948 年，随家人来到银川；1950 年，在宁夏省人民保险公司参加工作；1954 年，考入西北大学历史系；1958 年 9 月，大学毕业，分配至宁夏地志博物馆（宁夏博物馆前身）工作；1972 年，参与西夏陵首次考古发掘；20 世纪 80 年代，先后开展拜寺口双塔、须弥山石窟、贺兰山西夏钱币窖藏等诸多考古研究；1992 年，在对出土西夏文印本《吉祥遍至口和本读》进行研究后，得出其为"木活字印本"的重要发现；1997 年，获印刷行业最高奖"毕昇奖"；2014 年，获宁夏社会科学突出贡献奖；现为自治区文物考古研究所研究员，宁夏大学西夏研究中心兼职教授、中国社科院西夏研究中心学术委员、宁夏回族自治区文史研究馆馆员。享受国务院政府特殊津贴。

学术著作 著有《贺兰山文物古迹考察与研究》《西夏活字印刷研究》《西夏遗迹》《西夏钱币论集》《西夏钱币研究》《西夏考古论稿》等著作。

（李振文 文/图 本文采写于 2015 年）

牛达生部分
著作和研究成果。

听沈克尼先生讲述
——你不知道的贺兰山

　　2019 年，军事历史地理学者沈克尼在"朔方人文科学大讲堂"作了题为《贺兰山两边》的讲座。他从历史、地理、人文等各个角度，让这座大山，以全景的视角展现在人们面前。讲座后，记者也就这一话题，对沈克尼先生进行了专访，更多关于贺兰山的鲜为人知的故事，在他的讲述中一一浮现。

沈克尼。

"贺兰"二字跟"骏马"没关系

沈克尼很喜欢"开门见山"这个词。他笑称，自己作为银川人，一开门见到的，就是巍峨的贺兰山。长久以来有一种讹传，说贺兰山是蒙古语骏马的意思。沈克尼说，蒙古语称马为"毛勒"，漂亮或俊称"高依"。蒙古语中的骏马，就是"高依毛勒"，跟"贺兰"二字没什么关系。

"我查考史籍发现，'贺兰'是匈奴的部族名，后来为姓氏。"为了考证这个名字，沈克尼专门发表了《贺兰山历史概要》，文中写道：贺兰山，汉代称卑移山。汉代在今银川地区设廉县，《汉书·地理志》载："廉县，卑移山在西北。"

那么"贺兰"究竟从何而出呢？这要从我国古代北方的少数民族说起。

"贺兰"一词，最早见于记载的是《晋书·北狄匈奴传》，西晋太康五年、七年、八年，由塞北迁入内地的匈奴人有十三万余口，"十九种皆有部落，不相杂错"。这十九种匈奴部落中，有一种叫"贺赖部"。《资治通鉴》说："兰、赖语转耳"，贺兰就是贺赖的音转。

贺兰既是部族名，也是一种姓氏。贺兰氏随着鲜卑人的逐渐汉化，以后改为贺氏。由于匈奴贺兰部曾于晋太康年间驻牧于贺兰山地区，这座山便习惯地称为贺兰山了。

贺兰山主峰是"敖包圪垯"吗？

作为一名军事地理专家，沈克尼经常奔波在野外，也不止一次上过敖包圪垯，但这里到底是不是贺兰山的主峰？为什么要叫这个名字？沈克尼说，据他所知，贺兰山的主峰曾有过七种不同的说法。他开始寻找，关于贺兰山的主峰叫什么的线索。

在浩瀚的书海中，沈克尼觅得踪迹。现今的《辞海》说是达呼洛老峰，窦震寰的《贺兰山全貌》说是巴克丁；但在考察过程中，曾经贺兰山林场的工人又说叫沙锅洲，阿拉善左旗的蒙古族人说为布古图（蒙古语的意思是有鹿的地方），但汉族人又称为鹿架台。此外，沈克尼说，在一些大比例尺地图上标记的名称，又成了马蹄坡或敖包圪垯。

这几种说法究竟哪一种是正确的呢？沈克尼查询了大地测量所得的精确数据，数据显示，位于贺兰山中部的马蹄坡之巅的敖包圪垯海拔为3550.16米，是贺兰山的最高点，的确是贺兰山的主峰。在马蹄坡东侧，悬崖壁立，险峻难以攀登，一般从阿拉善左旗的西坡才能艰难登顶。上面有蒙古族同胞用石块堆立的"敖包"（又称"鄂博"），沈克尼说，敖包圪垯的名字，应该就是据此而来。

贺兰山究竟有多少个"口"？

站在银川市区，远眺就能看到的贺兰山，和我们既熟悉又陌生。熟悉是因为它就在我们身边，抬眼即见，而陌生，却是因为，巍峨贺兰山中的许多故事，其实我们还知之甚少。

说起贺兰山的山口，许多宁夏人可能会想到熟悉的滚钟口、拜寺口，还有三关口、苏峪口……那贺兰山到底有多少个山口呢？

"历代文献记载众说纷纭，《秦边纪》说：'口巨者三十有七，小者复一十有奇'；《嘉靖宁夏新志》说：'溪径可驰入者五十余处'；清《定远营记》碑刻记载：贺兰山有'七十二之要隘'。"沈克尼说，据近代统计，贺兰山东侧的山口，自北端的宁静口、镇北口、韭菜口至南端的崇庆口、小关儿口有38个较大的山口。山的西侧自北而南有归德口、大风口、句驿墩口、杀虎墩口等31个较大的山口。

沈克尼说，早年间他上贺兰山调查的时候，和山上放羊的老乡聊天得知，他们会掰着手指头说出百十来个山口的名称，比如偷牛沟、白胡子沟、草渠沟等。

贺兰山历代为军事要地，战争频繁。这些山口，就是屯兵驻守的重要军事据点。"西夏时，曾屯兵五万镇守警戒沿山诸口；明代更是筑墙修关，设兵瞭守；清代在五十八处山口设置墩哨，每个山口有三到五名守兵。"沈克尼说，千百年过去了，如今在有些山口，依然能看到当年烽火台的痕迹。

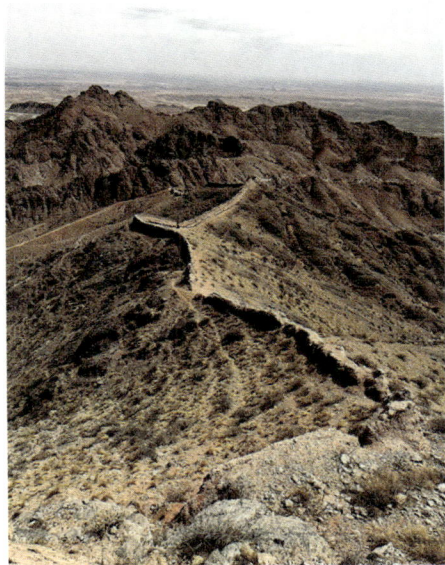

贺兰山
磨石沟长城。

"难以数计"的贺兰山战事

"当巨大的石块堆积在山脊上，几百年后仍能看到清晰的样子时，会觉得很震撼。"作为军事专家，沈克尼深知历史上在贺兰山上修建长城的军事意义。

沈克尼曾经从贺兰山三关口沿明长城行至大柳木高山墩台，寻访明长城。他说，历史上贺兰山沿山长城尽量逼近山脚，将平坦地尽可能圈入长城内范围，不使蒙古游骑有大规模展开攻击的余地。同时，在便于行动的地段，在长城前沿，会选择有利地形，堆砌80~120厘米高的石墙，这样就可以跪着或站着发射弓弩或火器。

说到贺兰山的战事，沈克尼用了一个词——难以数计。汉代对匈奴的作战，贺兰山主要是通道。而以贺兰山为战场，双方出动数十万军队的大规模战争，见于史料记载的应该是西夏和辽的两次大战。

第一次是1044年，第二次是1049年。西夏凭借山

百年前俄国人科兹洛夫拍摄的贺兰山南寺。

河地利，诱敌深入，以逸待劳。辽军在贺兰山两次作战都是先小胜后大败。到了明代，贺兰山和长城对宁夏平原起着地理屏障作用，中小规模的战事也是不断。

来自山野的"恩赐"

草木葱茏的贺兰山除了作为天然屏障之外，其中的各种食材，也能给生活在此的人们，提供足够的惊喜。沈克尼说，他很感谢贺兰山，在这里，他获取了很多野外生存的经验，整理出版之后，为军队的野战经验，提供了可借鉴的内容。

"贺兰山中，可食用的植物很多。"沈克尼说，因为有山泉，他曾在小口子附近发现熟悉的苦苦菜、蒲公英、酸枣，还有可食的灰菜、苦菜、委陵菜等等。甚至，冰草的根，榆树的叶也能吃。贺兰山的珍品自然是紫蘑菇了，但在野外，不认识的蘑菇绝对不要吃。

20 世纪 80 年代初的一个元旦，沈克尼登贺兰山时，疲惫饥饿之余突发奇想：假如自己是飞机失事的空勤人员，或深入敌后的特种部队侦察兵，在食宿无着的荒野如何活下来，以及如何开展敌后反侦搜？

带着这些问题，沈克尼于 1986 年编写出版了具有中国特色的《野外生存》一书。世界反恐精锐——英国皇家特别空勤团教官怀斯曼编写的《生存手册》，在这一年也才刚刚出版。后来《野外生存》这本书多次印刷，曾两次下发全军连队。

看看贺兰山的另一边

沈克尼说，他曾注意到当年范长江写宁夏的题目是《贺兰山的四周》。所以他在研究贺兰山时，也关注到贺兰山西麓的阿拉善。

沈克尼说，阿拉善蒙古部族的历史也是贺兰山历史的重要组成部分，阿拉善就是蒙古语"贺兰山"。阿拉善蒙古部落的著名首领可追溯到固始汗，原在新疆、青海游牧，一度握有西藏的实际权力，这也是后来有仓央嘉措到阿拉善来的历史渊源。

固始汗的后世子孙和罗理、阿宝王爷拥护中央政权，反对分裂，政治立场鲜明。于是清政府下令筑定远营城，也就是如今巴彦浩特靠近贺兰山一带。抗日战争时期，日本侵略者曾密派特务化装成喇嘛潜伏在贺兰山南寺，还曾在额济纳旗设立特务机关，当时宁夏派了民政厅厅长李翰园前去捕捉。

贺兰山西边，确切说整个阿拉善，在解放前后曾两次归属宁夏的行政区划。"因此，我认为看贺兰山是关注东西两面，而非只东麓一面。"沈克尼笑着说，古人说相看两不厌，只有敬亭山。而他是"相看两不厌，只有贺兰山"。

人物介绍

沈克尼 宁夏回族自治区人民政府参事，国防大学兼职教授，荣立一等功、二等功、三等功，获预备役中校、上校和大校军衔及预备役金质荣誉章。

（刘旭卓 文 本文采写于 2019 年 配图均由受访人提供）

考古学家许成

考古学家许成有两个世界，地上和地下。地上的世界
有古长城、古塔、岩画……地下的世界是古墓和石器时代
的历史遗址。近 40 年来，许成在这两个世界之间交替穿越，
尝试解锁远古时代的层层密码，也希望从历史的遗存中解
读其中的诸多含义。他的足迹遍布宁夏这区区 6.6 万平方
公里但又魅力无穷的土地，探索这片黄土地的前世今生。

许成。
贺成／摄

游弋于历史与现实间

许成身材高大，说话底气十足，声如洪钟。"我就是个农村娃娃，小时候家里穷，干活也早，所以身体结实。"他说。许成的性格如同生养他的银川平原，坦荡、直白、一览无余。谈到高兴之处，他笑得合不拢嘴，说到某些他不满意的社会现状时，他又会敲着桌子严厉地抨击。

这种性格，让他可以对某件事情从烦得要死转变为爱得要命。初入考古行当，许成并不喜欢，也不认为自己要靠这个专业安身立命，可是后来他感受到了考古的魅力，便毫不犹豫地投入其中，并且为之奉献了自己一生的时光。他说："我为宁夏考古事业做了一些开创性的事情，但这些工作并不是我一个人做的，而是我们整个团队完成的。"

许成1976年大学毕业后，参与了宁夏大部分的文物考古发掘工作，这些发掘和探索几乎贯穿了整个古代历史。游弋于历史与现实间的许成将不同阶段的成果汇溪成流，为宁夏的考古工作构建起了基本框架。

远古时期的贺兰山岩画、鸽子山旧石器文化遗址、菜园新石器文化遗址、春秋时期戎狄青铜文化、数量众多的汉代墓葬、清水河源头的成吉思汗行宫遗址、西夏陵和西夏都城、罗山的明王陵和古长城研究……这些宁夏考古发现或是由许成主持，或是他主要参与。正是有了他和同事们的坚守和努力，我们才看到了蒙在历史面纱下的那层真正的内容，认识到了一个充满魅力的神奇宁夏。

喝黄河水长大的"孩子王"

许成一辈子好强，事事不服输，喜欢争第一。"性格决定命运"是他的口头禅。这种性格一方面是天然所致，另一方面也源于现实。用他自己的话说：家里从小就穷，姊妹又多，穷人的孩子早当家，不去拼搏就没办法。他儿时是村里的"孩子王"，在乡间劳动时又是干劲十足的"青年突击队队长"，进入考古专业后又以强悍的性格与恶劣的环境顽强"搏斗"，成就了一番事业。

许成对自己的家乡永宁县雷台村充满感情，这个坐落在永宁仁存渡的小村子数百年来默默地注视着黄河的变迁与兴衰。"我们这个村是黄河自流灌溉形成的鱼米乡，我祖上八辈都在黄河岸边繁衍生息，我就是喝黄河水长大的。"

许成兄弟姊妹6个，儿时家境贫寒，母亲长期患病。读书与劳作同时进行，"我8岁的时候就出去放驴，11岁推小车、干农活，14岁开始出春工（生产队在春季要出义务工）、挖渠。"这些经历摔打了他的身体，让他的体格变得特别"皮实"，同时也磨砺了他做事坚持不懈的意志力。并且，他还是村子里的"孩子王"，有主意、有胆识，在同村小孩中颇有威望。

穷人孩子早当家，要强的性格让他16岁时就成了生产队里的民兵负责人。"1969年，我带着民兵出春工到惠农渠裁湾（将弯曲的渠湾裁直），为了尽快完成任务，干得太猛，累得吐了血，家里卖了一垛麦柴给我买中药，喝了一个月才康复。"1972年，许成高中毕业回乡务农，时间不长就成为青年突击队队长。

当了队长后，为了提高粮食产量，许成给几个务农的"老把式"派工，让他们每天到生产队巡查粮食种植情况，晚上给许成汇报，并提出第二天的耕作计划。第二年，生产队的粮食产量翻了一番，许成也被提拔为公社干部。

"误打误撞"上北大

1972年底，许成得知第二年可以参加高考，便着手进行复习。他本来报考的是宁夏农学院、北京体育学院、西安体育学院三所学校，并且均被录取。得知自己被录取后，他心情愉快，到银川游玩，无意间接触到了北京高校在银川的招生组组长季茂林。季茂林被许成活泼的性格深深吸引，他问许成想不想上北大。"当时的政策是先中央后地方，他们有挑选学生的权力。"许成当然想到北大，于是在季茂林的举荐下，许成进入北京大学历史系考古专业。当时村里的老人听说他学此专业，都很疑惑，"敲（kāo）

鼓"有啥好学的？

　　许成并不喜欢考古专业，季茂林承诺先录取，入学后再转专业。但是由于班里有两个同学是色盲而转到其他专业，因此考古专业再无名额。"我最喜欢文学和哲学，专业也转不了，有点破罐子破摔，所以上课也不好好听，结果被吕遵谔（1928—2015年，古人类学大家）先生给逮住了。"说起这位考古学界的泰斗级人物，许成仍然感到有些愧疚。

　　吕遵谔每天晚上给许成补课，讲完后自己先行离开，让许成在教室里消化课程。"我们教室门背后立着一副人体骨骼，骨架子上披着一个蓝大褂，骷髅头上还戴着一个尖尖的蓝帽子，那阵可是把我吓坏了。"就这样，经过一个多月的补习，许成总算告别了"午夜骷髅"。没过多久，他们跟随老师们去考古现场进行学习。

田野调查大开眼界

　　"北大的学生之所以优秀，就在于北大有一批敬业又专业的好老师，我后来在考古方面养成的专业素养，都得

汉墓。
资料图片

益于这些老师，邹衡先生（1927—2005 年，商周史大家）对我的影响最大。"回忆起北大的师长们，许成仍难掩内心的激动。

1974 年，许成和老师们到湖北宜都县红花套遗址现场学习专业知识，"到了湖北我还是不认真，也不做笔记，就在发掘现场晃悠。"邹先生有一个独特的工作方法，每到一处工地先把在地表采集好的文物残片整齐地摆放在地面上，一边摆，一边给学生讲授。待现场发掘完毕后，现场情况与邹先生事先的分析毫无二致。从那时起，许成慢慢被老师的专业技能所折服，于是沉下心，从布置探方到发掘遗址再到撰写报告，一项一项地学习、消化、掌握。

让许成印象最为深刻的是，邹衡从点滴处教他作论文。这篇名为《从商周铁器的出现看生产力的发展》初稿写了五万多字，在老师的要求下，许成不断地精简和修改，"改论文烦躁又痛苦，改了三十多遍，最后的成稿只有三千多字。"但正是这样近似苛刻的要求，才让许成掌握了论文的写作方法，"写论文的底子就是那时候奠定下来的，以后的日子让我受益终身。"他说。

"我小时候想法很简单，就是像祖辈们那样当一个勤勤恳恳的农民。但是历史的机缘巧合把我推入北京大学学习考古，和我之前为自己预定的道路大相径庭。"许成感叹道。1976 年大学毕业后，许成进入宁夏博物馆工作。他从西夏磁窑遗址开始，进入了自己的学术时代。他的考古研究范围几乎遍及了宁夏所有的古代遗迹，汉代墓葬、古长城、贺兰山岩画、古塔、水洞沟、石窟、远古文化遗址等等。

野外考察，他凭着年轻时练就的一身好体格与风沙搏斗、与严寒酷暑周旋，用脚步丈量大地，用内心探索深邃的历史遗存。从一个农村的"孩子王"，到北大考古专业的学生，再到宁夏考古学界的领军人物，许成用自己的行动书写了属于他的精彩人生。

搭建宁夏考古"黄埔系"

在北大读书时，许成听老师们说，宁夏有个水洞沟，还是法国人发掘的。

许成认为，宁夏处在黄河中上游，这样的地理环境一定会孕育丰富的古代遗存，只是还没有进行系统的发掘。在这样的"执念"下，他开始用心探索宁夏这块土地的前世今生。他曾用一首词描述自己的工作："出土文物人欢喜；几人知，平时辛苦，晚眠早起；酷暑寒风容貌悴，都在心头眼底！"考古，是他这辈子最不后悔的事情。

1976年，许成进入宁夏博物馆后被分配在考古队工作，当时的第一个任务是对西夏时期的磁窑遗址进行考证和调查。以西夏磁窑为入口，许成进入了西夏史的天地，他对西夏陵、西夏都城和西夏离宫等课题都进行了深入研究。与人合著的《西夏陵》一书系统、完整地介绍了西夏时期的建筑艺术。

20世纪70年代以前，宁夏还没有专业的考古机构，只有1959年建立的宁夏博物馆筹备小组，至1973年宁夏博物馆方才正式成立。"我是宁夏考古事业的亲历者和见证人，宁南山区原始文化、西夏古都、贺兰山岩画、古长城遗址、明王陵等古代遗址我做了大量调查和研究。"许成说。

随着经验的丰富，许成开始承担更多的工作。让他自豪的是通过自己的努力搭建起了宁夏考古事业的"黄埔系"。1983年，我国进行第二次全国文物普查工作。许成担任全区文物普查辅导小组负责人，他的主要任务是为来自各县的文物普查队员传授业务技能，包括专业的考古记录、绘画以及摄影。

他还记得带领普查员们在灵武磁窑堡考证西夏磁窑时的兴奋，"遍地都是瓷片，场面太壮观了。"经过培训，这些普查员回到原单位后都成为各县新设置的文物管理所的骨干人员，在此后的文物普查工作中他们发挥了重要作用。

提出"宁夏是长城博物馆"

1979年，许成参加全国研究保护长城工作会议，当时他还只是个不到30岁的小伙子。在会上，他与有"长城之父"之称的罗哲文先生相识。会议结束后，许成陪罗哲文到固原考察战国秦长城遗址，罗哲文鼓励他要以这里为起点，将宁夏的长城遗迹调查清楚。

1980 年，宁夏博物馆成立长城调查小组，小组的成员虽时常变化，但许成却一直是该小组的负责人，调查并掌握了宁夏长城的第一手资料。从静宁到西吉的将台，从景泰到盐池，从六盘山到贺兰山，5 年间，许成和同伴无数次地奔波在路途之中。行走、拍照、记录是野外考察的常态，睡在卡车车厢，喝混杂着羊粪味的水也是家常便饭。

经过 5 年的艰辛调查，许成将历史上宁夏古长城的分布、规模、形制等情况调查结束，这个结果基本与史书吻合，宁夏是全国极少的聚合了诸多朝代长城的省区。他在 1988 年出版的《宁夏古长城》一书中提到"宁夏是长城博物馆"，这一提法延续至今，并且成为宁夏长城对外宣传的金字招牌。

与汉墓的二三事

宁夏自古以来就孕育着丰富的移民文化，而在许成看来，这种移民文化不仅记载于历史之中，还体现在真实的考古现场。"我这几十年发掘过的汉代墓葬有四百多座，整个宁夏的汉墓其实有上万座，但因为盗墓的原因，大部分汉墓其实都是十墓九空。"他有些遗憾地说。

虽然如此，但也有令人欣喜的发现。许成在一次汉墓发掘中出土了一件胡人使用的扁平水壶，因此通过发掘大量汉墓，许成认为宁夏在秦汉时期就与游牧民族有着错综复杂的历史，有和有战，有统一也有对立。而类似文物的发现其实也佐证了自古以来宁夏移民的悠远历史。"其实，宁夏古代的历史简单来说一句话就可以概括：种田的和放牧的在打仗。"他说。

1978 年发掘关马湖汉墓时，出土了大量古人遗骸。许成把一些遗骸放在床底下的箱子里，晚上工作完毕后拿出头盖骨端详、观察。他的这个举动被一些当地人看到，深感恐怖，便向许成的领导反映，这人恐怕有精神问题，大半夜看骷髅头。得知此事后，许成不以为意，仍然在半夜一心一意地研究骨骸到半夜。

"点金之手"指出中国最早窑洞

1983 年文物普查一开始，海原县菜园村就是许成的重点关注对象，因为农民们耕地时总是能在这片贫瘠的黄土地里挖出骨骸和陶器，而这些器物都提示着它们来自遥远的远古时代。

当年，许成带领着考古队员们来到菜园村，他根据"有墓地必然有遗址"的原则在方圆几公里详细勘察，指出一个山坡的二级台地，坚定地认为这里有内容。果然挖出了中国最早的窑洞遗址，他的这一指也被同事们称为"点石成金"。

"一处原始遗址能够上升到'文化'层面，说明这处遗址能够代表一个时代的生活和生产方式。在一定的时间和空间内，具有相当的代表性和辐射性。"许成说。菜园文化即是如此，经过 5 年多的发掘，这处距今 4000 多年的新石器时代遗址出土的石器、骨器、陶器 4000 多件，发现了比较完整的史前窑洞住房。通过研究，菜园文化是齐家文化的重要源头。

菜园遗址出土陶器。资料图片

我国著名历史地理学家史念海，评价许成在菜园遗址的研究和论述中付出了很多努力。对于今天的考古事业，许成认为研究者仍然应当脚踏实地到现场勘查遗址进行研究，只有用脚踏出的路，做出的学问才经得起推敲。

人物介绍

许　成　1953 年生于永宁县雷台村；1973 年考入北京大学历史系考古专业；1976 年毕业后进入宁夏博物馆考古队工作；1986 年任宁夏文物考古所副所长；1990 年任宁夏文物考古所所长；1997 年任宁夏文博学术委员会副主任；2000 年任宁夏回族自治区文物局局长；2007 年任宁夏文化厅巡视员、研究员；2013 年退休。

成就与著述　提出了"菜园文化"和"戎狄青铜文化"的命名问题，在考古学界产生重要影响。发表论文 300 余篇，出版 30 余部专著。1991 年被评为全国文化系统先进工作者、部级劳动模范。1993 年被评选为国务院特殊贡献专家。1994 年中美合作考古项目获得美国国家科学基金。部分学术代表作：《西夏陵》《海原菜园》《贺兰山岩画》《宁夏古长城》《戎狄青铜文化》《宁夏历史文物》《宁夏考古史地研究论集》《宁夏四十年考古发现与研究》《贺兰山文物古迹考察与研究》《杨郎马庄春秋战国墓地发掘报告》。

（张　贺　文　本文采写于 2016 年）

李祥石：岩画人生

　　采访李祥石先生的这段时间，银川一直阴雨连连，这也让他的腿疾又加重了，行动更加不便。可即使这样，一看有人到访，老人还是坚持自己忙前忙后，一边招呼记者，一边不时发出爽朗的笑声。

　　"我的名字里有个'石'字，所以从一开始，我就和石头，和贺兰山岩画有着不解之缘，而之所以很多人都称我为'贺兰山岩画发现与研究第一人'，可能就是因为我是个爱问'为什么'的人吧。"李祥石说。

李祥石。 ▶

爱问为什么的人

说起自己在岩画研究方面的成就，李祥石坦言，这和他从小宽松自由的家庭教育分不开，"我父母都是高级知识分子，一直搞学术研究，受他们影响，我对很多事物充满好奇心，从小就爱钻研一些事，爱读书。"

1965 年，李祥石从宁夏大学中文系毕业后，他又自学中医，为此还专赴天津深造，学成后还在贺兰县医院穿了两年的白大褂，后来又到县爱卫会工作。直到 1969 年，李祥石在贺兰山下的一个小村庄搞社教时，第一次在贺兰山上与神秘的岩画邂逅，从此为之魂牵梦绕。

"我是个特别开朗的人，因此下乡期间和村民的关系都特别好，工作以前我一直说普通话，在基层工作多年，你瞧，我一口标准的宁夏话，这样老百姓更愿意和我聊天，研究岩画，当地村民给我帮了不少忙。"李祥石说。发现岩画时，他和当地村民一样，对这些"石头画"一无所知。它们来自哪个年代？有着一些什么故事？在李祥石的脑子里形成了一个个大大的问号。可由于当时情况特殊，他不便声张，只是心里却暗暗发誓，自己一定要找出答案。

40 余年专情岩画

自发现岩画之时起，李祥石的工作虽几经变动，但始终没有忘记那次邂逅。直到 1979 年，他和弟弟一起再次来到贺兰山，对岩画进行系统考察并拍摄了大量图片。

"我那时在贺兰县爱卫会工作，那年恰巧有一次给农民拉自来水的工作需要我们配合，我就借机把工作点选在贺兰口这个地方，找机会去山上看岩画。"在此期间，李祥石多方请教，查阅很多资料，耗时 4 年，终于在 1983 年 9 月将自己关于研究贺兰山岩画的论文寄给了《文物》杂志，并引起广泛重视。

1985 年，李祥石调到自治区文物管理委员会工作，在编辑内部刊物《宁夏文物》的同时，全面投入岩画研究工作，不但在宁夏境内各个岩画点收集整理了大量珍贵的岩画资料，还实地考察了国内许多省份的岩画。

1994年，李祥石在考察卫宁北山岩画时遭遇车祸，并落下腿部残疾，直到现在，天阴下雨时，伤病依然让他痛苦不堪。但即便只能靠双拐行走，倔强的李祥石还是继续着他的考察脚步与学术研究，在岩画领域谱写着属于他的执着人生。

第一次遇见"石头画"，他被吓到了

在李祥石所著《发现岩画》一书的开篇，他这样写道："缘分是可遇不可求的，做梦也没想到我竟与岩画有了不解之缘。"可在旁人看来，他和岩画不光有缘，还越来越像。熟悉李祥石的人都说，他是个像石头一样坚强的人，做岩画研究40多年了依然不肯停歇，腿伤后还是要亲自进山研究。

李祥石1965年从宁夏大学中文系毕业后，被分配至贺兰县工作。1969年，他下乡时来到金山公社贺兰口生产队检查工作。

"小村庄在山里，交通闭塞，像是个与世隔绝的世外桃源，我很想一个人进山里面瞧瞧。"李祥石说自己是个好动的人，尤其当时正值春耕，山里景色秀丽，让他更加按捺不住进山的心情。

一天午饭后，李祥石一个人进山了，沿着山泉一直往山里走，在山的南侧一块大石壁上，突然看到牛、马、羊、鹰等许多动物的图案，动静不一，形态各异。

"当时我就被惊了一下子，从来没见过这么奇怪的画作，而且面积和数量如此之大。"李祥石继续往山里走，石头上的内容越来越丰富，不但有动物画像，还有各种面目狰狞的人头像。"越往里走，我竟然有些害怕，头皮发麻，有种毛骨悚然的感觉，可还是壮着胆绕了一圈，把里面的内容都看了一遍，直到傍晚太阳快落山才回去。"李祥石说，和贺兰山上的"石头画"第一次见面，他被它们吓到了。而这些石头，从此也便成了他的牵挂。

从山上回到之前的工作单位没多久，李祥石又被分配到金贵中学，当了三年高中老师，到1974年又被调到贺兰县科技卫生局。在此期间，他李祥石。

一有机会就去图书馆，试图找到有关"石头画"的蛛丝马迹。

1978年，李祥石在《科学知识》杂志上看到了一篇盖山林介绍阴山岩画的文章，他这才知道，原来那些"石头画"真正的名字叫岩画。

1979年，是李祥石和贺兰山岩画第二次见面，这让他足足等待了十年，而这次见面，让他更加坚定地认为，自己必须为贺兰山岩画做点什么。

努力奔走，岩画走入世人视线

回去后，李祥石想了好久，他认为，如果想让贺兰山岩画公之于众，受到重视和保护，就必须先写一篇与此有关的论文。

说干就干，李祥石一有时间就让当司机的弟弟开车和他一起去山上看岩画，拍照、测量……李祥石开始和这些看起来奇奇怪怪的画有了更亲密的接触，每次回去后又加紧查阅各类资料。历经4年，李祥石骑毛驴进山、住羊圈、蹲山沟、喝沟水，风餐露宿，饥一顿饱一顿，连他自己都不知道穿破了多少双布鞋、用了多少张稿纸，光照片就拍了上万张。最终，他完成了一篇详尽的贺兰山岩画论文——《宁夏贺兰山贺兰口岩画调查报告》，并于 1983 年 9 月寄给《文物》编辑部。

"刚研究岩画时，真是听了不少嘲笑我的声音。但因为父母是搞科研的，我从小就意识到了学术的重要性。而论文寄出的一个月后，我也收到了编辑部的回信。这些，都让我坚定了走下去的信念。"李祥石说，随着论文的发表，贺兰山岩画终于进入了人们的视野，也受到自治区领导的重视。自 1983 年年底开始，宁夏关于贺兰山岩画的研究与保护逐渐拉开帷幕。

"第一次见到岩画后，我就从常住的村民那里打听到很多关于岩画的传说，而且通过村民的指点，还找到了一个被他们称为'皇城'的地方，后来据考证，那其实是西夏李元昊的一个行宫。第一次到'皇城'时，我发现一幅类似李元昊出行图的石刻画，风格特征与岩画截然不同，显然不是同一个时期的。然而，当 1979 年我第二次去那里时，石刻画已经被完全破坏了。我当时就心里一紧，特别担心贺兰山岩画也会有类似的命运。"第二次见到岩画，李祥石觉得，必须尽快让更多的人了解贺兰山岩画的珍贵。

对于岩画，保持一份崇敬之心

"研究岩画的工作一直没有停止过，之前我一直想解答自己脑子里关于岩画一个又一个的'为什么'，直到 1994 年，我在考察卫宁北山岩画时遭遇车祸，那时我开始反省一个问题——或许该换一种思维去打量这些'生灵'了。"谈到这里，李祥石的表情变得严肃起来。他说在研究岩画的几十年里，和它们的朝夕相处，在他心中，岩画早已有了灵性和生命，也正因为此，他想为岩画做更多的事情。

"你看那些石壁上的羊群，我猜想它们更愿意安安静静地和主人一起待在大山里。对于这些'生命'，我们每个人都要有崇敬之心，对它们的研究要秉持科学和负责任的态度。现在，我不愿再多上山'打扰'它们，但还是会守候着它们。"近几年，李祥石上山的机会少了，可是他并没有闲着，一直为贺兰山岩画的申遗工作四处奔波，他说这是自己现在最大的心愿。"今年 7 月，广西左江岩画入选世界遗产名录，真希望在我有生之年，还能看到贺兰山岩画也能被录入，让更多人去守护它们。"

人物介绍

李祥石 1941 年出生，祖籍江苏徐州，父亲毕业于北京大学，和母亲都是高级知识分子，从事学术研究工作，正是受父母的影响，李祥石从小就热衷钻研，博览群书；1969 年，在贺兰县工作的李祥石到贺兰口生产队下乡期间无意间发现贺兰山岩画；1983 年 9 月，经过多年积累，完成《宁夏贺兰山贺兰口岩画调查报告》；1988 年，国际岩画委员会正式吸纳李祥石为会员；2003 年，北方民族大学成立岩画研究中心，聘请他担任研究员；2005 年 7 月 5 日，李祥石被评为"中国岩画研究保护 100 周年纪念活动突出贡献十大人物"；2014 年 8 月，李祥石作为宁夏的唯一人选与国内 6 位岩画专家一起荣获银川市贺兰山岩画管理处首次颁发的"岩画收获奖"；2016 年 2 月 4 日，被自治区政府聘为自治区文史研究馆馆员。

学术著作 1993 年出版《贺兰山与北山岩画》（与朱存世合著）、《中国岩画》（合著）、《大麦地岩画》（合著）、《岩画与旅游文化》（合著）、《大麦地岩画文字》（合著）等；2012 年，著书《发现岩画》《解读岩画》出版发行，从专业的角度揭示了岩画丰富的内涵，本书具有较强的知识性和趣味性；2014 年 11 月，李祥石所著的《走进岩画》一书出版发行，与《发现岩画》《解读岩画》相互关联，构成系列，被称为岩画研究"三部曲"。

（王　辉　文／图　本文采写于 2016 年）

昔日考察贺兰山岩画时的照片。本人提供

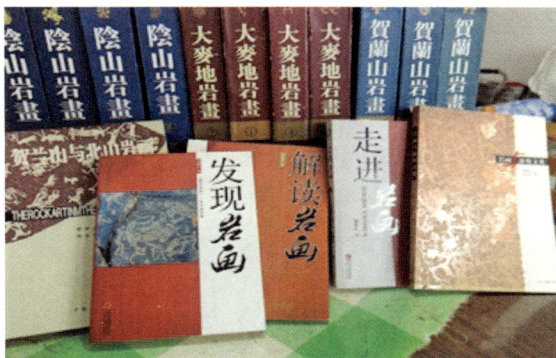

李祥石著作。

白述礼：
解密灵州，探究宁夏

　　"真的太巧了，今天来领奖，刚好是我83岁的生日！"2016年12月13日，采访白述礼教授的第二天，他从首届"宁夏离退休专业技术人才突出贡献奖"颁奖现场发来一则短信，字里行间透露着一份激动的心情。当天，同获此荣誉的还有牛达生、吴忠礼、陈育宁等22位老专家。

　　作为宁夏大学历史系教授，白述礼的学术研究主要集中在退休之后，尤其在研究唐、明时期宁夏地方史学方面，取得了颇具学术价值的研究成果。

白述礼。

白述礼
部分著述。

耄耋之年，坚持研究

　　白述礼说自己的这一生是在书院度过的：陕西省三原县书院巷里一书香门第出生长大，后来一直在学校念书；北大历史系毕业后在宁夏吴忠师范学校和宁夏大学历史系任教37年，1994年退休后居宁大学仕园内继续对宁夏史进行学术研究。"可以说至今83个年头，我几乎没离开过书院。"

　　对于白述礼而言，"书院"不仅是人生的轨迹，更是让他可以在耄耋之年还依旧坚持学术研究的土壤。退休后，他70多岁时连续出版3部关于灵州和宁夏史的专著；自80岁起又连续两年，先后出版了一部史学综合性专著及自传；近期，他的第6部著作，53万字的《灵州史》也将于春节前后付梓出版。而他和灵州的缘分，自1959年参编《吴忠市志》，已走过了整整57年。

　　1989年，白述礼提出"古灵州城址似应在今宁夏吴忠市境内，今日之吴忠市与灵武县，究其根源，都是同一个古灵州"的观点，之后就痴迷于宁夏史的研究。

他从还原灵州历史，对宁夏在唐朝时期的辉煌历史作出补益。到重现开藩宁夏第一代庆靖王朱梅的事迹，为我国明史，尤其是明代藩王历史研究作出了重要贡献。"宁夏是我第二个故乡，能尽我所能在地方史研究上出份力，也算是对自己的一个交代。"白述礼说。

问是否还会写下去？这位头发花白却精神矍铄的老人笑着说："我夫人不让我写了，她说我该歇歇了。"话虽这么说，如今，他还是一早起来就坐在电脑前做研究，笔耕不辍。"总希望自己还能再做点什么，不虚此生就好。"

史学开蒙，从书院巷开始

白述礼说，书院是自己成长的地方，也是自己十几年学习深造的校园，最重要的是，书院让他有了做学问的土壤，也让他带着书院里那股钻研的精神和学者的气质，不断投入到历史学的教育和研究中。如今人生已过八十余载，书院依旧是白述礼最留恋的地方。

白述礼出生在陕西省三原县书院巷，书院巷因巷中一座古书院而得名。

"学古书院于元代延祐七年（1320 年）始建，至今已有 696 年的历史。那时我家就住在学古书院的对面。书院大门在书院巷的最北头，因此当地人也称那里是'书院门'。"

白家是当时书院巷里出了名的书香门第，据白家家谱记载，三原县书院巷白家是唐代诗人白居易的后代。白述礼的曾祖父白兆玉是清朝贡生、陕西省三原县候选训导、光绪《三原县新志》校阅。父亲白鸣卿是民国初年南京师范毕业的教师、小学校长。"我清楚地记得，当时家里有许多古书籍。《四书》《五经》《古唐诗合解》《二十五史》《古诗源》等，看书是我最喜欢做的事。"

三原中学始建于1919年，最早叫"渭北中学"，位置就设在学古书院内，是陕西省重点中学，白述礼说自己的历史开蒙，也是从这里开始。据白述礼回忆，当时他在三原中学念书，历史老师史恒镜先生家也在书院巷，所以自己经常去串门玩，"史先生讲历史讲得特别好，我十分爱听，我对历史产生兴趣，就是从那时开始的。"

北大深造，五年奠定史学基础

1953 年秋，白述礼作为北京大学历史学系五三级学生，成为当时院系调整后，中国高校最高学府迎来的第一届五年制大学生。

翦伯赞、向达、周一良、齐思和……当时的北大历史系，有着全国知名的史学教授。"翦老是当时北大历史系主任。正是在这些老师的言传身教下，才让我们在史学研究上打下了扎实的基本功。"

最让白述礼印象深刻的，是翦伯赞教授的《秦汉史》专题课。"翦老提出'史论结合'理论，要求尊重历史。他教导我们'不钻进史料中去，不能研究历史；从史料中跑不出来，也不算懂得历史'。"而这样的学术精神，一直影响着白述礼，如在确认古灵州城址的问题上，"寻找依据"的态度最终让白述礼与灵州结缘。

结缘灵州，还原古城本来面目

考镜源流、实地勘察、反复辨证，白述礼坚持寻找依据，终于厘清了两灵州的来龙去脉。

"旧时观点认为，古灵州在今灵武西南。但我发现在明朱栴《宁夏志》中载：石佛寺，古灵州城上；在《嘉靖宁夏新志》中载：石佛寺，古灵州城北。"白述礼解释说：灵州有"瓦渠"等四里。而石佛寺、瓦渠等四里，都在吴忠，宁夏平原其他市县都没有。

基于详细考察得来的"证据"，在 1989 年白述礼首先提出"古灵州城址似应在今吴忠市境内""今日之吴忠市和灵武县，究其根源，都是同一个古灵州"的观点。直到 2003 年，吴忠市出土吕氏夫人墓志铭，佐证了古灵州的确在今吴忠。随后，宁夏多数学者确认，灵武市是明代古灵州因黄河水淹没"城凡三徙"后所建新灵州，吴忠市和灵武市都是古灵州的继承者，都拥有古灵州的历史文化。一座深埋地下的历史古城，终于洗涤尘埃，慢慢浮现出原本样貌。

"'宁夏解放后出版了大量地方史志的图书，唯独缺少一部完整的《灵州史》历史书。'先生此新作《灵州史》填补了宁夏地方史志的一项空白。"中国社科院学部委员、著名西夏学专家史金波教授在《灵州史》序言中这样写道，而这也是白述礼坚持二十几年深入研究宁夏地方史，尤其钟情灵州史的价值体现。

寄情书院，怀念讲坛上的岁月

1958 年 8 月白述礼作为"响应号召到祖国最需要的地方去"的北大学子，被分配到宁夏吴忠师范学校。

等到宁夏他才知道，就在那年春天，母亲因病去世，父亲为了不影响他的学业，只字未提。这也成了白述礼至今最大的遗憾。

"第二年，我就被调到了吴忠女中，在那里我认识了我的夫人王玉兰。"当时 22 岁的王玉兰刚从北京师范大学毕业分配到吴忠女中任教，两年后，两人结婚。后来经历特殊时期，白述礼在爱人的陪伴下艰难度过，工作也有了几次调动，但再次回到讲坛教书，是他最大的愿望。

终于等到了 1981 年 7 月，白述礼被调入宁夏大学历史系任教。他说，最初开设《史学概论》时，他每次上课前，甚至事先用录音机录音，录下来自己播放着听。反复修改确定上课内容后，才会站在讲坛上给学生讲授。也正因这股认真劲儿，在之后的几年，他又相继开设了《世界近代史》《俄国史》等课程，主要研究方向为世界史、俄国史、宁夏史。

如今，退休多年，但白述礼还住在宁夏学仕园内，天气好的时候，他会拉着爱人的手在院子里散步、晒太阳，人们也总能在院子里看见他们一起拎着菜回家的身影。虽然儿孙都在外地工作、学习，不能经常回来，但白述礼把孩子们的照片都贴在墙上，而挂在醒目位置的，还有一块 1992 年 9 月 10 日"教师节"由宁夏回族自治区教育部门颁发的"教师世家"挂匾。或许，这正是白述礼的书院梦，从书院走出，更寄情书院。

年轻时
的白述礼。
本人提供

人物介绍

白述礼 1933 年 12 月出生于陕西省三原县。1950—1953 年，在北京二中读高中。1953 年，高中毕业进入北京大学五年制历史学系学习，1958 年毕业。1958 年，分配到宁夏吴忠师范任教。1981 年，调宁夏大学历史系任教。1994 年 7 月退休。2016 年 12 月 13 日，获首届"宁夏离退休专业技术人才突出贡献奖"。

（王　敏　文 / 图　本文采写于 2016 年）

王惠民：
解密史前文明的人

　　2017 年，正月初七，早晨 8 点，一位满头银发的老者精神抖擞地走进位于承天寺塔院里的一栋小楼，打开一间不足 10 平方米的办公室，开始伏案工作。他是宁夏回族自治区文物考古研究所研究员王惠民，宁夏史前考古的第一代专家。

　　王惠民办公室的窗户，正对着的是座千年古塔——承天寺塔。除了回家吃饭、睡觉，王惠民的大部分时间都在位于承天寺塔院里的宁夏考古研究所里度过。研究所位于塔院内的西北角，是闹市里的一块难得的清静所在。

王惠民。

宁夏史前考古任重道远

史前考古学是以文字记载以前时代的考古资料为研究对象，与以文献记载时代为研究对象的历史考古学相对，是考古学的一个重要分支，也称史前学或史前史。

在对王惠民的采访中，他谈得最多的是感恩宁夏这块土地。因为在他看来，这块土地不仅是他的出生地，更是改变他考古方向，成就他考古生涯的地方。

"如果没有重返宁夏，我可能会参与其他的考古发掘，就与史前考古无缘了。"1989 年，已从事考古工作，由内蒙古巴彦淖尔盟调职到银川的王惠民，一重归宁夏，就以一个考古人的眼光，发现宁夏是史前考古的一块宝地。后来，事实证明，他确实是看准了。在宁夏，他相继参加了中国目前最早发掘的旧石器时代遗址之一的水洞沟遗址的第五次、第六次考古发掘；发现并完成了全国重点文物保护单位鸽子山遗址的考古和发掘工作。

"宁夏自古就是我国游牧文明与农耕文明的结合区域，这里所蕴藏的史前文明让人震惊，这需要我们去挖掘。"王惠民告诉记者，正因为宁夏史前考古有着如此独特的魅力，才不断引起中苏古生物考察队、美国内华达山间研究所、中国科学院地质与地球物理研究所、北京大学等考古机构和高校研究机构的关注。

"所以，我们的考古任务还很重。做好史前考古，是我们的荣誉，也是我们的责任。"王惠民的心里一直有这样一个愿望，就是让宁夏的史前考古成为全国考古的一大亮点。

到处被"借"的文艺青年

提起考古专家，人们的第一印象，可能会是一个拿着放大镜、满面尘土、皮肤晒得黝黑、卷着裤腿出现在荒郊野岭的人物形象。当然这也是考古工作者田野考察中的样子，但等他们回到生活中，没准他们也是一位多才多艺、有着诸多浪漫文艺情怀的文艺青年。王惠民便是这样一个人。

1948 年王惠民出生在银川，父亲是工厂技师，母亲在医院工作，家境还算不错。1954 年，王惠民的父母被调往内蒙古磴口县工作，他便在那儿度过了学生时代。

"高考那年，赶上了上山下乡，我成了一名知青。"王惠民回忆说，因为从小爱画画，又会拉扬琴、京胡、大提琴，所以在当知青的那段时间，"我很'吃香'，常常被其他的大队、公社'借去'演出。"

很快，王惠民成了县里小有名气的文艺青年。1977 年王惠民被内蒙古巴彦淖尔盟的文化站录用，从一位文艺青年成为了一名文艺工作者。

文艺和考古，行当确实离得有点远。一个浪漫的文艺青年，是如何走上严谨并稍显枯燥的考古之路？在王惠民看来这是机缘。

机缘巧合走上考古之路

1963 年，王惠民读高中。学校的老师来自北师大、南开大学、武汉大学等重点大学。这些院校毕业的老师让王惠民和他的同学们在读完高中的课程后，还提前接触到了一些大学的专业，其中就包括考古学。

后来，虽然这些老师陆续离开内蒙古，但仍然会常常给王惠民和同学们寄一些大学课本。这些课本，成了王惠民日后工作的良师益友，也逐渐影响了他后来的人生选择。

1979 年，随着全国对文物工作的重视，各级政府开始完善、建立文物考古部门。听到这个消息后，王惠民动心了。在他的印象里，考古工作者大都博古通今，他也想成为那样一个人。就这样王惠民又成了巴彦淖尔盟的一名文物考古工作者。

"内蒙古是一个考古富矿，在巴彦淖尔盟工作的 10 年，记忆深刻的是 4 座汉墓的考古发掘。当时我参加工作不久，是第一次看到汉墓，特别兴奋，盼着能发掘出一些珍宝。"王惠民告诉记者，这次考古中除了发现陶罐、铜镜等珍贵文物外，发掘的生肖金箔图案漆盒，非常精美，在国内考古界难得一见。

每一次考古都有收获

当然在这次发掘中，王惠民的收获远不止这些。通过这次发掘汉墓，他查阅了很多汉墓的资料，结合实际情况，他对汉墓的结构等有了一个系统的认识。其实，对王惠民来说，每一次考古，无论大小，都是一次积累知识、充实自我的机会。

就这样，没过几年，王惠民就成了内蒙古周边地区小有名气的考古专家。附近的不少文物考古发掘现场，都少不了他的身影。

在王惠民的书房里整整齐齐地摆放着地质学、古生物学、古人类学、民族学、古文字学、铭刻学、古钱学和古建筑学等各类书籍。而让人惊讶的是，这些书并不是束之高阁，而是几乎都被他一一翻阅过。"考古学的产生有长远的渊源，但到近代才发展成为一门科学。"他笑着说，"作为一门近代的科学，考古学有一套完整、严密的方法论。所以要做好一个考古人员，就要博古通今。"

"人类有超过 99% 的历史是在史前史，当时人类并未使用文字。在欠缺这种书写文字的资源下，了解史前社会的唯一途径就是考古学。考古学也找出许多人类技术演进的讯息，例如使用火的能力、石器的发展、炼铁术的发明、宗教的源头，以及农业的创造。"在王惠民看来，假使没有考古学的话，我们无从了解人类在没有书写文字的年代所发生的演化与技术变迁，我们就更无从知道自己从哪里来。

小石头蕴藏大文明

1989 年，41 岁的王惠民来到宁夏文物考古研究所，很快他就发现宁夏地理位置非常特殊，它处在农耕文明和游牧文明的一个交界地带，做史前考古一定是一个不错的方向，而正是沿着这个方向，王惠民一步步让自己成了一个痴迷史前文明的考古学者之一。

王惠民的办公室里摆放着一万多件、大大小小形制不一的石头：桌子上摆着石头、袋子里装着石头、存储柜里堆着的还是石头。

看到记者面对一屋石头疑惑的表情，王惠民顺手拿起桌上一块石头说："这些石头可不是普通的石头，它们有来自水洞沟遗址的，也有青铜峡的鸽子山遗址的，这些石头可是距今几千年乃至上万年的石器。石器的类别有烧石、打制类石制品、磨盘、磨棒等。"

说话间，王惠民又换了一块很小的石头，这件"宝贝"是目前国内发现的单体最小的文物之一——环状装饰品，只有1.42毫米。"这说明在一万年前，我们的人类就已开始使用佩饰。"

王惠民介绍说，这些出土的石器、石核表明，早在一万多年前，我们生活的这片土地就有人类活动。充足的水资源，为古人类提供了生存的场所，他们利用打磨成的复合工具从事简单的劳动，把坚硬的石头加工成锋利的刮削器，以用来狩猎和削剥动物皮毛等。"总的来说，这些大小不等的石器，体现了远古人的聪明才智，孕育着后来发达的细石器文化因素。"

谈起鸽子山遗址的发现，这位满头银发的考古专家，满眼都是兴奋，像回到了1990年第一次探访鸽子山遗址。

意外发现鸽子山遗址

鸽子山遗址位于青铜峡市蒋顶乡蒋西村15公里的贺兰山前后地之间的鸽子山盆地东缘。已累计出土及地表采集的各类文物约13000件，鸽子山遗址的考古发掘填补了旧石器晚期旷野遗址人类居住形制的空白。

1990年夏秋之交，王惠民与两位同事在做宝中铁路的考古调查时，途经青铜峡市蒋顶乡西15公里的鸽子山，远远看到山坡上一些夹砂红陶格外刺眼，脚步不由停了下来。多年的考古经验令他们觉察到了这里或许不是寻常之地。经过仔细勘查后，他和同事当即采集了数百件毛坯和成形器物带回银川。在对这些石片和石器进行初步辨认后，王惠民发现这些石制品除大量石片和石核外，还有不少细石器。

凭借多年的经验和一些初步研究成果，王惠民断定这里将是一块考古宝地，这个遗址的年代在1.2万年至1万年以前。就从1990年开始，王惠民与这块宝地结下了不解之缘。之后的数年光阴，王惠民只要有时间都会

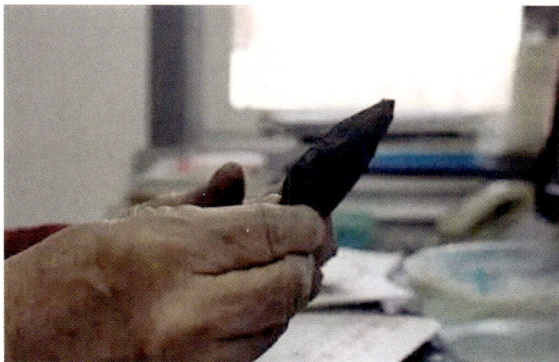

王惠民手握考古现场发现的锋利石器。

去鸽子山，拿着他捡回的"石头"做研究。这项研究至今还在进行。

看到鸽子山的考古价值，1993 年，王惠民所在的宁夏文物考古研究所和美国内华达山间研究所、加利福尼亚大学人类学系、犹他州沙漠地质局的专家共同对鸽子山遗址进行为期 4 年的考古。就在这次考古中，王惠民发表了首篇关于鸽子山遗址的考古报告，在报告中，他首次提出这个遗址的年代在 1.2 万至 1 万年以前。

回忆起当时的考古场景，王惠民依然清楚地记得：当时 10 余个人都挤在一间不足 7 平方米的临时小工棚里。和野外作业的艰苦相比，对石器的整理和比对研究真是一件"熬人"的事。专家要对每件石器标本反复观察揣摩，相互对比、排队、组合，逐一描述，经过测量、绘图、拍照和测算并与其他相关遗址的石制品作对比研究，之后才能得出初步结论，进而完成报告或论文。

"但由于各种原因，鸽子山遗址的系统考古工作进展缓慢，直到 2014 年。"王惠民告诉记者，从 2014 年开始，2015 年、2016 年先后进行了 3 次考古挖掘，共发现 16 个遗址点，已累计出土及地表采集的各类文物约 13000 件。

鸽子山
遗址地貌。

两次发掘水洞沟遗址

　　王惠民的书架上放着一本厚厚的书籍——《水洞沟：2003—2007 年度考古发掘与研究报告》，这本书在 2016 年曾荣获首届中国考古学大会中国考古学会研究成果奖"金鼎奖"，这个奖项是对水洞沟遗址的一种肯定，也是对王惠民等作者 20 余年潜心研究的一种褒奖。

　　原来，王惠民在进行鸽子山遗址考古的同时，还进行着一项在国际上有着深远影响的水洞沟遗址的考古工作，他先后参与了水洞沟遗址第五次、第六次考古发掘，而且每次都是收获满满。

　　水洞沟遗址位于灵武市临河镇水洞沟一处面南的崖壁上。它是中国目前最早发掘的旧石器时代遗址之一，1988年被国务院公布为"全国重点文物保护单位"，被誉为"中国史前考古的发祥地"。

　　在第五次发掘中，王惠民和同事首次论证并确认了水洞沟人间接用火、掌握"石烹法"的证据，从一个侧面反映了先民对资源环境的高度认知、利用能力和因地制宜、机动灵活的生存方略，已从迁徙游动的狩猎、采集经济逐步转向定居生活的农业经济。水洞沟人烧石烹煮食物，进而改善水质的创举，在文明的进程中具有里程碑的意义。水洞沟人用火模式的转变，对整个旧石器时代人类用火的研究都有着重要启示。

人物介绍

王惠民　1948 年生于银川；1958 年随父母去内蒙古磴口县生活；1977 年被内蒙古巴彦淖尔盟的文化站录用，从事文艺工作；1979 年在文化站开始正式从事考古工作；1989 年来到宁夏文物考古研究所，工作至今；1990 年第一次探访鸽子山遗址；2003 年首次参加水洞沟遗址考古（该遗址历史上第五次考古发掘）；现为宁夏文物考古研究所研究员、水洞沟研究院副院长。参加、主持过西夏三号陵地面遗迹发掘，水洞沟遗址第五次、第六次考古发掘，鸽子山遗址考古发掘，拜寺口方塔遗址等考古发掘，银川沙滩墓地的考古与发掘。先后参与、主持编著《水洞沟：2003—2007 年度考古发掘与研究报告》《水洞沟——1980 年发掘报告》《水洞沟——穿越远古与现代》《银川沙滩墓地》《西夏三号陵——地面遗迹发掘报告》等著作。其中《水洞沟：2003—2007 年度考古发掘与研究报告》获"金鼎奖"。

（张碧迁　文／图　本文采写于 2017 年）

水洞沟
遗址调查。

2003
年，王惠民
（左一）在考
古发掘现场。
本人提供

20世纪
80年代，王
惠民在内蒙
古阴山考古
发掘现场。
本人提供

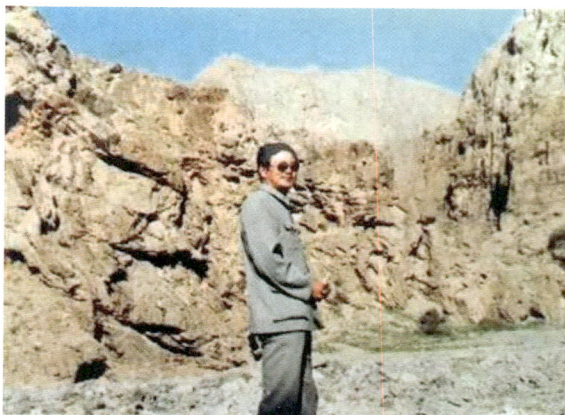

修史人陈永中

陈永中并非历史学"科班"出身，用他的话说，自己只是高中毕业的一个普通中学教师，能走上历史研究的学术之路，仅是出于兴趣，甚至有些"鬼使神差"。但就是这么一个"普通"人，却硬是靠着自己身上的那股子倔劲儿，成了研究宁夏地方史的专家。

不久前，灵武获评"千年古县"，陈永中高兴了好几天，他生长于此，且又是当地市志的编纂者之一。修史人的欣慰与幸福，自在其中。

陈永中。

一书中，足见一番心血

提出采访陈永中先生时，他在电话里，有些意外。在他看来，自己和很多出身名门，或是科班出身的专家学者不同，对于历史的研究，完全是"自学成才"，所出著作也"十分有限"，"实在不值一提"。

如陈永中所言，在历史研究的学术著作出版方面，他在数量上并不占优势——1982年编印了10万字的《盐池县志资料汇编》，1995年编印出版《灵武市志》，后参与编著过《中国地域文化通览·宁夏卷》一书。最新的著作，是在2016年由政协盐池县学习文史委员会编辑出版的《陈永中盐池历史研究文集》，书中收入的39篇文稿，是陈永中在盐池工作30年期间，认识、研究盐池县历史的心血结晶。

但窥一斑见全貌，仅从这部文集中，就能看出陈永中在地方史研究上，是下了真功夫的。文集中，陈永中对"盐池县历史沿革及地名简介""盐池神泉障障址的考证""朐衍县及张家场古城的考证、辩驳""宁夏隋长城研究"等内容进行了多角度论证，展示了盐池县丰富的历史文化内

陈永中著作。

涵，为人们了解盐池，研究当地历史提供了有利的参考。

封泥里，探秘张家场古城

时间回到 20 多年前，那时，银川文化市场上经常见到有人出售来源于盐池县张家场古城的钱币、骨钱、骨简、骨印以及封泥等实物。这激起了陈永中重新研究这座古城的兴趣。

张家场古城位于宁夏盐池县城西北 15 公里的花马池镇东塘村，城址在张家场自然村西 1 公里，盐池—鄂托克前旗公路经此。古城坐落于荒漠之中，四周多丘陵、沙漠，属全国重点文物保护单位。在张家场古城，考古专家先后发现与上郡关系密切的众多上郡封泥、龟兹丞印、龟兹令印等封泥。也正是基于这一发现，陈永中决定从"小"入手。他认为，这些封泥的出现，说明这座古城与《汉书·地理志·上郡》内记载的"龟兹，属国都尉制。有盐官"有着密切关系。

为了弄清其中奥秘，陈永中从部分张家场出土的封泥中寻找答案，并翻阅大量古籍文献，最终提出"属国都尉城与龟兹属国城，即是现今盐池县北部的张家场古城"的观点，并从多个角度加以论证。这对研究古城历史、盐池历史以及宁夏的相关历史文化，都有着重要的意义。

结缘历史，感谢父亲的严苛

能结缘历史，陈永中说，要感谢自己的父亲。陈永中是土生土长的灵武人，毕业于宁夏吴忠师范。如果非要在他的个人教育经历中找到什么特别之处，那就是少年时期在父亲严苛要求下读书的日子。那时，十一二岁的陈永中每天早上 6 点就会被父亲叫醒，简单吃些东西填填肚子，就开始读书。除了中午吃过饭休息一会儿，大部分时间，陈永中都是在读书中度过的，看到大半夜眼皮打架了，才放下书睡去。

除了读诵《唐诗三百首》《三字经》《弟子规》《古文观止》等经典读物，对于他看书的需求，陈永中说，父亲总是会想方设法满足。那时，他就已经在读老舍、沈从文等名家的著作，虽然有些在当时并不能完全理解，但阅读经典却潜移默化地对他的人生产生影响。"真的是鬼使神差，没有刻意要做这方面（地方史）的研究。"陈永中说，直到后来有机会参与编修盐池县志，才让他真正走上历史研究的道路。

一纸文凭，成了件"烦心事"

谈到自己的求学之路，陈永中心情复杂。

原来，从师范毕业后，陈永中就先后在盐池县小学、盐池一中等学校任教，这一干就是大半辈子。其间，凭着对历史的热爱，他顺利完成了陕西师范大学的本科函授课程，对于研究历史的意义和方法，也有了更深刻的认识和学习。但因一些原因，当时陈永中那一批学生未能及时拿到毕业证。后来一晃几年过去了，很多同学几经周折终于补办上了毕业证，但陈永中却一门心思扑在编修地方志的工作上，完全没操心这件事。可就是这一纸文凭，却成了如今年过八旬的陈永中心头烦恼的事。

"因为学历的问题，影响了很多学术论文的发表。"说这话时，陈永中的语气里，夹杂着遗憾和无奈，如今到

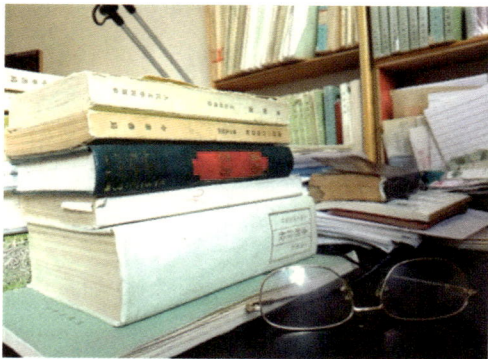

研读各种历史典籍，是陈永中一直以来的爱好。

陈永中
的枕边一直
放着《汉书》
和《史记》。

了这把年纪，他在乎的并非名利，而是放不下那些经过自
己潜心研究论证后，证实了的学术成果。"不能及时发表，
也就无法被学术界认可，这意味着或许在某个问题的研究
上，会在很长时间里被人们所忽视。"陈永中说。

记一方水土，留一份情怀

地方志记载的是一方水土之上的人和事，守护的是一
方人的精神家园。如今已年过八旬的陈永中虽早已停下了
修志工作，但那些修志人所秉持的深思求证的态度，却在
他的身上，表现得愈发生动。

先不说别的，单是一人参与编修盐池、灵武两个地方
的地方志，本身就是对研究者专业素质的考验。

编修地方志，涉及一个地方的自然地理、社会人文、
政治经济、古迹遗存、风土人情等等，须把零散的史料汇集，
经过筛选整理，使之形成体系，其过程艰辛可想而知。所以，
人们总是称那些修志人是地方文化的挖掘者、传承者。

"编修盐池、灵武两部地方志虽经艰难曲折，却也是
分内之事，兴趣使然。"如今回忆，陈永中将这段经历视

作人生最大的一笔精神财富。在陈永中看来，一部地方志就是记载一方水土之上的人和事，是一方人的精神家园，从中能够读到区域的变迁、生命的阅历和故乡的情怀。"延续了这些共同记忆，也就留住了乡愁。"

但档案馆、图书馆的现成资料毕竟是有限的，无论是城市还是乡村，其历史和文化必然会沉淀在山水市井之中。于是，编修志书的过程中，陈永中总是背个包，带着干粮，骑上自行车，一头扎进街巷田间，走乡串户，访贤问老，不放过任何一条有价值的信息和线索。往往大清早出门，等回到家，已是黄昏……

"咋能不辛苦呢？每天回来还要整理资料，一弄就是后半夜了。"陈永中说。其实，一部地方志从筹划、调研、整理到出版，并非一个人的功劳，背后是很多人的默默付出，"每部地方志，都是一个时代的作品"。

心念一块石碑，方能重见天日

2018年，经民政部批准，中国地名文化遗产保护促进会专家审定，灵武市因文化积淀深厚、地名文化内涵丰富而从全国现存800多个千年古县中脱颖而出，被评定为中国地名文化遗产"千年古县"称号，跻身全国100个"千年古县"之列，这是宁夏首个获此殊荣的市县。

为此，陈永中高兴了好几天。灵武是他的家乡，也是他编修地方志付出心血之所。"能获得这样的殊荣，灵武名副其实。这也能在很大程度上，推动当地对历史文化进行更好的保护。"陈永中说，这让他想起在修志过程中的一件事。20世纪50年代初，陈永中在调研过程中，在灵武城东门外秦渠桥边，发现一块碑额刻有"三贤祠"字样的石碑。而这作为对灵武历史的见证之物，意义重大。

据《嘉庆灵州志迹》记载："三贤祠，在州内。祀总督杨一清、王琼、河西道张九德。"陈永中说，当年，三贤祠的规模和所承载的历史、文化内涵，无疑是明代灵州重要的一处人文景观。但1955年，当时的生产队在修渠建桥时将那块刻有"三贤祠"字样的石碑作为石基压在桥下。这些年，在灵武东门外秦渠渠口或斗闸间，还能找到这些明代石碑的残件。如今，虽然明代灵州三贤的身影已随着历史的车轮渐行渐远，甚至早已被世人淡忘，但陈永中相信，那些记载三贤的石碑，有一天定会重见天日。

做学问需深思细读、多方求证

"地方志历来注重突出地方特色，一部志书的优劣关键在于是否把地方特色写出来，这是志书的价值所在。要记述一方之事，只有突出地方特色才不会千篇一律。"陈永中说，也正是基于这样的要求，他始终坚持读书，也从未停止过对地方史的研究和思考。

在他看来，一部地方志，倾入的是一群人几年的心血，而对于修志人来说，每一页，都是一步一个脚印走出来的。如今，陈永中已年过八旬，身体和精力都有些力不从心，但坚持每天转书市，却是他雷打不动的习惯。"选择史书、经典，深思细读，发现问题就多方求证，打破砂锅问到底。这是做学问的基本要求，也是修志必须要经历的过程。"

严谨认真是陈永中做学问所秉持的态度。

采访快结束时，陈永中接到一个老朋友打来的电话，跟他询问和盐池一个地名有关的问题，他认真询问、解答，没有丝毫怠慢。放下电话后，应记者请求，他去卧室拿出了一些证件和照片，其中一个证件的黑白照片上，陈永中戴着眼镜，沉稳精干。"这是我年轻时唯一一张留存下来的照片。老啦，得抓紧时间再多出几本书了！"他笑着说。

人物介绍

陈永中　1938 年 6 月出生于宁夏灵武县。1959 年毕业于宁夏吴忠师范。长期在盐池县中学任教。1982 年参与编修《盐池县志》并编印《盐池县志资料汇编》。1995 年编印《灵武市志》，任副主编。2000 年被聘为宁夏文史研究馆馆员，中国长城学会、中国地名学会、中国钱币学会、宁夏历史学会会员。曾获宁夏回族自治区修志先进个人称号、宁夏回族自治区科研成果奖三项。参与了《中国地域文化通览·宁夏卷》的编辑工作。

主要成果　出版《盐池县志资料汇编》《灵武市志》《陈永中盐池历史研究文集》《银川城市起源研究》等图书。另有文史论文 100 余篇，如：《盐池县的几种地方志书》《胸衍盐州·花马池考》《发挥地方史志在历史教学中的作用》《新编地方史志与中学历史教学》《盐池县的圪垯地名》《上河与西河》《神泉障址四议》等。

（王　敏　文 / 图　本文采写于 2018 年）

杜建录:
走在西夏学研究的路上

　　他入选中组部"万人计划"哲学社会科学领军人才、教育部"长江学者"特聘教授和国家"百千万人才工程",曾获自治区"塞上英才"荣誉称号。2013年,他还获得了自治区"社会科学突出贡献奖",这也是宁夏大学继我国著名宪法学家吴家麟教授之后,第二位获此殊荣的专家。他就是宁夏大学西夏学研究院院长杜建录。

杜建录。
本人提供

让西夏学"活"起来

第一次见杜建录，是在 2017 年的 11 月份，那时，宁夏大学西夏学研究院刚刚举办了首届"神韵西夏"文创产品大赛。记得那时，杜建录特别展示了首届比赛入选的茶具、书签、剪纸、刺绣、饰品等作品，可以说，每一件都巧妙融合了西夏文字、文物、绘画艺术等元素，透着浓郁的地域风情和文化特色。

而这次采访，杜建录首先谈到的还是关于文创产品大赛。"第二届发布会，计划在 2018 年 10 月 19 日于银川举行，现场除了向优秀设计作品颁奖，同时还会举办'丝路西夏文创产品博览会'，将成功转化的西夏文创产品展示出来。"与第一次谈及此事相比，这次，杜建录的语气里透着坚定，更带着一份骄傲。"有哪些作品亮相，大家可以到时候来发布会现场看一看。"

对于杜建录来说，虽然平日里要主持的工作繁多，但坚持举办西夏文创产品大赛，却是他近几年来心头的一件大事。"西夏学既是一门国际性的学问，也是一种地域特色鲜明的学术文化，通过设计文化创意产品并使之走向市场，可以让文化'活'起来，让普通老百姓也可以感受到西夏历史的魅力。"杜建录说。

与西夏学研究结缘

时间回到 1979 年，那一年，杜建录以当年同心县高考第一名的身份，从预旺中学考入陕西师范大学历史系。而要说他与西夏学的缘分，则是从大四那年开始的。"大四选毕业论文题目时，指导老师杨德泉先生说有位专家写了一篇宋夏战争方面的文章，观点值得商榷，希望我写一篇商榷文章，于是我选定《宋夏战争性质与影响》作为大学毕业论文，从此开始了我的西夏研究生涯。"

毕业后的十年时间，杜建录一直在固原师范专科学校（今宁夏师范学院）教中国通史。直到 1992 年，宁夏大学组建西夏研究所，凭借当时个人取得的研究成果，当时的张奎校长亲自向杜建录发出邀请，杜建录来到宁夏大学，担任副所长一职。"当时的西夏研究所还隶属于科研处，规模比较小，条件也很艰苦。"但毕竟迈出了第一步，他很快便开始投入工作。1999 年，杜建录师从著名史学家漆侠，获博士学位。也是在这一年，宁夏大学进行机构改革，将西夏研究所从科研处分出来，成为与系、处平行的研究单位，杜建录被任命为所长。

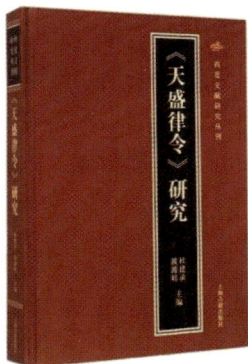

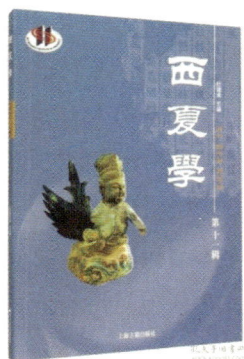

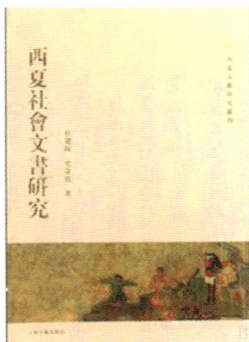

杜建录部分
著作。
本人提供

三个转折点

"我的第一个任务，就是做'整合'。"杜建录介绍说，当时教育部启动人文社会科学重点研究基地建设，他所提交的学科建设材料被学校选中，经过几轮整合，2000 年在西夏研究所的基础上，组建西夏学研究中心；2001 年 3 月，教育部发文批准中心为高校人文社会科学重点研究基地，有了这一平台，当时有关西夏学的研究，成果辈出；2008 年经教育部批准，西夏学研究中心正式更名为"西夏学研究院"——按杜建录的话说，这也是学院发展的第一个转折点。

"科研离不开人才的培养，在我们拿到了宁大第一个文科博士点后，所培养的一批又一批西夏学人才，目前占全国研究西夏学人才的 50%。"杜建录说，文科博士点的设立是学院发展的第二个转折点，更让他欣慰的是，自己所指导的硕士生一半以上考取了博士研究生；指导的博士研究生，毕业后基本都申请到了国家基金项目；指导的博士后，获全国博士后科研基金特等奖。他们的研究领域几乎涉及西夏学的方方面面，可谓各有专长。

第三个转折，是在 2010 年。这一年，宁夏大学西夏学研究院和俄罗斯科学院东方文献研究所签订协议，成立中俄西夏学联合研究所，杜建录任中方所长。"西夏学是两个国家共同关注的学术话题，而这样的国际学术合作，有着重大意义。"杜建录思考片刻后笑着说，"希望我们现在所尝试的西夏文创作品设计和推广这条路，在未来能让学院实现发展上的第四次转折，也让西夏学这一品牌走向世界。"

杜建录 1962年生，任宁夏大学西夏学研究院院长，博士研究生导师，"长江学者"特聘教授，民族学一级学科博士点负责人，民族学博士后科研流动站负责人，中国少数民族史国家重点（培育）学科负责人，民族学国家一流学科建设负责人，自治区西夏学人才高地首席专家，自治区西夏学国际一流团队建设负责人。兼任中俄西夏学联合研究所中方所长，中国社会科学院西夏文化研究中心副主任，国家哲学社会科学基金评审专家组成员，中华民族古文字研究会副会长。

研究成果 在《民族研究》《中国史研究》《中国经济史研究》等刊物发表论文百余篇，出版《西夏经济史》《西夏社会文书研究》《中国藏黑水城汉文文献整理研究》等著作20余部（含编著），其中《中国藏黑水城汉文文献整理研究》入选2015年度《国家哲学社会科学成果文库》。11项成果获教育部和省级哲学社会科学优秀成果一、二、三等奖，其中一等奖3项。现主持国家社科基金重大项目"西夏通志"，中俄人文合作项目"黑水城文献与西夏研究"，国家"十三五"重点出版计划、国家出版基金资助项目《西夏学文库》（100种，与史金波教授共同主编）。

（王　敏　文　本文采写于2018年）

胡玉冰：
宁夏古文献研究的探路者

　　干练洒脱，文质彬彬。这是初见胡玉冰时，给人留下的第一印象。而这样的气质，是他 27 年浸染书香的自然流露。这 27 年来，他一直坚持走在古文献整理研究的路上，并乐在其中。对于这份执着，胡玉冰开玩笑说，他其实就做了一件事：为他人作嫁衣。

胡玉冰。

"学霸"选了个冷门专业

胡玉冰的大学专业是古典文献。如今看来，这依然是个"冷门"专业，而在1987年，他初入北京大学的时候，和经济、法律专业相比，古典文献更是"冷门"。当年胡玉冰以全区第四名的成绩考入北京大学。胡玉冰笑着说："当初报专业的时候，也没人指导，就这么稀里糊涂地读了这个专业，后来就爱上了这个专业。"

2005年，胡玉冰完成北大博士学业，本可选择留在北京，有更好的机会等着他，但他还是回到了宁夏。他说，宁夏是自己的故乡，但在古典文献整理研究方面，宁夏还处于初级阶段，他希望用自己所学，为这片热土贡献一份力量。

回想当年，胡玉冰很感谢选专业时的"稀里糊涂"，也很高兴坚持了自己的选择。十年磨一剑，通过这些年的努力，宁夏在古典文献的整理与研究方面，取得了很大进步，现在，研究人员再也不用从浩瀚的古籍中，寻找古代宁夏的蛛丝马迹了，"大家可以通过系统的古典文献查询，很方便。"胡玉冰的笑容里，有种满足感。

初涉古典文献研究

"挺难的。"胡玉冰用这三个字总结了自己初涉古典文献研究时的感受。1996年，他开始了自己第一个校级项目——汉文西夏文献整理研究。"真的是啥都没有。"但胡玉冰深知古籍整理研究是文化兴盛的基石，是建设优秀传统文化传承体系的基础工作，必须全身心投入。"在中国的历史文献当中，有很多记载西夏历史的资料，像宋史、辽史、金史，其中都有西夏的专传，清朝也有《西夏书事》等，这些资料都需要做一个系统、专业的研究。"胡玉冰说。

但当时很多书都没被整理过，资料很难找。他举例说，那时看《史记》，还没有中华书局系统出版的版本，需要找原版看。这些原版书籍都是文言文，对自己专业知识要求很高，而且在翻阅的过程中，还需要甄别、判断。项目完成后，他的个人专著《汉文西夏文献丛考》也随之出版，分类介绍了西夏各类文献。

第一个国家社科基金项目

胡玉冰的第一个国家社科基金项目，是"传统典籍中汉文西夏文献研究"。国家社科基金项目是我国在科学研究领域支持基础研究的主渠道，能立项成为国家社科项目，是每个科研人员的梦想。"做这个项目时，沉淀了8年。"1996年做完学校项目之后，胡玉冰用了8年时间充实自己。"过程太枯燥了，你想啊，天天看那种没有标点的古书，一坐就是十几个小时。"那3年的时间，胡玉冰全国各地跑，每天徜徉在宋朝到民国时期的古书中，寻找关于宁夏历史的蛛丝马迹。辛苦没有白费，用胡玉冰的话说，查询的结果甚至大大出乎自己的意料。

2007年结项时，专家的评价是：项目成果直接推动了西夏文献学学科体系的构建，同时开辟了新的研究领域，为研究与整理中国古代少数民族文献提供了范例。成果专著《传统典籍中汉文西夏文献研究》入选第二批《国家社

胡玉冰著作。

科基金成果文库》，荣获自治区第 11 届社科优秀成果奖一等奖。这是宁夏在社科研究领域迈入国家层面的一个标志性成果。

《朔方文库》编纂首席专家

2016 年 6 月 25 日，理清宁夏文献档案"家底"的重大项目"《朔方文库》编纂与出版"正式启动，计划至 2024 年，全面、系统地保护、抢救、整理、研究、出版宁夏特色珍稀文献档案。胡玉冰担任项目首席专家。

"《朔方文库》编纂与出版将以宁夏大学学术力量为主，联合宁夏社科院、宁夏师范学院等区内学术单位，协作攻关，是历史上第一次全面、系统地保护、抢救、整理、研究、出版宁夏特色珍稀文献档案，也将理清宁夏文献档案的'家底'。"这个项目让胡玉冰很激动，"它代表着宁夏在古文献整理研究方面的新高度，是宣传宁夏，推动宁夏文化走向大众，让世界了解宁夏的系统性文献资料。"

作为项目首席专家，胡玉冰也谈到了人才培养问题：力求将国家级重大项目建设与自治区重点学科、重点专业、重点研究基地建设及博士、硕士学位授权点建设等结合起来。"我们现在带研究生，要求学生在毕业之前，要独立、完整地参加一次学术研究项目，为研究的持续性发展储备人才力量。"胡玉冰说。

人物介绍

胡玉冰 1968 年 12 月生。2005 年获得北京大学中国古典文献学专业博士学位。2006 年至 2008 年，在复旦大学中国语言文学博士后流动站工作。任宁夏大学人文学院、回族研究院院长、教授、博士生导师。自治区"古文献整理与地域文化研究人文社科重点研究基地"主任，自治区"十三五"重点学科"中国语言文学"、重点专业"汉语言文学"负责人兼学科带头人。

（刘旭卓　文　本文采写于 2018 年）

朔方书家吴善璋

　　他的字，被人们称作"吴体"。比较多见的一种说法，这样形容："他自幼喜爱书法艺术，从楷书入手推及篆隶行草诸体。对王羲之、颜真卿、欧阳询、孙过庭、米芾等进行认真的研究，并借鉴汉简、敦煌遗书、晋人残纸等丰富自己的艺术语言，追求简洁、流畅、清峻、典雅的艺术风格。"

◀ 吴善璋。

宁夏书法的醒目大旗

前往采访吴善璋先生的路途，好像从一开始就有"前奏"响起。从记者的出发地到他所居住的小区，不到 6 公里的路程，车窗外匆匆掠过的，至少有五六处大型场所的题字，皆出自他的手笔。

及至来到吴先生所在的小区，这种"前奏"更加密集起来。门口处硕大的小区名称碑额，进门之前一旁会所门额的题字，还有小区内一处处园林景观上的题刻……甚至，当你跟小区里随便一位物业人员问起要去的门牌号，他们都会在指给你的同时，不忘加上一句——"你是找吴老师吧？"

从 20 世纪 80 年代初算起，吴善璋已不记得为多少慕名前来者题过字，匾额、碑铭、报名……散布于这片土地的大街小巷，渗透于这里百姓的日常生活。可以说，今天的宁夏，或许还有少数人不知道吴善璋的名字，但几乎没有人没见过他的字。

宁夏有组织的书法活动始于 1979 年，那一年银川地区书法篆刻小组成立，他是当时的成员之一；1999 年，他任宁夏书法家协会主席；2005 年，他被选为中国书法家协会副主席……一串串人生履历的背后，吴善璋的书学之路与宁夏书法的前行同步，不仅是宁夏书法的醒目大旗，也在中国书坛书写着属于他的书学传奇。

第一次接触毛笔

1948 年，吴善璋出生于江苏苏州。这个与他姓氏暗合的城市（苏州古称吴），并没给他留下多少印象。2 岁时，他即随父母迁往上海。几年之后，一家人再度迁居北京，生活算是暂时安定下来。这一年他 6 岁，人生的记忆，从这里开始。

北京的日子，吴善璋一家住在大栅栏西街。在这处老北京城的繁华地段，穿过一段并不长的距离，有一处名叫王广福斜街(今称棕树斜街)的地方。在那里，他度过了自己小学的最初一段时光。

"学校是新开的，好像原先是座庙。学校里有十几个班级，还有一处不大的操场。"他还记得第一天上学时的情景，"时间过得好慢好慢"。

班里有写字课，第一个学期写的是铅笔字。到了第二个学期，开始用毛笔。老师写好范字挂在黑板上，让学生在下面临。和其他同学一样，吴善璋小心地落笔，字迹在淡黄色的仿纸上慢慢成形……老师在教室里巡看，走过他身旁时站住了，问道："你以前练过？"吴善璋摇了摇头。

这是他对第一次接触毛笔时的记忆。他并非出身书画之家，父亲在银行工作，母亲是教师。但一切也不是无迹可寻，父亲业余时间喜欢篆刻，而母亲写的大楷总是在老师间的书法活动中成绩领先。

童年的闪光片段

命运轨迹的一次大改变发生在 1958 年。这一年的 6 月，吴善璋父母响应国家号召，支援宁夏建设，一家人由北京迁居银川。

50 多年前的这次改变，吴善璋不过 10 岁。他印象最深的，除了日夜兼程的长途"旅行"，还有初来乍到的"新奇"。"到银川几天后，我们被安排住到了居安巷。我出门站到民族南街往南一看，不远处绿绿的一片，我问人那边是什么？得到的答复是'城外'。我心想这实在是太好了！在北京，出一回城不知要走多长时间呢。这儿好，一下子就能出去。"

童年，似乎总能闪出人生的亮泽。吴善璋看到的绿色，是当年南环路（今南薰街）之外的农田。那里有连绵的稻田、水沟、湖泊，还有他童年快乐玩耍的时光。

1961 年，吴善璋由银川市实验小学毕业，升入银川市第二中学，在那里度过了他的初中与高中生涯。而在这段读书的日子里，从小学时开始，虽没专门学过书法，但无论是毛笔字还是美术字，他都是班级和学校里的佼佼者。

曾是"足球健将"

不太为人所知的是，这一时期的吴善璋除书法之外，还有一项优长——

足球。

他曾是银川市二中校足球队的成员，踢前卫位置。1965年，吴善璋正上高一。经过激烈的选拔赛，他所在的球队，获得了参加全国少年足球赛的机会。因为是代表宁夏出战，又是全国性大赛，印象自然深刻。

大连训练期间，国家队来人给宁夏队员做指导。练30米脚内侧传球，吴善璋与辅导者几次长传配合，对方连连称赞："你的基本功真不错……"

这种运动上的特长，一直伴随吴善璋走过了很长一段时光。甚至到后来参加工作，他偶尔在同事面前露上一招儿，人们还都不太敢相信，这是平素斯文的他可以做到的。虽然，他最终并未向专业运动员方面发展，但说起这段往事，他认为与自己的书法并不是没有关联。

在他看来，书法是一门讲究手脑配合的艺术，也就是说你不仅要有想法，而且要能通过肢体将这种想法付诸笔端。"我见过不少人，他们真是很有书法头脑，但就是手不听使唤，没有办法将自己想要表达的东西表达

习字
是吴善璋
每日必做
的功课。

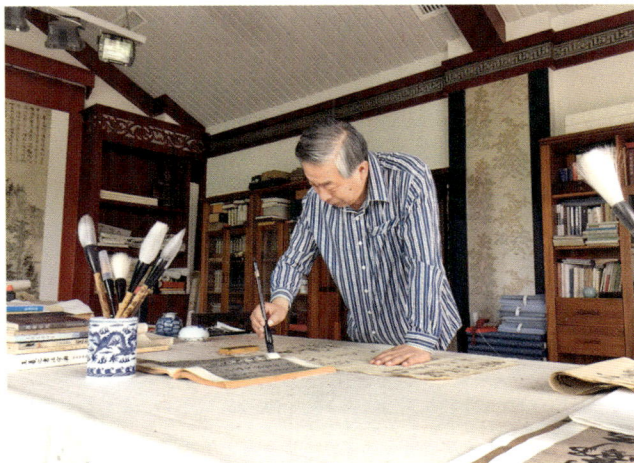

出来。对肢体的控制能力，是运动员的优势。这方面，体育和书法是相通的。"

人生的"大思考"

1968 年，吴善璋读完了高中。时逢"高等学校停止招生"，他选择参军。体育好，又写得一笔好字，他在部队里很受欢迎，被安排在政治处电影组当放映员，负责写标语，制作幻灯片。

参军两年，家里却陡生变故。吴善璋父亲去世，家里失去最主要的经济来源。1970 年，他从部队回来，到银川拖拉机厂工作。在工厂，他当过车工，干过生产调度，后来到厂工会工作。

也是在这一时期，吴善璋开始进行一些人生的"大思考"。他决定"不能再把精力分散到那么多的爱好上，要找一个主攻的方向。"他最终的选择是——书法。

决定一旦做出，直指真心所爱，吴善璋从此踏上了自己的书学之路。20 世纪 70 年代中期，他遇到了书法生涯中第一位真正的老师——罗雪樵。这位已故的前辈，曾被称为"宁夏省城四大才子之一"，一生钻研甚多，篆刻、书法、历史、西夏文皆有造诣。

"跟罗老学书法，他会具体给你指点，写得好，好在哪？写得不好，又不好在哪？有时不一定能马上理解，他就会把资料拿给你看。一看，哦，原来是这样啊！当时书法学习资料非常稀缺，许多碑帖只有罗老那儿有。"

1979 年，银川地区书法篆刻小组成立，在胡公石、刘正谦和胡介文等人的带领下，银川一批爱好书法的青年人加入进来。自此，随着宁夏书法的发展，吴善璋真正地成长起来。

最幸福的工作

在网络上输入"吴善璋"搜索，林林总总的信息中，有这样一条——"1980 年《首届国展作品集》"。在这条信息中，可以见到一幅与吴善璋有关的书作，书写内容为杜甫《戏为六绝句》（之一）。这幅距今已有 30 多年的旧作，不仅展露着吴先生当年的书法风范，更对应着一段宁夏书法组织发展的最初时光。

20 世纪 80 年代，是宁夏书法的一个重要时段。继银川地区书法篆刻小组成立后，1980 年，宁夏书法家协会成立。比中国书法家协会成立还早一年。协会成立之年，也是首届全国书法展开办之年。参展，自然也是当年宁夏书法人的一件大事。

当时在工厂上班的吴善璋还记得，他也为此次参展创作了不少作品，但自己都不很满意，遂想放弃。直爽的妻子劝他："你这么着迷书法，关键时候怎么能后退？"最终，他送去两幅作品参展，结果入选。

入选国展，吴善璋更坚定了自己的书法之路。但这一时期，他也越来越感到业余搞书法的局限。他说，那段时间他最大的梦想就是能找份专门写字的工作，"那将会是人生最幸福的事"。1984 年，听说宁夏农展馆需要一个专门写字的人，他从工厂调到了农展馆。又过数年，当听说银川书画院要成立，他立刻放下可能被提拔当领导的机会，甘愿去做一名身份普通的书画创作员。

多年后，回忆起这段经历，吴善璋说："这是我人生最关键的一步。"从 1991 年开始，他将自己完全蜕变为一位专业的书者，在之后几乎整整 5 年的时间，避开一切外界的干扰，潜心练习，"以研究的方法来学书法"。

为宁夏书法做点事

这 5 年多心无旁骛的钻研，在吴善璋看来，是一个真正认识书法、领悟书法的过程。由此，其书学生涯也进入了一个新的阶段。1998 年，《吴善璋书法作品》出版。1999 年，他当选宁夏书协主席。2001 年，他被确定为中国书协评审委员会副主任。

扛起一个省区书协的大旗，吴善璋在书法中的角色，开始发生变化。

他清楚地记得一个细节，在他刚担任宁夏书协主席时，协会账面上可支配的资金只有 1400 多块钱。虽然缺少经费，但他仍坚持带着书协骨干成员，到石嘴山、固原、吴忠和中卫等地讲课、培训，"没有讲课费，都是利用双休日，因为听课人平时得上班……"

一番努力之下，效果也令人欣慰。宁夏书协会员人数从他接手主席时的 200 多人，增加到 400 多人。宁夏书法也由之前"主要看银川"，变为各地"开花"，多有获奖、入选。

2005 年，吴善璋当选中国书协第五届副主席。2010 年连续当选中国书协第六届副主席。这除了是对他个人书法建树的肯定之外，对于一个西部小省区，其文化意义也不言而喻。

既合法度又写内心

今时的吴善璋，自 2008 年退休后，又进入人生另一个不同的时段。但一直未变的是他对书法的挚爱与钻研。他说："我现在每天必须写，上午、下午各 3 个小时。状态好时，一天下来几十张纸就用出去了。"

采访中谈到习书之道，吴善璋多次提到的一句话也与此有关——"写字是一辈子的事"。

他说："书法这门艺术，要求你用手把内心的感受表达出来，而且这种表达还不能是随意的、没有法度的，得在书法所限定的范围内去表达。所以，必须经过大量的练习，你才有可能将这种法度变成一种'下意识'，才有可能既合规矩，又让内心的东西自然流露出来。这一过程，古人是不仅练，而且平时书写工具就是毛笔。所以对今人而言，不可能有别的捷径。这一过程注定会非常长，是一辈子的事情。这仅仅说的是手脑配合，其他如文化修养、文学修养、书法相关的文字学等，都是要持续着力的。"

当然，这也不仅是一辈子的练习，更是一辈子的热爱与修为——对吴善璋来说。

采访中，吴善璋先生还有不少感悟及妙语，限于篇幅无法在访谈中完整呈现。在此选录一些，以飨读者：

◎ 学书法从一开始就要掌握两样东西：一个是正确的认识，一个是正确的方法。只有掌握了这两样东西，才有可能学好这门艺术。

◎ 有人说楷书写好了行书也就好了，我说这根本是两码事。铁饼投得好，标枪也就投得好？这里面的技术、方法和对才能的要求是不一样的。

◎ 20世纪80年代，我们请胡公石老师来讲课，胡老在讲台上就说了一句："书法嘛，就是要把字写活了。"然后再无下文。大家都很纳闷。可现在想想，胡老这话说得真对，点中要害。

◎ 学书法要聪明，但聪明了还要下功夫。现在很多人不注重基本功，想马上出效果、见成绩，不可能，那样出来的只有躁气。

◎ 20世纪80年代，刘正谦先生曾说过，清代有"扬州八怪"，我们宁夏人共同努力、惨淡经营，争取也能出八怪那样的艺术群体。

◎ 专业精神很重要。中国这么多人，如果每个人都能在专业上精益求精，那我们国家的未来不可限量。

◎ 书法史上，真正的大书法家，大多能做到雅俗共赏。他们能让更多的人欣赏书法、认识书法，让自己的艺术能为更多的人服务。

人物介绍

吴善璋 国家一级美术师，享受国务院政府特殊津贴。历任中国书法家协会第五届、第六届副主席，中国书协行书委员会主任，中国书协硬笔书法委员会主任。现任中国书法家协会顾问、中国硬笔书法协会名誉主席、宁夏文联名誉主席、宁夏书协名誉主席、宁夏文史研究馆馆员、银川市文联名誉主席、银川书画院名誉院长。1948年，生于江苏苏州；1968年，在部队当战士、放映员；1970年，在银川市拖拉机厂工作；1984年，任宁夏农业展览馆工会干部、宁夏书协副秘书长；1991年1月，任银川市书协专业创作员、宁夏书协副秘书长；1991年10月，任银川书画院专业创作员、宁夏书协副主席；1999 年，任银川市书画院专业创作员、宁夏书协主席；
2000 年，任银川市书画院副院长、宁夏书协主席；2002 年，获中国书协第
二届"德艺双馨会员"称号；2003 年，任宁夏文联副主席、书协主席，银
川市书画院副院长；2005 年，被选为中国书法家协会第五届副主席；2010 年，
当选为中国书法家协会第六届副主席；2015 年，被聘为中国书法家协会顾问。

（李振文　文 / 图　本文采写于 2016 年）

《吴善璋书
法作品》专集。

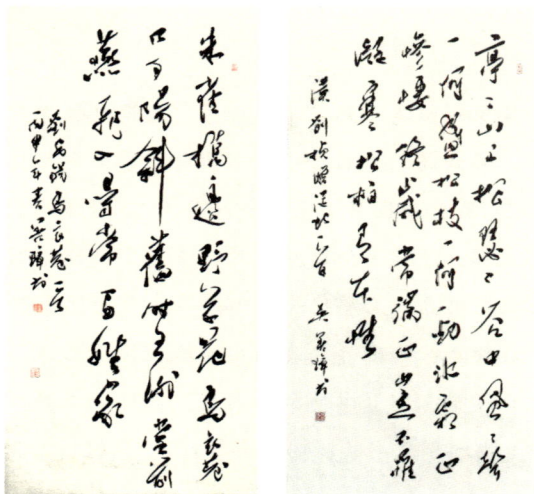

吴善璋
书法作品。

尹旭：
书法美学的开拓者

　　得知尹旭先生的名字，是从一些书法家的口中。不止一次，听他们讲过，宁夏有这样一位学者，在书学研究方面，造诣深厚。而在网络上，搜寻与他有关的信息，有两条更是印象深刻：其一，他的著作《中国书法与传统文化》，获得过当今中国书法最高奖"兰亭奖"；其二,他被认为是"新时期国内最早开展书法美学研究的代表人物之一"。现在就让我们走近学者尹旭，了解他的美学研究与人生之路。

尹旭。▶

生于山东，就读北大俄语系

访谈约定在尹先生家中进行，入得房门，只需两个字便可形容——简单。一组沙发，一个茶几，一台电视机，便是客厅内全部陈设。尹先生今年73岁，工作上已"退居二线"，一年大部分时间住在北京，回银川只是小住，"处理一些事情，同时一个人安静地写写东西"。

尹先生所说的"写写东西"，是指他正在进行的一项研究计划——写一部"关于美学原理本身的书"。从20世纪80年代，开始专业研究书法美学及美学理论算起，他至今已在这一领域专注35年。

1942年，尹旭出生于山东省邹平县。解放后，追随父母，居于河北省南皮县，在那里读完了小学和中学。命运的一次转折，发生在1962年，这一年，中学毕业的尹旭，考入了北京大学俄语系。

之所以要选择这一专业，尹旭有着自己的考量。他自小喜爱文学，而在当时的年代，俄罗斯文学及作家在中国备受推崇。在尹旭的打算中，他希望通过对这门外语的学习，更好地研究来自这方面的文学蕴藏。

在尹旭的回忆中，北大俄语系的学习，还有一个特殊的历史背景。20世纪60年代初，中苏关系已经出现裂隙，中宣部计划筹备一个"反修"理论班子，尹旭这一届学生便是为此特别招收的。然而，1967年，尹旭从北大毕业后，因"文革"开始，学校陷于"瘫痪"，他们的分配一时没了着落，加之中苏关系彻底宣告破裂，俄语在中国"不再吃香"。尹旭所学的专业，顿时没了"用武之地"。最终，一段时间的等待后，尹旭和同学们得到的安排是——到北京某部队农场锻炼。前路，顿时一片茫然。

1970年，"巧合"中来到宁夏

农场的生活，持续了两年多。这中间，令尹旭记忆深刻的，除了辛苦的农田劳动，还有一个他与同学们一起编印"诗集"的故事。

尹旭一直着迷文学、诗歌和书法，大学毕业到农场后，虽然每天都有劳动任务，但对这些爱好，他仍念念难忘。在此期间，他与一帮有相同爱好的同学，自行编辑、油印了一部诗集，起名《同舟集》，其中便收录了他的七首诗作。特殊的年代里，这样的事情如果传出去是会犯"大错误"的，但对文学的热爱，即使"偷偷摸摸"也要做。

两年多劳动生活之后，1970年尹旭等来了正式分配。但同样让他"想也想不到"的是，他被分到了宁夏。在尹旭当时的脑子里，对宁夏"一点印象都没有"。问身边的同学，同学们摇头不知。只有他们排长告诉他："宁夏很远，那里的人都穿着羊毛冲外的大皮袄。"

尹旭也是事后才知，他之所以被分到宁夏，也是充满了命运的奇巧。原来，当时宁夏教革组（即今教育厅）接收分配生，负责这一工作的人是尹旭的一位山东同乡。这位负责人挑人时，一看名单上有位老乡，籍贯就是老家邻村，而且，当时教革组认为"宁夏离苏联近些，需要储备一些俄语人才。"于是，尹旭的人生轨迹从此便与宁夏联结。

书法美学，站在"开拓者"的行列

到宁夏后，尹旭被安排到银川九中当老师。当老师的前两年，尹旭教的是"本业"——俄语。后来，俄语"越来越没人学了"，课程也取消了，他便教起了语文课，一直干了七八年。也是在这一阶段，尹旭边教书边在业余坚持着自己的爱好，进行诗歌、书法创作，学习与研究美学理论、文艺理论、书法美学等问题。

命运的又一次重要转折，发生在1980年——中国社科院招考科研人员，尹旭考上后被分配到宁夏社科院哲学所，由此正式开始了自己的学术之路。在宁夏社科院，尹旭较早就明确了自己的研究方向——书法美学，并一直专注至今。之所以"如此明确"，尹旭坦言，"这一直就是我想做的事情"。他说他是个爱思考的人，"我一直喜欢文学、书法，但在这个过程中，我跟别人有些不同——我不只觉得一首诗、一幅书法很美，我还想弄明白：它们为什么美？"

1980年前后，正是改革开放蓬勃之初。与文学、绘画相比，中国书法理论的研究尚待探求，尤其书法美学更是"一片空白"，也正是在这一时段，尹旭站在了"开拓"的前沿。

三本著作，三种理念

要理解尹旭先生的书学思想，从他的三本著作入手是个"捷径"。

一是《书法美》。20 世纪 80 年代初，中国书法界进入一个活跃期。也正是在这一时段，钟情书法的尹旭开始思考这样一个问题：能不能用现代美学理论，解释中国的书法？他说："当时中国书法领域，基本还是延续之前传统书学的一套。对书法这种古老艺术，人们提起它，觉得很'神秘'，为什么会有这种感觉？就是因为我们没去做这方面的探索，缺乏用现代美学的眼光去看待它、研究它。"正是在此情形之下，尹旭写出了《书法美》一书，成为"当时中国书法理论界第一本系统、完备介绍书法美学原理的著作。"

二是《中国书法美学简史》。以现代美学来解释中国书法，无疑是一个重大突破。然而，在尹旭看来"现代美学源于西方，要真正弄清中国书法的本质，不能去'问'达·芬奇、毕加索，得去中国古人那里找。"于是，尹旭又研究撰写了《中国书法美学简史》一书（2014 年，以此书为基础写出更完备的《中国书法美学史》），希望通过对书法史的研究，探求中国书法本质所在。

三是《中国书法与传统文化》。在对书法史深入研究后，尹旭感悟到："中国书法之所以产生，是因为有传统文化这一土壤。"因此，他继续从传统文化的角度来去探讨书法美学，他认为"只有这样，书法美学的根才能找到。比如，中国传统文化讲'修（身）、齐（家）、治（国）、平（天下），中国人为什么创造出书法这门艺术，关键就在这个'修'字上，所以傅山才会说：'作字先做人'。"

自成一家，不怕争议

在尹旭多年的美学研究中，提出过一系列与流行观念不同的学术观点，其"大胆"与"独树一帜"，即使放置当下，也毫不逊色。在此，我们不妨列举二三。

魏晋书法尚显"稚嫩"。与传统书学理论对魏晋书法"顶礼膜拜"不同，尹旭认为这一时期，书法美学思想和创作水平尚显"稚嫩"，属书法艺术的"萌生期"。"魏晋书法那种以笔墨情趣为表现形态的艺术性成分，虽然有极大的发展，但对于'书为心画'的自觉表现意识，则还居于相对次要的地位。"在他看来，中国书法真正的"成熟期"，到唐宋时才达到。

甲骨文不是书法艺术。在尹旭先生的书法美学观点中，严格区分着书法艺术与文字书写的界限。他认为，"实质上，按照书法美的本质来衡量，只有书法家的字，才能称为书法艺术"，真正的书法作品是从魏晋开始出现的，两汉先秦的碑版铭文，以及更早的甲骨文、金文等等，基本属于文字书写的范畴，并未迈入书法艺术的畛域。

"自由诗"也须有格律。在诗歌美学方面，尹旭认为，从诗歌艺术的美学本性上讲，诗歌须有一定的格律形式，因此，中国五四以来的"自由诗"，尚不是一种成熟的诗歌形式。而其"走向成熟的唯一道路，在于民族化与格律化。这种'化'当然不是指恢复古代诗词格律，而是集中体现现代汉语的音律特质。"

宁夏书坛，风貌可喜

就像书界对其"从容"书风的评价，谈到多年来的治学之道，尹旭先生说他从来都是"不紧不慢""恪守规矩"。所谓"不紧不慢"，是因在确定一个研究主题后，他便会全心投入、专注思考，进入一个非常投入的状态，于是动笔前，便可做到胸有成竹。而"恪守规矩"，则是指他是个特别注重"规律"的人，他的工作、作息等时间规律，几乎是数十年如一日的。而纵观其学术之路，专业从事研究的三十余年里，先生一直投入于书法美学领域，其用心专一、持之以恒，更是其成功要津。

书法理论研究之外，尹旭先生在书法创作方面也一直坚持不懈、造诣深厚。他主攻行书、草书，取法"二王"、兼纳众家，书风被评"清新雅健，潇洒从容，别具一格"。

在尹先生看来，理论研究与书法创作，是一种"相辅相成、血肉一体"的关系。"要真正把一件事做好，就不仅要'知其然'，还须'知其所以然'。书法创作，也是一样的道理。"当然，尹先生也强调，艺术水平与理论修养，绝不是一回事，不是简单成正比的关系。"但是，学书者若想在书法上有高层次的追求，了解一些书法美学等理论肯定是必要的。"

作为 20 世纪 80 年代以来，中国书法美学的一位开拓者，尹先生也是 1980 年宁夏书协成立时的始创者之一。谈到宁夏书坛的发展现况，尹先生认为有两点"可喜"：一是路子正，"全国很多地方有种不太好的现象——许多书法家都在模仿本地某个最著名的书家，这种现象我们宁夏没有"；二是面貌丰富，"这些年我们宁夏无论是老一辈书家还是中青年书家，都各有自己的特点。就中青年书家目前的创作状态看，他们甚至比上一代那批书家的情况还要好一些。"

人物介绍

尹　旭　1942 年，生于山东省邹平县。1962—1967 年，就读于北京大学俄罗斯语言文学系。1970 年，分配至宁夏工作，并于 1971 年起，任教于银川市第九中学。1981 年至今，宁夏社科院工作，专业从事书法美学及美学理论研究。现为宁夏社科院哲学研究所美学专业研究员。历任中华美学学会会员，中国书法家协会学术委员，宁夏书法家协会副主席、顾问，中国书法培训中心教授等职。著有《书法美》《中国书法美学史》《中国书法与传统文化》《中国书法美学简史》《书学五论》《书学新论》《书法线条美的发现》及《天一堂随笔》等书。

（李振文　文／图　本文采写于 2015 年）

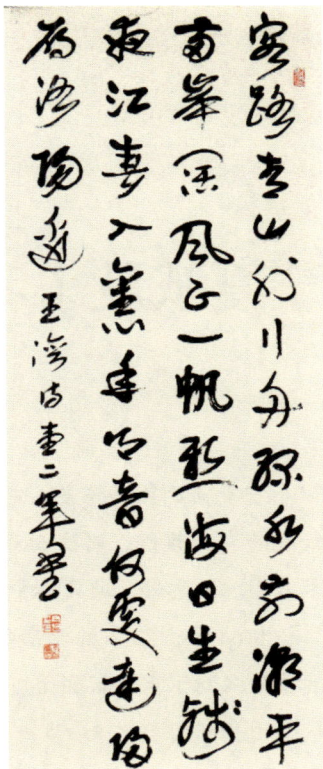

尹旭书法作品。

尹旭部分著作。

王志洪：
宁夏成就了我，我也离不开宁夏

　　宁夏话剧团是宁夏文艺界的一面旗帜，也是全国文艺战线的一面旗帜。而这面旗帜的树起，离不开老一辈的艺术家们。王志洪，就是其中一位。

　　1964 年，23 岁的北京小伙王志洪从中央戏剧学院毕业后被分配到了宁夏话剧团。从演员到队长、从编剧到导演，从副团长到团长，一步步走来，每年数百场的大篷车演出，让王志洪成了宁夏话剧界的"大腕"。2007 年，65 岁的王志洪与年轻时崇拜的偶像李默然、欧阳山尊一起获得"国家有突出贡献话剧艺术家"称号。

王志洪。

北京青年来到了宁夏

　　见到王志洪，是在宁夏话剧院的一间小办公室里，虽然已经退休多年，但王志洪一直被单位返聘，主要承担着剧院的剧本创作工作，北京不乏艺术剧院，毕业的学校又不错，又是老北京人，在当时的环境下，足以在北京找份工作，为什么选择来宁夏？见到王志洪时，记者就迫不及待地问出了第一个问题。

　　"其实很简单，因为宁夏话剧团（宁夏话剧院原名）的名气很大，来宁夏话剧团，是当时很多年轻话剧演员的理想。"在王志洪的记忆中，第一次知道宁夏话剧团是从老师的课堂里，1958年，由空政话剧团、全总文工团部分话剧演员组成的宁夏话剧团的雏形成立，当时，空政话剧团、全总文工团都是屈指可数的大团，有这两个大团体的支持，宁夏话剧团在创立之始就是一个很高的平台，在全国都很有名气。

20世纪80年代，大篷车下乡演出。
王志洪提供

1964 年的夏天，追随话剧的梦想，王志洪和中央戏剧学院表演系的
20 位同学坐着绿皮火车一起来到银川，来到宁夏话剧团。

宁夏第一批国家一级演员

"虽然我现在从事编剧工作，但我的老本行是话剧演员。"来到宁夏
话剧团后，王志洪被分配到了演员组，这也与他在大学学的专业相吻合。

《霓虹灯下的哨兵》是王志洪第一次当主角演出的话剧，演出结束后，
在大街上，就有人认出他来，那时候，话剧演员就是大家眼中的明星。台
上入戏地演，台下出神地看。喜处，演员笑，观众也笑；悲处，演员哭，
观众更是泣不成声。无论白天晚上、无论严寒酷暑，只要有戏演，观众就
早早占位子，等开演，演完了，不肯走，留恋的神情里满是感激……回忆
起过去的舞台时光，王志洪的眼睛里充满了激动。正是那段舞台上的演员
经历，为他后来从事剧本创作，积累了丰富的经验。

20 世纪 80 年代，宁夏话剧团制作了中国第一辆流动舞台车——宁夏
话剧团大篷车。此后 30 年，大篷车就成了王志洪和宁夏话剧团的演出舞台。
因为都是露天演出，为了让观众可以舒舒服服看好戏，盛夏时节，剧团就
主动暴露在烈日下，将阴凉处让给观众；寒冬腊月，舞台搭在风口处，把
观众席设在向阳背风处……从演员到队长，在演出的舞台上，自己演了多
少场，他也记不清了。就这样，一步步地成长，他成为宁夏第一批国家一
级演员。

有人需要，就是最大的成就和欣慰

天下没有不散的宴席，在王志洪来到宁夏的 20 年后，也就是 20 世纪
七八十年代，随着政策的变化，大家有了选择的机会，一起来宁的 19 位同
学纷纷离去，唯独王志洪留了下来。和王志洪的那些同学一起离去的，还
有那些空政话剧团、全总文工团的老艺术家们。

其实，王志洪也曾动摇过。1980 年，宁夏话剧团老团长叶波要求王志

洪带队到北京观摩。北京军区战友话剧团看了王志洪饰演的毛主席后，当场拍板要他来北京工作。回到银川的王志洪就写了一份请调报告。请调报告交上去，老团长叶波当场就给撕了："你不能走，这里需要你。"

"就是这句话感动了我，我发现我与其他的同学不一样——我是这个地方需要的人！有人需要，就是人生中的成就和欣慰。"王志洪留了下来，一留就是一辈子。欣慰的是，他的这种付出得到了观众的认可，2007 年，65 岁的王志洪与年轻时崇拜的偶像李默然、欧阳山尊一起获得"国家有突出贡献话剧艺术家"称号。

《梅家小院》的真实故事

在王志洪的书柜里，排放着他几十年来创作的 30 余个剧本，其中《落伍的庄稼汉》《女村长》《梅家小院》《农机站长》《铁杆庄稼》等作品获得了"文华奖"和"五个一工程"奖等诸多荣誉。53 年过去了，曾经的少年，已经是满鬓白发，但他仍然坚持创作，担当着宁夏话剧院唯一编剧的角色，继续扛着宁夏话剧的旗帜。

《梅家小院》应该说是王志洪的代表作，该剧在演出的一年时间里，演出的省（区、市）有 20 多个，行程近 4 万公里，演出 47 场，绝大多数为露天演出，观众有 10 余万人次。

谈到《梅家小院》为何深受观众喜爱时，王志洪道出了"秘诀"——这些剧本无一例外，均取材于群众生活。

《梅家小院》的真实故事发生于南部山区的固原，一个叫梅久香的国税局女干部，在丈夫下岗，自己并不富裕的情况下，为了六盘山区穷苦孩子能正常上学，腾出自家小院的 5 间房，让想上学而又没有钱租房住的山里娃住进来，给他们烧水、做饭。学生病了，她带着去治病，哪个营养不良，她给买来营养品。梅久香在十分困难的情况下，帮助丈夫苏万年的"仇人"的女儿考上大学。为此与丈夫苏万年、女儿苏晓燕发生了激烈冲突，丈夫、女儿双双出走。最后，梅久香以她的优秀品格，感动了她的丈夫和女儿，也感动了身边许许多多的人，人们纷纷向穷困学生献上一片爱心……

把根扎在生活里

为了找到更多发生于群众间的真实故事，王志洪几乎走遍了宁夏的村落，其中去得最多的是西海固，"一是我对那里有感情，来宁夏第一年的劳动就在西海固。二是每年数百场的大篷车演出，绝大多数在农村演出，自然要和农民的生活息息相关。"在如今的西海固不少村子里，都有着王志洪的农民朋友，在原州区的草庙村等 5 个地方，王志洪还建立了生活创作基地。

"这些村子里的人，看到我来了，都会放下手里的活，围着地头坐下来，把村子最近发生的故事说给我听。"王志洪告诉记者，由于和老乡们有着多年的感情，每年春节，老乡们在银川的孩子，都会来家里看看他。

创作剧本"改无止境"

"既然要演给群众看，就要写出群众喜欢的剧本。"在创作中，王志洪一直坚持着一个属于自己的标准——群众不喜欢，不爱看，就一定要改。每每完成一部作品，王志洪都会拿着剧本坐到农民的炕头上一句一句念给他们听，让他们提意见、挑毛病。王志洪常对团里的人说，"要让观众像恶婆婆横挑鼻子竖挑眼挑小媳妇毛病那样，帮我们提意见。"

王志洪觉得，只有真正深入生活中去，了解群众的喜怒哀乐，知道他们生活中的酸甜苦辣，创作出来的戏才是真正的接地气，才能真正对群众的胃口。

在王志洪这里，即使一部剧目搬上了舞台，有不合适的地方，还是要改，每次演出他都有一个习惯，搬个小板凳坐到群众中间跟他们一起观看。一边看，一边听，一边记下评价和意见。中场休息时，有的观众去上厕所，王志洪也会跟着去。"你别不信，观众发表的意见往往是最真实的。"王志洪记录下这些意见后，和演员们一起讨论，继续排练。

最大的幸福

2016年2月，宁夏的一部话剧在北京火了，在全国火了，文化部部长雒树刚观看《回民干娘》后，向编剧王志洪竖起了大拇指："你的剧本写得好啊，台词用的都是老百姓的语言。""我到宁夏53年了，即便是退休后的20余年，也没有一天离开过这个工作。《回民干娘》就是退休后我完成的一部大剧。"王志洪坦言，在宁夏生活久了，就会发现，这里虽然是少数民族聚居区，但所有生活在这里的人，都相互尊重，十分和谐。而这部戏，也是一部他积累了30余年素材才完成的作品，2010年进行正式创作，2013年完成第五稿。

"演员哭了，观众哭了；演员笑了，观众笑了。"这是王志洪对自己话剧的要求。在采访间，王志洪拿出了一张照片。照片中的演出现场大雪纷纷，但台下挤满了观众。其实，这样的场景，在大篷车演出时也是常见的场景。每

群众冒雪观看演出。王志洪提供

次看到这种场景，王志洪既感动又愧疚。"感动的是他们对艺术的这种热爱；愧疚的是，这样的演出还是太少。"王志洪说，"当大篷车往那儿一支，蹲在南墙根的农民抽着烟，看着我的戏，这是我最大的幸福。"

在记者离开时，王志洪又投入新的创作中，这一次他要创作一部移民题材的剧本。他说："再过两年我也干不动了，所以趁着现在，多写两部，回馈给这片成就我的土地。"

人物介绍

王志洪　1940 年生于北京，宁夏话剧团原团长，著名编剧、国家一级演员。1964 年从中央戏剧学院毕业后，分配到宁夏话剧团，一干就是 36 年。2007 年 4 月 18 日，已经退休的王志洪获得"国家有突出贡献话剧艺术家"称号。他创作演出的话剧《梅家小院》在荣获全国第八届精神文明建设"五个一工程"奖之后，又在第七届中国戏剧节获得 8 项大奖。

编剧作品　《回民干娘》《回族税官》《农机站长》《铁杆庄稼》《梅家小院》《落伍的庄稼汉》《女村长》《金色的鱼钩》《小英雄雨来》《七根火柴》《东郭先生》等。

演出足迹　曾在全国各地演出。在宁夏话剧团（院）30 余年里，王志洪带领宁夏话剧团（院）的大篷车行走了 80 多万公里，演出了 8000 余场，观众千余万人次，演遍了宁夏境内全部的乡镇、大学、中专、中学和 80% 以上的小学，同时还进行了 8 次全国基层农村万里行巡演。

（张碧迁　文　本文采写于 2017 年）

闫森林：
让贺兰砚"越走越远"

贺兰石是宁夏"五宝"之一，用其雕刻的贺兰砚，有发墨、存墨、护毫、耐用的优点。提起贺兰砚，不能不提已在宁夏传承了120多年的"闫家砚"。从清光绪年间开始，几代手艺人的坚守，让小小的一方砚台，如今成了宁夏的一张名片。而从1963年宁夏成立第一家贺兰砚雕刻厂开始，直到如今越来越多的传统手艺被列入非遗项目，60年间，宁夏对于本土非遗文化的传承和保护，也越来越好。

专注刻
砚的闫森林。

百年传承"闫家砚"

2018年4月3日,66岁的"闫家砚"传承人闫森林早早就到了工作室,桌上放着外甥女徐楠昨天刚制作好的砚台,闫森林放在手上细细端详着,满意地点点头。徐楠是"闫家砚"的第五代传承人之一,从小受母亲闫淑丽的影响,早早就接过了这门手艺,2015年,还获得了中国工艺美术百花奖铜奖的殊荣。

20世纪,第二代传承人闫万庆,将贺兰砚雕刻的手艺传给了他的三个儿子闫子江、闫子洋、闫子海,"闫家砚"在他们手里继续发扬光大。1960年闫子江、闫子洋受自治区政府派遣,到北京人民大会堂参加宁夏厅建设。他们雕刻了大型挂屏毛主席手书《清平乐·六盘山》《红军长征过六盘》等一批贺兰石雕工艺品,让"闫家砚"的名气广为流传。

闫森林告诉记者,"闫家砚"从清代光绪年间至今,传承了一百二十多年,现已历经五代,先后从艺二十余人,第五代又接纳了许多优秀的外姓弟子。曾经传男不传女、传子不传孙的家族技艺,早已破除门户之见,尽闻桃李芬芳。

宁夏的一张名片

20世纪,中国还没有非遗的概念。直到2006年以后,这些掌握着珍贵"独门绝技"的手艺人才有了自己名字——非遗传承人。非遗的发展,让贺兰砚有机会变成宁夏的一张名片,向世界展示。

中国砚种有几十种,过去只有洮河砚、端砚、歙砚、鲁柘澄泥砚这四大名砚才登得上台面,人们对宁夏这种"小地方"的砚文化并不感兴趣。2011年,闫森林第一次代表宁夏参加全国非遗成果展示,现场展示贺兰砚雕刻,他精妙的技艺让现场群众叹为观止。

"走出去"的这些年,人们对宁夏贺兰砚有了新的认知。"这些年宁夏出了一个贺兰砚雕刻的国家级非遗传承人,两个做砚的国家级工艺美术大师。随着非遗工作的开展,贺兰砚在全国的知名度也越来越高,这条路会越走越宽。"闫森林说。

五代人，倾心一件事

今年66岁的闫森林满头白发，但身体依旧硬朗，除了参加活动或外出交流之外，每天他都坚持晨练一个小时，然后投入工作，中午休息一段时间，再进入下午的工作，生活非常规律。在他看来，只有拥有健康的体魄，才能在艺术长河里走得更远，这是一种责任——传承的责任。

1960年，宁夏回族自治区成立不久，闫森林的父亲闫子江和二叔闫子洋，受自治区政府派遣，到北京人民大会堂参与宁夏厅的建设。他们俩亲自到贺兰山上采石，做好粗坯，把石料运往北京，在德胜门外找了个地方雕刻创作。

那时候正上小学的闫森林，只有过春节时才有机会看到父亲。闫森林说，整整三年时间，他父亲和二叔创作了很多贺兰石的雕刻工艺品，它们成了宁夏厅的主要元素。家族的这门手艺，在闫森林的心中，无疑是带着光环的。

闫森林的父亲和二叔从北京回来后，宁夏便成立了第一家贺兰砚雕刻厂，他们自然成了最核心的技术人员。工厂旧址大致在现迎宾楼的位置，离闫森林当时上的小学不远，"每天放学我从学校后门出去，穿过一条50米长的小巷，就到了父亲工作的工厂，那时候，我常趴在窗户上偷偷看他们。"他说，继承父亲的手艺，那是自己儿时最大的梦想。

在闫森林的记忆中，父亲在厂里受人尊重，是一位老老实实、稳稳当当的手艺人。1973年，21岁的闫森林也被调到了厂里，父子俩的工作台，紧紧地挨在一起。"父亲是一位很慈祥的人，在家从不发脾气，但在工厂，他却是一位很严肃很认真的师傅。"闫森林说，每一道工序，父亲的要求极尽苛刻。

"父亲是非常朴实的手艺人，他干活干累了，就喝口水，或者抽根烟，然后接着干。"闫森林说，这份工作在别人眼里，也许只为了营生，在父亲心里，却多了份责任，这种对手艺极尽苛刻，对自己所雕刻工艺品负责

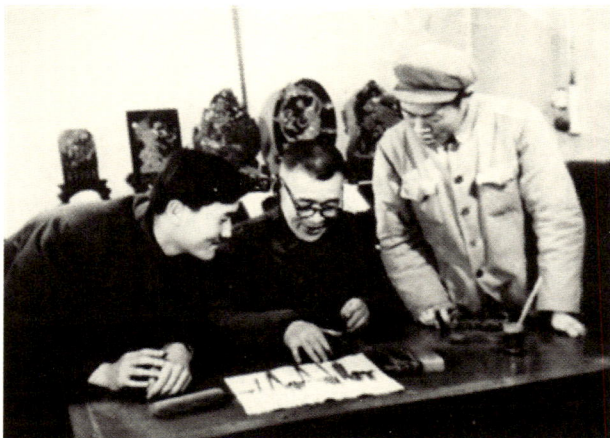

闫子江（中）在指导徒弟闫森林（左）、施克俭（右）学习制砚技艺。

闫森林提供

的态度，对这份传统手艺的敬重，是祖祖辈辈传下来的。

到离贺兰石最近的地方去

1980 年，父亲退休后，闫森林所在的工厂，经过几次重组后，更名为银川市工艺美术厂。六年后，自治区非常重视贺兰砚雕刻这门技艺，他的工作被调到贺兰石的原产地——滚钟口，专门为游人展示贺兰砚雕刻技艺。每每提起这段经历，闫森林都笑称，这是命运使然。

滚钟口管理局当时的住房条件有限，大家都是两个人一间屋子，但管理局却专门为闫森林辟出了一间工作室。那几年，去后山采石，是闫森林最大的乐趣。他用最古老的运输方式，将石头背下来，早上五六点就出发，步行二十多公里路，然后背七八十斤石头回来。

每次去总能"淘到宝"。专业背石头的工人，喜欢背大块石头下山，而闫森林专挑别人不要的小块。"他们不懂啊，这小块的，可都是好料啊。"他笑着说。

在滚钟口，闫森林一待就是十七年，很多人不理解，但他知道，脚下的每一步路，都是先辈曾经走过的。

"闫家砚"的故事

相传贺兰石开采始于清代康熙年间，清末湖南人谢威风赴任宁夏府台。他擅长书画，尤喜文房用品，便令人开采山石制作贺兰石砚。巧的是当时他的一位名叫张云庭的湖北籍随从，有着家传的制砚手艺，深得府台大人赏识，于是被收录于衙门的"军会"部门专司制砚一事。待到生活稳定后，便经人介绍迎娶了独自抚养两个儿子的女子闫吴氏。

张云庭天性善良敦厚，不仅善待闫吴氏，更将一手制砚手艺传给了两个继子闫万庆、闫万年。后来清朝覆亡，张云庭一家人也就从衙门里出来，一时间生活没有着落，索性带着两个继子凭着手艺自己制作、经营砚台以解决生计。

民国年间，银川著名绅士白贡甫非常喜欢砚台，就在银川南门二道巷设立制砚作坊，邀请闫万庆担任作坊的领工。闫万庆两兄弟这段时间没有了生计上的忧虑，把所有

砚台。 ▶

的精力全部放在技艺钻研上，砚台制得特别好，逐渐在银川闯出了名头，并自成体系，他们的作品被老银川人称为"闫家砚"。

之后，闫万庆将贺兰砚雕刻的手艺，传给了他的三个儿子闫子江、闫子洋、闫子海，"闫家砚"在他们手里继续发扬光大，及至今日的"闫家砚"第四代、第五代传人。

传承人是非遗"国宝"

匠人们始终如一的坚守，是他们原本就温柔敦厚的底子。而在传统中迸发出的火花，则是其工匠精神的另一种体现——除了坚守对产品精心打造、精工制作的理念，更要不断吸收最前沿的技术，创造出新成果。

20世纪，中国还没有非遗的概念，直到2006年以后，这些掌握着珍贵"独门绝技"的手艺人才有了自己名字——非遗传承人。

"很多国家对非遗传承非常重视，他们的传承人甚至被称为'人间国宝'，相对来说，中国的非遗事业是起步较晚的，但很庆幸，我还是赶上了。"闫森林说，这条路走起来并不容易，不少人祖传的手艺，都因时代的发展，难以为继，面临消失的危险。

2008年，闫森林被确定为自治区级贺兰砚制作技艺传承人。当时，政府还为他在银川文化城免费提供了一间独立的工作室，当时一起搬进去的还有刺绣、杨氏泥塑、泥哇呜的传承人。闫森林为工作室定名"闫家砚坊"，他解释，过去手艺人都是在自家的作坊里工作的。

更让他热血沸腾的是，贺兰砚制作技艺后来又被认定为国家级非物质文化遗产项目，自己则成为国家级非遗项目代表性传承人。

用砚展示每块贺兰石的美

至今，闫森林从事贺兰石雕刻已经有45年了，对于他来说，每一块石头都是他生命中的瑰宝，将石头上的彩用得巧，用得妙，雕出韵味，是一件很有趣的事。

贺兰石雕刻最重要的是设计，拿到一块石头要仔细观察它的颜色和斑纹，做到心中有数。他这样比喻，如果说绘画是在纸上创作，那么贺兰石雕刻，就是在纸上滴几滴墨水，围绕着墨水来创作，并非墨水越多越好，让它们都有各自的用处，才妙。

闫森林的工作室里，有一块近期完成的作品，名为《丝路驼铃》，颇有"大漠孤烟直，长河落日圆"的意境，其中的落日，就是贺兰石上一个彩色的圆点，雕刻中，借用得非常"讨巧"。

"贺兰石是分层次的，每一层的颜色不同，在快完工的时候，我发现了这个点，既然它出现了就要巧用，不能埋没了，我们不说巧夺天工，天工是夺不来的，要用借。"他笑着说。

而看似简单的一个"借"字，闫森林说，他一生都在努力学习用好它，尽量将每一块石头的美通过砚台展示出来，也将"闫家砚"的风格发扬光大。

时代脚步里的传统技艺

"闫家砚"有着自身独特的风格：既显塞北粗犷豪放的风格，又具江南细腻灵巧的神韵。这一特点，还得从其创始人说起。

张云庭被尊为"闫家砚"的第一代创始人，遥想当年张云庭一口绵软的南方话，教会他的两个继子雕刻砚台，后来这两人又将这份手艺在紫绿相间的贺兰石上进一步发扬光大，于是才可能有今天传承下来的"闫家砚"独特风格。

传承百年的"闫家砚"，虽然有着一套自己的传统章法，但在闫森林的刻刀下，也显现着时代的特色。工作室里陈列着闫森林和父亲不同时期的作品，父亲的作品外形更加方圆、规矩，砚的尺寸也相对较小，而闫森林的作品则趋于自然。

闫森林告诉记者，过去，砚台的形状都相对规矩，现在为了让石头自然的形态得到展现，更多的是根据石头的形状来制砚。大小也有了调整，现在很多人的书桌变大了，需要的砚台也相应大了起来，于是催生了大砚台。

面对传统和当下，很难说哪个更好，但闫森林依然想离传统更近一点，现在雕刻时，虽然有了更好的刻刀，但当年和父亲一起用自行车辐条制作的夹钢刻刀，闫森林也一直不舍离手。

人物介绍

闫森林　1952年11月出生于宁夏银川，1973年调入银川市工艺美术厂，师从家父闫子江（著名贺兰砚雕刻家）学习贺兰砚制作技艺。现为宁夏银川市贺兰砚雕刻世家"闫家砚"第四代传人，2007年被评定为宁夏一级工艺美术大师，2009年被命名为贺兰砚制作技艺自治区级非遗传承人，2012年被文化部命名为国家级非物质文化遗产贺兰砚制作技艺代表性传承人。

（闫　茜　文 / 图　本文采写于2018年）

闫森林贺兰砚作品。

高韵笙：
"国际猴"的戏曲人生

　　猴戏，是古老的中国表演艺术之一。尤其到了清代及之后，更是成为以《西游记》为蓝本的"悟空戏"的一个代称，深受民众喜爱。在中国戏曲的历史上，擅演"猴戏"者，名家辈出，但其中一位说来却与众不同——他有"国际猴"之誉，曾在 20 世纪 50 年代，将猴戏艺术带出国门，并为当时新中国的外交事业作出贡献。他就是宁夏京剧团离退休干部、著名京剧表演艺术家高韵笙。

在银川家中的高韵笙。

梨园世家，科班出身

初见高韵笙先生，颇有些惊讶。眼前已是 89 岁的高老，耳聪目明，身姿挺健，说起话来嗓音亢亮，中气十足，而且带着一丝舞台上的京韵之味。

这一点倒也不难想象。自幼学戏，且一生以此为业，在高韵笙身上，可谓戏曲即人生。

高韵笙出生于梨园世家，其父是京剧"四大须生"之一高派老生的创始人高庆奎。9 岁时，高韵笙即入北京富连成科班学戏，师从钱富川、王连平、刘喜益等人，而教他猴戏的就是大名鼎鼎的叶盛章。

时至今日，高韵笙仍清楚记得自己 12 岁第一次正式登台演出的情景。"就在北京前门广德楼，演的是《淮安府》，首场演出即受到老师表扬，演出结束后（老师）特地给我买了盘包子、一碗炒肝……"高老笑着回忆。

此后，《白水滩》《蜈蚣岭》《林冲夜奔》……跟着老师，一出出学下来，一部部演出来。高韵笙的戏曲人生，从此拉开大幕。

猴戏出国，大有作为

1948 年，高韵笙到东北演出，解放军东北军区政治部胜利剧团，一眼看中了这位富连成"韵"字科的当家武生。于是，高韵笙成为一名光荣的部队文艺工作者。

1952 年 2 月，毛泽东主席和周恩来总理出访苏联回来路过沈阳，观看了一场当地安排的京剧演出，节目就是高韵笙主演的《水帘洞》。

"演出完后，周总理把我夸奖了一番，而且作了一些建议和指点。他说，从艺术上来讲，演美猴王，应当是猴学人，而不能是人学猴。他这一句话，就把人给点通了。这对我以后演猴，从表演、方法和思想处理上，都有了指导和方向。"高韵笙回忆说。

1956 年，我国为了发展与北非及西亚国家的关系，派中国京剧四团到这些国家和地区演出，此时已调入该团的高韵笙，在出演的《闹龙宫》和《三岔口》剧目中担当主演。

高韵笙扮
演的美猴王。
本人提供

"临出发前，周总理语重心长地跟大家说，你们这次
出去演出，交流艺术之外，还有个任务是帮咱们国家搞好
外交。"高韵笙回忆道，"努力终于得到回报，这次出访
演出，我们的艺术团给国家立了功。先是埃及当年即与中
国正式建交，不久，埃及周边国家也纷纷和我们建立了外
交关系。"

响应号召，来到宁夏

"作为当时出访的艺术团的一名成员，能为国家作出
一点点贡献，我感到特别的自豪和满足……"回忆起 1956
年那段往事，高韵笙至今感动。

人生的又一次重大转折，发生在之后的 1958 年。这
一年，令高韵笙终生难忘的有两件事。一是"上山下乡"
赴唐山演出，"舞台就是乡村的土台子，上面铺一层毡布，也不知道下面哪里有坑哪里没坑。我演的是现代戏《智取威虎山》，翻打的时候，一崴，我觉得两腿一哐当，骨头坏了。赶紧回北京看，是半月板摔碎了！"

第二件便是来宁夏。1958 年，宁夏回族自治区成立，高韵笙所在的中国京剧四团被派往当地支援文化建设，成立宁夏京剧团。一声支宁号召，高韵笙毅然踏上西行的列车。"当时我的腿刚开完刀，只恢复了半年，还没完全好，我拄着棍儿就来宁夏了……"他回忆道。

"走了三天，刚到宁夏，一下火车傻眼了，就一个路基，连站台都没有。进了银川城，来到临时安顿的土坯房，进门后黑黑的，没有电灯，点煤油灯……"跟高韵笙一同前来的，还有妻子、两个孩子。人生，从此就在宁夏扎下根来。

教戏育人艺者风范

1958 年来宁后，高韵笙起初一年多时间还上台演出，之后就主要在宁夏京剧团从事学员教学工作。

生于梨园世家，自幼科班出身，高韵笙有着极其扎实的艺术功力。也只有具备这样的素质，才能去教学员。时至今日，还能在网络上看到一段拍摄于 1959 年，宁夏京剧团训练的珍贵视频。黑白影像中，一位位还是孩童的小学员们，做着整齐的戏曲动作；几位一脸认真的老师，在一旁手把手悉心教导。其中，便有高韵笙。

屈指算来，这些视频中的孩童如今也已步入老年，他们中不乏戏曲界的佼佼者。而从 1959 年算起，高韵笙在京剧团至少带了三拨学生,桃李满门，这对宁夏戏曲艺术和人才的传承，影响深远。

1985 年，高韵笙从工作岗位上退了下来。但却一直"退而不休"，对于时常会有的从全国各地专程前来向他学习请教的人，他都会悉心指点，亲自示范。2016 年春节，中央电视台戏曲频道推出特别节目《猴年话猴戏》，专程到银川采访了高韵笙先生，向观众介绍了这位享誉海内外的老艺术家的风采。

采访中，89 岁的高老先生笑着说："60 年前，我来到宁夏，带着妻子，两个孩子。现在，我们已是一个大家族了。60 年，我在宁夏，挺好，挺知足！"

（李振文　文 / 图　本文采写于 2018 年）

高韵笙六岁时，与父亲在一起。
本人提供

王志怡：
这些年，我和宁夏的京剧缘

王志怡一直记得 1958 年第一次来银川的情景。"下了火车，没有站台，我们就将行李从土坡上滚下去，然后人也顺着滑下来。当时的条件很艰苦，但我从没后悔来到这里，因为我们把京剧带到了宁夏，让宁夏的老百姓看到了国粹的魅力。现在，看到宁夏京剧表演事业蓬勃发展，我真的很高兴"。

王志怡。▶

因梅兰芳和京剧结缘

　　我从小就热爱文艺，小时候在学校里，音乐课考试，总是全班第一。1951 年我 15 岁，我记得很清楚，那年，梅兰芳大师被任命为中国戏曲研究院院长，他们全家从上海迁回北京，因为父亲和梅大师是旧交，所以我就经常去看梅大师演戏，看了第一场，就被他精彩的演出和强大的艺术魅力吸引，后来只要有梅大师的演出，我每场必到。

　　因为受梅大师的影响，我立志成为一名优秀的京剧演员，但家里不同意。那我也不管，反正我就是要学京剧。我背着家人，拿着自己仅有的一点零用钱，去市场上买了一套不太完整的"头面"，还有其他唱京剧需要的东西。我把这些首饰挂在头上，学着化了妆，当时没有买到戏服，我就把彩绸被面披在身上当水袖，一遍遍地听梅大师的唱片，跟着学，简直着了迷。

出演《红
灯记》剧照，
左为王志怡，
右为田文玉。
王志怡提供

那时我对京剧的痴迷，可以说是到了"天不怕，地不怕"的程度。我记得当年有一次去干妈家玩，梅大师也来了，还有中国戏校（现中国戏曲学院）的老师。他们开始即兴表演，梅大师刚唱完一段，我赶紧举手说"我也唱"。我记得很清楚，当时唱的是《凤还巢》，因为我只会这一段，唱完后，梅大师说："不错，你这条件还可以。"听到这句话，我特别开心，很受鼓舞，更加坚定了要投身京剧艺术的决心。

1958 年宁夏京剧团成立

我是 1958 年 9 月 19 日从北京出发来到银川。当时为了支援民族地区文化建设，中央决定将原中国京剧院四团划归宁夏，成立宁夏京剧团，我当时就是四团的青年演员。

说起四团的历史，真是十分辉煌。战争年代，它是贺龙领导下的晋绥军区评剧院，曾跟随部队南征北战。1954 年，全团集体转业到地方，成为中国京剧院四团。1958 年，全团又集体来到银川，成立了宁夏京剧团。

当年来宁夏，我们是表明了决心的。一个月的时间，全团人员都准备妥当，当年 9 月 19 日从北京登上了西行的火车。当时我们甚至不知道宁夏在哪儿，是什么样的地方，直到 9 月 22 日到达银川。

我们刚来时住的地方，是位于文化路一处类似"大庙"的院子，门前左右两侧各有一座石狮子，院子的木门破破烂烂，风一吹，"咣咣"地使劲响。

当时我们心里还有点落差，不过一想到要把京剧带到这里，心里充满使命感，甚至有点期待后面的生活。

在以前的宁夏，秦腔是主流剧种，甚至可以说是唯一的剧种。老百姓除了听秦腔，没有其他剧种可选择，许多人都没见过京剧表演。我们过来后，也让大家了解到国粹的魅力，我觉得这是四团初到银川最有意义的地方。

20 世纪六七十年代，日子虽然过得艰苦，但老百姓看戏的热情可是很高涨，也正是这份热情，让我们演员很感动。我记得当时有一次下大雨，我们在红旗剧院演出。演出前，大家一看这天气，心里想着今天可能观众很少，可没想到整个剧院还是坐得满满当当，心里的劲儿一下就起来了，演得特别卖力。

走出去的宁夏京剧团

宁夏京剧团的文戏武戏都十分出色，那时候大家都说："四团没有一流的演员，但都是一流的水平。"其实说的就是四团没有"名角儿"，但是京剧表演水平特别高。

俗话说："台上一分钟，台下十年功。"舞台上的高超技巧，自然和平日刻苦练功是分不开的。说起练功，我们那时条件也特别艰苦，记得团里有个礼堂，铺着地毯，但平时都舍不得用，练功的时候都挤在后台。

宁夏京剧团成立后，除了在银川，还要到全国各地演出。1963年，宁夏京剧团在沈阳一带演出，当时演了评剧《杜鹃山》，讲述的是党组织派柯湘从井冈山到湘赣边界的杜鹃山，领导一支农民自卫军的故事。演出很成功，观众也非常喜欢，当时大家都很振奋，决定把这出评剧改编成京剧。回到宁夏后，团里就着手改编、排练，1963年9月，京剧《杜鹃山》在银川首演，引起很大反响，这部戏也让全国的京剧改良发展迈出重要一步。

1964年6月，宁夏改编的京剧《杜鹃山》在北京演出，一炮而红，更多的人知道了宁夏，知道了银川，还有我们宁夏京剧团。

下乡的温暖经历

除了走出去，还要"走下去"。宁夏京剧团从1958年成立，直到20世纪90年代，甚至到现在，一直都坚持送戏下乡，给农村地区的老百姓送去精神食粮。

那时候农村地区要看一场京剧，比城市里艰难多了。过去村里没有舞台，一个土台子，挂个幕布，简单装饰一下就开唱了。我们和村民都是同吃同住，打成一片。如今回想起来，有一幕我依然记忆犹新。那是去西吉县演出那次，当时演完之后，我们去卸妆，五六拨人在一个脸盆里洗脸，我当时还挺纳闷，怎么盆里的水都成"油彩汤"了，还不换一盆清水。后来一问才知道，那里很缺水，大家为了节省水，只好凑合着在一盆水里洗，可想而知这得多艰难。

即使条件如此艰苦，我们依然喜欢下乡演出，因为这些老百姓，他们太需要京剧了，太喜欢京剧了。我还记得有一次演出，住在一个老乡家。那位老人家为了让我吃好，把他埋在地底下的肉罐拿出来，还给我烙了两个油饼，而他们自己就吃粗粮，喝点汤，当时真的被这些举动感动了。

演出的时候，全村男女老少，几乎全都来了。没有座椅，有些人直接盘腿坐在地上，眼睛不眨地看我们唱。鼓掌的时候，恨不得把巴掌拍烂了。这样的情景，如今想起，心里依然很温暖。

传承艺术，也要传承态度

除了演出，还需培养宁夏的京剧人才。从 20 世纪 70 年代以后，我就开始带学生了。其中我带的一届学生，去北京考试，除了一个学生因为身体原因没参加，其余的都考上了中国戏曲学院。后来这些孩子也都留在了北京的风雷京剧团。当时我就想，我们宁夏的孩子，也有京剧的天赋，好好培养，肯定能出人才。

退休之后，我还在带学生。我教过的许多学生，如今都成了宁夏京剧团的骨干，这也很让我自豪。最近几年，在宁夏戏剧家协会举办的两届宁夏文艺高研班中，我作为导师，给年轻的宁夏京剧演员上课、说戏，发现咱们本地演员的悟性还是很高的，基本上一点就通。

一说到教学生，以及对待艺术的态度，我就想起恩师梅兰芳。当年有幸拜他为师，有一次在他家，我目睹了恩师对艺术的谦逊。当时来了很多他的朋友，梅大师现场唱了一段让朋友点评，有几位朋友还真毫不客气地评论了一番，梅大师听得特别认真。之后，我碰见了他，他正站在镜子前比画着手势。原来是听了朋友的点评后，对着镜子找不足呢，当时我一下就被梅大师的谦逊和认真打动了。

我觉得我们宁夏的京剧演员，除了练习扎实的基本功，更应该具备这样的从艺态度，有开阔的眼界，有包容的心态，积极向上，把这门传统艺术发扬下去。

人物介绍

王志怡　京剧旦角，1936 年生于北京，国家一级演员，师从京剧艺术表演大师梅兰芳。1958 年，为支援民族地区文化艺术建设，随原中国京剧院四团来到银川，演出足迹遍及宁夏大地，1989 年在宁夏京剧团退休。主要表演剧目有《霸王别姬》《凤还巢》《贵妃醉酒》《穆桂英挂帅》等。

（刘旭卓　文 / 图　本文采写于 2020 年）

◀《四郎探母》剧照。

京剧《霸王别姬》剧照。▶
本人提供

109

马桂芬：
与宁夏秦腔相依相守

　　1952 年，马桂芬随同父母来到宁夏，来这里后，一次偶然的机会，吴忠秦腔剧团招收学员，她就报名考入剧团当了学员，从此，开始了自己的秦腔生涯……

马桂芬。

土院子里练功

吴忠秦腔剧团成立于1950年。那个年代，条件很艰苦，没有正规的室内练功场，我们练功的地方，是一个大院子，早上天不亮就起床，每天早、中、晚各练三次功，不论严寒酷暑、刮风下雨，我们都在院子的土地上练功，雷打不动。

第一年给我们分配了两位老师，主要教腰腿功、跑台步。腰腿功是戏曲演员必备的基本功，是以后表演戏曲的必备技能，必须扎实。跑台步的时候，老师要求我们要像水上漂着的一样，脚底要特别轻巧。另外，"四功五法"（戏曲界经常说的一句术语。四功，就是唱、念、做、打四项基本功。五法，一般是指手、眼、身、法、步）一项也不能落下。这些基本功的练习，奠定了我以后成功演出的基础。比如鹞子翻身、飞脚、探海、旋子、劈叉、小翻等基本功，练好了，以后在舞台表演的时候就游刃有余了。

当时我们一门心思练习，所有人唯一的想法，就是练

1974年，马桂芬参加北京现代剧会演，在《杜鹃山》中扮演柯湘。
本人提供

111

好基本功，唱好秦腔。那些年艰苦的条件和环境，磨炼了我的性格，也磨炼了我们那一代宁夏秦腔人的性格，给我们打好了基础。

一批优秀的老师

宁夏秦腔之所以能有后来成绩斐然的发展，其实离不开当年那一批优秀的老师。比如叶益民、七龄童、王艺润、姚景华、刘小兰等。

当年的老师特别严格，谁偷懒就要挨板子。我记得当时挨了打，从不敢在老师跟前哭，都是偷偷躲在没人的角落抹眼泪，当时就在心里暗暗下决心，一定要好好练，不管多苦多累，一定要咬紧牙关，学出个样子来。

有一次我们练习拿大顶，我练习了一会，因为着急上厕所，未经允许自己就下来了。老师不知道情况，抓着我的胳膊，绕着场地用板子打了一圈，我忍着眼泪，再回去按照老师的要求重新练。说实话，当时心里很委屈，觉得老师太刻薄了，但是后来长大懂事之后，才明白老师的严格是为了我们好。

当年我们还练习扇子功、手绢功、水袖功，还有武旦的翎子功、把子功、毯子功等。我记得当年练习唱、念、表的时候，为了练嘴皮子，老师要求我们，天不亮就去黄河边唱，有时候嗓子都唱哑了，甚至出了血，但还是在坚持。

骑着毛驴去演出

当时的剧团是以团代校，边学习、边观摩、边实践，给我们秦腔演员打下了很好的基础。

20世纪六七十年代，我们跟随团里下乡演出，这对于学员以及青年演员来说，是很好的学习机会，我们可以近距离看老师在台上表演，而且也有机会给老师当配角，一起演出。就在那段时间，我在团里学习的《断桥》《打孟良》《穆桂英》等节目，得到了很好的实践。团里也排练了许多优秀剧目，比如《梁秋燕》《李双双》《玉堂春》《穆桂英战洪州》《火焰山》等。

当时条件很艰苦，我们去同心、海原、西吉一带演出时，因为道路狭窄，道具服装都是用平板车拉过去的,演员就骑着毛驴。那时候一天演两场很累,有些演员骑毛驴的时候睡着了,从上面掉下来是常事。即使受伤了,演出的时候该上还是要上。当地的老乡早早给我们搭好台子,做好饭,敲锣打鼓地欢迎我们,最让人感动的,是他们会冒雨、冒雪,背着干粮看演出。

那些岁月,我体会到了艺术工作者的不易,也体会到了秦腔的魅力,知道了它的生命力就存在于老百姓中间。老师在艰苦条件下一丝不苟的样子,直到今天,依然清晰。

1964 年,因工作需要,我调入宁夏话剧团。1965 年到 1969 年,我考入中央戏剧学院学习话剧。这段经历,是我艺术道路上的一个新起点。

理解角色才能唱好秦腔

刚开始学习话剧的时候,老师总说我带着秦腔的"范儿",一出场我总是要像秦腔一样亮个相。其实我也不习惯,唱秦腔的时候,几十句唱词唱完也不觉得累,但是话剧说上几句,怎么就那么累。这些问题,在中央戏剧学院学习了话剧表演理论之后,迎刃而解。对于怎样演好角色、塑造角色,我有了新的理解。

话剧不好演,因为无论道白还是装扮、场景,都很接近现实,不像传统的秦腔,它是程式化的,有一套表演规范。秦腔化好妆、穿好戏服后,就变了个人,有些动作做不到位,还可以用戏服挡一挡,遮遮丑。但话剧完全不行,一就是一,二就是二,你演得像不像,观众一眼就看出来了,所以对演员的水平要求很高。

说实话,最早就知道按照老师教的唱,手、眼、身、法、步是有固定模式的,只要照着老师教的好好练就行了。但没想到,出去一看,眼界一下子就开阔了。理论的学习,让我明白了每一出戏中的人物,都是有性格的,要通过表演将这些性格体现出来,我总结了三句话:演戏要演人,演人要动情,动情有分寸。

正是通过学习话剧,让我对秦腔人物的理解和塑造,有了更成熟的想法,我开始把话剧的表演方式、思维,糅进秦腔中。

马桂芬在
《庚娘》中创
新表演，现场
挥毫。
本人提供

秦腔开始成为一张宁夏的名片

1969 年，从中央戏剧学院回来后，因为工作安排，我
又回到宁夏秦腔剧团。20 世纪 70 年代，正是宁夏秦腔文
艺改革的时期，秦腔开始大演现代戏。这一阶段，宁夏秦
腔逐渐积累了很多的优秀传统和现代戏剧目，秦腔也开始
作为一张名片，对外宣传宁夏。

在那个年代，我们排练了许多节目，塑造了很多的经
典角色。我也在那时演过坚贞不屈的庚娘、沉稳果敢的俚
族首领冼夫人、嫌贫爱富痴迷美梦的崔玉莲、一腔痴情的
敫桂英、才华横溢的司马相如、舍妻成仁的周仁、英姿飒
爽的穆桂英、活泼勇敢的杨排风、贤惠善良的瞎婆哈母，
还有智勇双全的党代表柯湘等。

这个时候，我们还开始创作包含宁夏本地元素的剧
目，比如《婆媳湾》。我们排完《沙家浜》《杜鹃山》后，
到北京参加汇报演出。节目演完后，台下观众热烈鼓掌，
当时文化部的部长还说，没想到宁夏还能排出这么精彩的
节目。

把对秦腔的理解传给下一代

进入 20 世纪八九十年代之后，宁夏秦腔又进入一个改革的阶段，也开始频繁走出去，参加中国秦腔艺术节，也到甘肃、新疆等省区表演，受到老百姓的热烈欢迎。我作为业务团长，除了带队伍，也在研究秦腔的创新。

《庚娘》是一部新编秦腔历史本戏。讲述了尤庚娘随公婆、丈夫逃难南奔时，被歹徒王十八杀害全家并逼婚，最后她趁王十八酒醉之时将其杀死报仇的故事。戏中有一幕，演员要去台下换服装，这时候舞台就空了。于是，我将服装做了改动，庚娘转身的一瞬间，就可以将之前的裙子撕掉，不用再专门下台换。

还有一幕，庚娘杀了仇人后，用仇人的血当场挥毫，写下几句话，并落上自己的名字。以前表演这段时，演员都是拿着毛笔比画着写，我为了唱好这个戏，练了很久的书法，最后就在台上，蘸着红色的颜料挥毫，那种报仇之后的快意和敢作敢当的做派，气氛和感情一下就起来了。此外，我还从音乐等其他方面做了创新和改动，最初时长 40 分钟的戏，后来 25 分钟表演完，节奏紧凑，观众反响很好。

退休后，我一直带学生，直到今天，从未离开过秦腔。我常跟人说，我是生在新疆，长在宁夏，是宁夏培养了我，所以在有生之年，我会加倍努力，将我对秦腔的理解，传给下一代人，也希望宁夏的秦腔能越来越好，宁夏越来越好。

人物介绍

马桂芬　秦腔表演艺术家，师承叶益民、七龄童，主攻刀马旦、正小旦，在《穆桂英大破洪州》中饰穆桂英，《白蛇传》中饰白素贞，《黄河阵》中饰三肖娘娘，《回荆州》中饰孙尚香，《哑女告状》中饰掌上珠……在 90 多部秦腔、眉户、夏剧、话剧、歌剧以及电视剧中担任主角和重要角色。

（刘旭卓　文／图　本文采写于 2020 年）

《破洪州》
演出剧照。
本人提供

《龙凤呈
祥》中扮演孙
尚香。
本人提供

文墨人王庆同

如今在黄河出版传媒集团工作的闫智红说，大三那年当她踏上去兰州实习的火车时，前来送行的王庆同老师塞给她一个信封。火车开了，她打开信封，里面装了10元钱和30张粮票——对于当时生活困难的闫智红来说，那是维持生活的保障；对于后来走向社会的她来说，老师的善意成了她的精神财富，千金不换。

作为宁夏大学新闻专业筹建人之一，毕业于北京大学新闻专业的王庆同，始终不忘初心。即使命运有太多的意外，他说自己始终坚守着做人应有的善意，一路耕耘。

王庆同。

第一印象，一本书里的善意

在没见面之前，对王庆同教授的"采访"就已经开始了。这天晚上，王教授提前将一些自己上学、工作的图片和文字介绍通过微信发来，还特别嘱咐："这些都可供你参考，免去在我这里找资料、照片翻拍。"

等见面时是在他的家中，鹦鹉在书房阳台上叫着，小泰迪犬摇着尾巴在他身边转悠，在他的身后，一整面的书柜里放满各类书籍。

王老师拿起桌上的一本书递了上来，说这书里收录的是他在退休后十几年时间里，陆续发表、撰写的评论、散文、读书笔记等文章，还有自己的一些重要人生经历。书名《好了集》，厚厚一本，近600页内容。

翻开目录，只见在其中几个标题前都有用铅笔画上的对勾，他笑着说："书太厚，怕你翻起来太多，就先勾画出一些内容来。"扉页上，一张在信纸上写的赠语和签名，被剪裁下来平整地贴在书上，"所剩不多了，之前写过给别人的赠语，用纸贴了，你不要嫌弃。"说话时，这位年过八旬的老人，礼貌地点头表示歉意。

王庆同上课的照片。本人提供

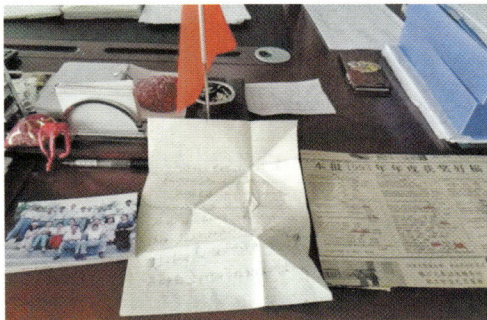

王庆同一直保存着学生写给他的信件。

大学毕业，毫不犹豫选择了宁夏

回忆自己上学时的经历，王庆同说自己一直很独立。"考大学之前，我留校没回家，从书店买回高考复习大纲，就住在南京六中的宿舍复习。"王庆同说，等到高考前一天他才回了趟家，第二天再坐个三轮车去考场，"去北大报到时，也是我自己一个人带个铺盖卷和一只帆布箱，坐着硬座就走了。"

王庆同五六岁时，母亲就去世了，家庭的变故让他自小就显得比同龄人成熟许多，很多事，都不愿给别人添麻烦。但让他感动的是，即使毕业多年，曾给他带过课的老师还会经常帮助他。"上大学时，有一年饭票不够了，我在南京的高中老师得知情况后，给我寄来 10 元生活费……"

1958 年，22 岁的王庆同大学毕业，当听到祖国的大西北需要建设时，他毫不犹豫地选择了宁夏。满怀抱负一心要实现新闻理想的他，带着两箱书和一些衣服，就这样义无反顾地来到了宁夏，如愿以偿地开始了自己的记者生涯。

记者生涯五年短暂的时光

宁夏日报社是王庆同刚来宁夏工作的地方，他主要做工业、交通方面的报道。那时，宁夏的工业、交通企业从无到有，从小到大，王庆同以一个青年记者的眼光和感情，关注着眼前所发生的一切。

"那几年里，真正下基层深入采访的日子，是1962年的春夏两季。"王庆同认真地算了算说，在那短短的几个月里，为了采访，自行车、拖拉机、毛驴车、羊皮筏子……什么交通工具他都乘坐过，什么样的天气和困难也都遇到过。虽然过程不易，但因为对新闻的热爱，他从未退却过。

然而，好景不长。理想的翅膀还未打开，记者生涯便在工作的第五年匆匆结束。盐池边外（即长城以北）的九年，成了王庆同人生最大的"意外"。

一句嘱托：你再好好干几年

如今再提起在历史特殊时期，被迁赶到盐池边外的九

王庆同早年间的照片。
本人提供

年时光，王庆同说，当时对自己的未来完全不敢想，但乡亲们对他这个"文墨人"的照顾，却在艰苦岁月中，给了他许多安慰。每天，除了干农活，王庆同依旧书报不离手。

直到1983年，已在盐池青山乡和县上工作八年的他，才有了重拾理想的机会——调至宁夏大学，参与筹建宁大新闻专业，并担任新闻专业教学的组织工作。那一年，王庆同已47岁。曾经那段在盐池的九年时光反而被他视为人生财富，让他在后来登上大学讲坛时，可以将新闻理论和基层生活相结合。他自己编纂教材，培养宁夏急需的新闻人才。执教23年（包括退休后返聘讲课），王庆同先后开设过"新闻采访""新闻写作""传播学""外国新闻作品选评"等8门课程，参与培养了13届600多名新闻专业毕业生。如今，他的一些学生，已是宁夏媒体业的中坚力量。

"你看，这是我的老师，罗列。"说话间，王庆同指着一张照片说，罗列是他念书时，北大中文系副主任兼新闻学教研室主任。直到今天，王教授说自己都清楚记得在1998年北大百年校庆那天发生的一幕——那天，罗列先生握住了他的手说："庆同，都过去了，你再好好干几年。"那是一位八十岁老人，对一位六十岁"年轻人"的嘱托；那句话的背后，是中国几代人的新闻理想。

独立思考，老师教诲终生难忘

在王庆同的书房中，有一方题字挂在墙上，上面写着"博览群书，独立思考"。王庆同介绍说，那是他的大学老师甘惜分为他题写的字，写这幅字时，甘老师已经95岁高龄了。"是他教给我最初的新闻知识。至今，我都保存着考试（口试）时他给我打分的北大记分册，上面先写了'优'，后来又圈掉改成了'良'，并加盖了自己的私章。可见他在教学上的一丝不苟。"

王庆同庆幸一路走来一直有良师相助，让他能坚持走在新闻的道路上，至今也不舍得放下。"我在宁大新闻专业任教时出的第一本著作《新闻写作基础二十讲》，就是甘惜分老师写的序。"王庆同介绍说，当时他除了给学生上课，还经常给外单位通讯员讲新闻写作，深感缺乏大众教材，故撰写此书公开出版，甘老师理解他的初衷并给予支持，这让他很受鼓舞。在那次写序后的十年间，师生间一直保持通信。书信中，甘老师仍不断给他鼓励，提醒他"新闻写作一定要客观……"嘱咐他写书"要深思熟虑，广求资料，务必有独立见解……"

"我和甘老师的这些书信都写在 1991 年至 2000 年间，那时，我是五六十岁的人了，没人再对我说这些话，只有甘老师愿意说。很珍贵。"王庆同说。

编书教学，那是我看过的最好的书

时间回到 1983 年。王庆同后半生的转折点，正是从那一年宁大开设新闻学专业开始的。眼看 10 月第一届新闻专业新生进校在即，却没有现成的、可以和宁夏教学实际相结合的新闻专业教材和教学参考资料用于教学。怎么办？最终，王庆同决定自己编撰。

这无疑是一个巨大的工程——翻阅大量国内外新闻教学的资料，向北大的老师、同学请教，结合个人工作经历总结经验……王庆同硬是在头几年里，手写了四本厚厚的教材和教学参考资料，并盯着一本本打印出来，随着课程的进行，及时发放到学生们的手里。

"知道我在宁夏做新闻教学工作，很多老师都给我寄资料。北大的郑兴东老师是我当年的编辑学课老师，他曾赠我早期由他主编的《新闻学论集》，共五册。"王庆同回忆说，那时，那套出版物对他的教学给了很大帮助，可谓是送来了"及时雨"。

师生情谊，半生之缘他无比珍惜

"第一年就有很多人报考新闻专业，这个好消息，让学生们等得太久了。"王庆同回忆说，当时在西北地区还没有开设新闻专业，宁大新闻专业 83 级，在宁夏新闻教育史上注定是不平凡的。也正因此，他想把自己所学，全都倒出来教给学生。能和热爱新闻的学生们有半生之缘，他无比珍惜。

在黄河出版传媒集团工作的闫智红说，那时只要有学生登门求教，王老师都会从家里铺满资料和书籍的工作桌前起身，耐心解答问题；他会邀请新闻界的朋友、专家来学校讲课讲专题，拓展学生知识面；就算现在大家早已毕业许多年，但老师知道每个人的近况；他甚至会保存当时刊登了学生文章和获奖作品的报纸原件，还有那一封封学生曾写给他的信……

说话间，闫智红从文件袋里拿出了一个信封，上面写着"闫智红收"，里面装的是她在1987年刚毕业时，写给王老师的信。"很多同学都收到了当时写给老师的信，在今年我们83级学生毕业三十周年聚会上，老师全部拿出来送还给我们留念……"

殷殷嘱托"50元稿费"的故事

当提起另一件事时，闫智红红了眼眶。她说，大三那年当她踏上去兰州实习的火车时，前来送行的王庆同老师塞给她一个信封。火车开了，她打开信封，里面装了10元钱和30张粮票。对于后来走向社会的她来说，老师的善意成了她的精神财富，千金不换。

同样被感动过的，还有宁大新闻系92级学生马泌侠。她说自己永远忘不了"50元稿费"的故事。"大三那年，我第一次独立去采访，并完成了一份调查报告，当时不但被一本书选用，还得到了50元稿费。"马泌侠说，正是那50元稿费，在当时给了她莫大的鼓舞。但很多年之后她才知道，原来那50元稿费是王庆同老师为了鼓励她，从自己工资里拿出来发给她的。马泌侠说，"王老师总是提醒我们，不要受外界诱惑和干扰，要当业务上的尖兵，始终对记者这份职业，保持最单纯的热爱。"

人物介绍

王庆同 1936年，出生于南京，1954年考入北京大学中文系新闻专业学习；1958年，大学毕业，分配到宁夏日报社，从事记者、编辑工作；1980年，调至盐池青山乡任职，后任盐池县委宣传部副部长；1983年，任宁夏大学中文系新闻学教研室主任、宁夏大学中文系党总支书记；
1996 年，退休，后返聘讲课十年。曾担任多家媒体单位新
闻阅评员、专栏撰稿人，并在不同新闻培训班担任主讲人。

　　主要荣誉、著作　2008 年，获中国新闻教育贡献人物
荣誉称号；2009 年获感动宁夏人物荣誉称号。

　　出版《好了集》《岁月风雨——"半个西北人"散文集》
《边外九年》《毕竟东流去——几只狗和一个人的记忆》《新
闻写作基础二十讲》《桥梁和手杖——外国新闻写作技巧
评析》等著作。

　　　　　　（王　敏　文/图　本文采写于 2017 年）

王庆同
在宁夏大学
前的旧照。
本人提供

"老子"马知遥

粗野坚韧，销蚀了他身上的艺术家气息，或许这才使得他有足够的底气驾驭笔墨和文字，又有厚实的胃口消化生活带给他的种种刻骨铭心的印痕。

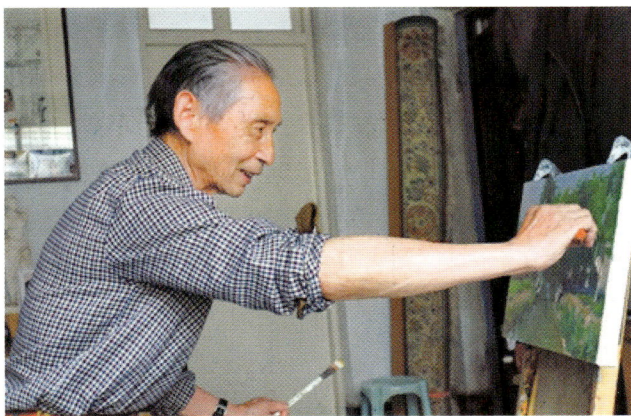

创作中的马知遥。

125

坏脾气

　　记者共见过马知遥3次，一次是在一个学术研讨会上，一次是在某作家的新书签售会上，最近的一次就是在他的家中。3次记者都多少见识了他的脾气秉性：学术研讨会上的他，多少有些尖刻；新书签售会上的他，难免偏激；家里的他，多少有些武断。

　　马知遥退休后爱画油画，家里到处堆着他的画板、画架、油彩，屋里弥漫着浓重的油彩味，但他觉得"这就是人世间"。为了维护他的"人世间"，他和妻子相处的模式是，"我不要求你打扫庭院，但你必不能干涉我的创作习惯。"马知遥似乎很满意他把更多的时间和精力都放在了画油画上，他说："我家的玻璃十多年就没擦过，但我一天能画一幅油画。"

　　妻子记不清共同生活期间，他们拌了多少次嘴，但马知遥"从没服过软，该干啥还干啥"。女儿有啥他见不惯的了，饭桌上他就会勃然大怒，严加教育，"春节的团圆饭都没吃完，女儿就哭着回了北京"。

马知遥。

这么坏的脾气，但了解他的人都敬佩他，朋友说他"嫉恶如仇、一身正气"，妻子说他"傻，不爱钱"，女儿说"爸爸是世界上最坚强、有骨气的人。"

"老子"不离口

记者都记不清 3 个小时的采访里，马知遥说了多少遍"老子"了，"老子死都不怕，还怕你说三道四？""老子不在乎这些身外之物""老子看不起有些人"……即使是 3 岁半的小孙女打来电话，如果遇到他手里忙，他也会说，"忙着呢，你别打电话来骚扰老子。"然后放下电话，会满脸笑意地给记者解释，这是和他最亲的小孙女，两人天天这么打电话。

马知遥自称"老子"的习惯和少年时代的黄永玉很像，年少轻狂的黄永玉也曾在弘一法师面前老子长老子短的，马知遥又是为何这般说自己？"老子差点死了，阎王爷都没收我，活都活赚了，你说我是不是老子？"1989年，马知遥被查患了食管癌，死亡线上挣扎 3 年，居然好端端活到如今，"我现在每顿能吃一碗米饭，还能吃一点点肉，喝一点点红酒"。

"老子"的脾气秉性让马知遥的生活充满泼辣响亮的颜色。2010 年，刚搬进现在的居所时，开发商说给马知遥免费装修房子，只为让他出具一份伪造证明，开发商便好借助马知遥的名望赚取更多利润。马知遥听罢大怒，"老子就是安无定所，也不会给你干那缺德事。"

马知遥的油画市价不菲，有画商多次找到他，说给出画册"炒作"他的画，马知遥断然拒绝，说"老子的画本来就是一流的，用得着你来炒作？"

然而"老子"长短的粗野背后，只有马知遥知道这是时代跌宕、生命挣扎后留给他的坚韧烙印，"老子是个受尽折磨的人，必须经得起各种折腾"。

无意踏上绘画路

画架就支在客厅中央，78 岁的马知遥一手握着画铲，一手拿着画笔，不急不缓地在画布上看似随意地涂抹了几笔。却见寥寥几笔之后，一条河、河边的树、水上的桥跃然布上。马知遥的新作名为《红花渠》，红花渠离他家不远，步行三五分钟就能到渠边。退休后的马知遥，每天早上多在红花渠边溜达，上午画画，下午看书，这就是他眼下过的"惬意的人世间生活"（马知遥语）。

虽然在宁夏生活了50余年，但马知遥一张口还是夹杂着一股南方口音，嗓门还特大，和眼前人说话，也像是隔河喊话似的。他出生于湖北沔阳，对童年的家乡记忆就是"水患无穷，刻骨铭心的饥饿"。1951年土改，父亲的一句话改变了马知遥的一生，父亲说，"看这世道，农民要翻身，你该去读书。"

1951年马知遥考入湖北沔阳初级师范，毕业后顺理成章地成了一名小学教师。后来一次干部轮训机会，马知遥到了武汉，他惊呆了，看到"原来还有个这么大的世界"，他毫不犹豫放弃职业，选择在武汉中南民族学院预科部重读高中。3年高中，他的大部分时间用作阅读中外名著，曾一心"渴望成为赵树理那样的作家"。

他也曾试着写了几篇文章投稿，但没得到鼓励，"就觉得写作太辛苦了，不如去画画吧。"当年的中南美术专科学院（广州美院前身）设在湖北武汉，马知遥常去那里旁听，有幸结识了一位回族罗姓讲师。罗老师发现毫无绘画功底的马知遥对线条、色彩、结构非常敏感，于是便从基础素描开始，精心教授这位旁听生。

就凭着这旁听来的画功，马知遥顺利考取了中南民族学院艺术专科，开始系统学习绘画。

中央美院的业余生

1959年，全国大中专院校经历了一场大调整。中南民族学院艺术专科连教师带学生并入中央民族学院，马知遥也从一个3年制的艺术专科生变成了5年制艺术系油画专业的本科生。北京的这段求学生涯成为马知遥一生难以磨灭的印记。

大学时代的马志遥个性顽劣，不是一个乖学生，用他自己的话说，"我逃课去抓鱼、去钻胡同、去外校乱窜。"但这也为他打开了另外一个世界,当年的中央美院校风开放宽松,马知遥可以自由出入旁听当年国内许多著名绘画大师的课。"在中央美院旁听那几年,我除了没见过齐白石和徐悲鸿本人,中央美院的其他绘画大师的课我都听过并得到过他们的指点。"诸多前辈大师对这个从湖北沔阳来北京求学的年轻人给予的无私关爱和提携,成了永驻马知遥心灵的一道温暖阳光。

更为难得的是,在北京学习的那些岁月,让马知遥还有机会看到不少名家画展,这对于一个学习美术的学生来说,可是千载难逢的学习机会。齐白石、徐悲鸿、罗工柳、古元、董希文以及俄罗斯、欧洲、拉丁美洲的原作画展为马知遥打开的是一个和印刷品完全不一样的光影世界。就是这种对光线和色彩、色调的"着迷"深深影响了马知遥的艺术追求,从而让他的作品有了独树一帜的风格和特色。

年轻时代的马知遥。本人提供

我是宁夏一流的油画家

扎实的基本功训练，数十年人生历练感悟，让马知遥有足够资本骄傲，但当他自称"我绝对是宁夏第一流的油画家"时，还是难免给人狂妄之感。"这是毫无疑问的，谁站在我面前我都敢这么说。"马知遥的嗓音一下提高了不少，右手还不自觉地指向客厅一角码放的一摞他的画作，瘦削的身躯在过于肥大的外套里直立着，一点也不颤抖，一点也不似一个78岁老人的状态。

为何说自己是"一流的"，马知遥解释说，是因他的画经得住推敲。他说，油画就是油画，它和人类历史上科学技术的文明成果一样，是与时俱进紧密结合的一种学问、技艺、工具和手段，油画有它自己的工具、材料、技法、程序和要求，它要表现体积、空间、光影、色彩、色调，有一套完整的科学体系，不是你想怎么胡涂乱抹所能奏效的。"但是现在油画界有越来越多三心二意的人，他们对油画技法并没有运用自如，却总想走捷径、图省事，总想偷工减料，或者干脆脚踏两只船，或以油画家的身份地位用毛笔在宣纸上糊弄人，或者打着'写意'的幌子涂几块颜色潦草应付，敷衍塞责，自欺欺人。"

原来，从老老实实画画、不媚俗、不搞所谓"抽象派"方面来讲，马知遥自以为是宁夏当之无愧的一流画家。

最洋的手法画最土的东西

晚年的马知遥热衷做三件事，画画、教学生、办画展，"我要普及油画知识，要求学生们用最洋的手法画最土的东西。"在马知遥看来，最土的东西就是最真实的人和事，所有的油画技巧都是为这最真的人、事服务。

他从屋角抽出几张他新近创作的画作：《被遗弃的村庄》《窑洞》《毛乌苏沙地边缘》《贺兰山》《干涸的水沟》……"我从来都以为，只有真实的东西，才最具生命力，油画就要画真正的人世间，才有存世、传世意义。我画的就是这些事物的此时、此景，这是客观的，可以为今后的历史佐证，至于我的油画技巧，不过是为了更形象生动地准确表现这些原生态的东西而已。"

话说着，马知遥的目光又回到新画作《红花渠》上，画上有缓缓渠水、树影婆娑、小桥横跨，"也许很快这一切就没有喽。今后想看红花渠此时的光影色调，已不可能，而我的油画里还有。"

没当上"赵树理"

虽然自称"是宁夏一流的油画家"，但提及文学成绩，马知遥却说："我充其量也就是个三流作家。"即使他凭借《亚瑟爷和他的家族》荣获第七届全国少数民族文学创作"骏马奖"，他也以为自己费了"吃奶的劲儿"叙述的宁夏生活，都不如宁夏本土作家石舒清、李进祥、马金莲等轻而易举、信手拈来的语言生动、真实、感人。所以晚年的马知遥轻易不动文字，"写书太辛苦了，玩颜色比玩文字有趣得多"。

就因觉得"写书太辛苦了"，想成为"赵树理"那样的作家显得遥不可及，马知遥才改弦易辙学习绘画。但为"成为赵树理"梦想做准备的那段时间，他读了不少书，从《铁道游击队》读到《荷马史诗》，从英国读到法国，从德国读到俄罗斯。虽然最终没有成为"赵树理"，但图书却给了少年马知遥最纯净、深厚的文学滋养。而他酷爱读书的习惯，便是从那时养成的。

1964年，大学毕业的马知遥工作分配至宁夏银川。寒冬的银川大地"被冻得裂口子"，但马知遥却挺高兴，他觉得这里"天高皇帝远"，他至少可以不用因热衷看展览、画油画再背负那些莫须有的"资产阶级思想"名号了。他最先被安置在永宁县养和公社红星大队第三生产队劳动，"每天拉牛车、打土坷垃"。环境苦不堪言、饥饿如影随形，那时别说文学创作了，就连画笔这些东西，马知遥都很少碰。

粗粝的生活铸造了马知遥乐观、顽强的生命力，也为日后那个令人叹服的他打磨了雏形：后来他在公社当过饲养员，在展览馆当过美工，又在文联当过专职作家，年过半百时身患癌症却还能奇迹般劫后余生。

《外交部长》小试牛刀

永宁体验劳动结束后，马知遥被分配到了宁夏展览馆，成了一名美工，平日里最多的工作就是配合时代需要搞些展览。没事的时候，他就背上画箱，蹬着自行车，到银川郊区画画，"一边画画，一边和蹲在我身边的农民胡说八道"，那个时候的马知遥觉得自己有了从未有过的自由。"能吃饱肚子，能在田野写生，想去哪儿就去哪儿、想画什么就画什么，身边还有听我胡言乱语的农民兄弟"。后来，这些难得的基层生活经历都成为马知遥文学创作真实生动的素材。

马知遥第一篇文学作品《外交部长》发表于 1979 年，居然是他的一篇负气之作。原来，马知遥曾帮在《宁夏日报》六盘山副刊当编辑的前妻改过一次稿件。修改稿让前妻颇为不满，"她以为我修改的人物全是没有任何脾气、秉性、个性的'中间人'，而我认为她压根不懂文学，不入道"。负气之下，马知遥连夜写了一篇九千多字的《外交部长》，投寄到《宁夏文艺》（《朔方》前身）编辑部。令马知遥没想到的是《宁夏文艺》编辑部很快在同年的第三期《宁夏文艺》上全文刊发此文。

《外交部长》的发表当年还产生了巨大的社会影响。《外交部长》讲述了一位"狡猾"的公社社员买汽车配件的故事。这个社员兜里揣着钱，却不舍得花，一路乞讨，扮可怜，甚至还有欺骗，最后居然在没花一分钱的情况下，为公社买回了汽车配件。故事就来自马知遥下乡写生时，和农民闲谝所得。

《外交部长》的发表让《朔方》的编辑看到了马知遥在文学创作上的潜力，于是约稿不断，催稿不停。就为了还这份知遇之恩，马知遥那时在《朔方》上接连发表了《古尔邦节》《业务社员轶事》等系列短篇小说。

10 年磨就"骏马奖"

1984 年，马知遥调到宁夏文联，想做一名编辑，专门处理回族作家的稿子。

后来在宁夏文联，他遇到了张贤亮，那时宁夏文联新成立了一个"专业作家创作组"，张贤亮是负责人。张贤亮对马知遥也早有耳闻，听说他要当编辑，便说了一句"当什么编辑，我看你直接当作家得了！"也是为了这份提携，马知遥开始"顶着巨大压力"走上了专业作家的创作之路。为了给张贤亮争口气，他决定"写一个大大的东西"。

1987年，马知遥开始着手创作长篇小说《亚瑟爷和他的家族》。小说刚开了个头，马知遥却在1989年被查患了食管癌，与死神抗争的3年，创作停滞，却也是马知遥最感人间美好的3年，"宁夏文联的同志们轮班照顾我。"那时候，文联的这些人，美好得令马知遥今天想起来还感喟不已。"人与人之间的关系，那么干净纯洁"。

劫后余生的马知遥，带着对生命、生活、文学的全新体验，继续他的《亚瑟爷和他的家族》，为了创作出"像朋友情谊般干净纯洁的文字"，他多次前往同心、陶乐部分村落体验生活，甚至为了小说某个情节，拖着大病初愈的身体，前往广东体验生活。

10年磨一剑，1999年，尚有四五万字方能完稿的《亚瑟爷和他的家族》已被宁夏人民出版社早早相中。该书于2000年出版发行，后来荣获第七届全国少数民族文学创作"骏马奖"。那一年，马知遥已63岁。

《亚瑟爷和他的家族》让马知遥成为当代回族文学史上一个重要的存在，有人评价《亚瑟爷和他的家族》不仅是马知遥的生命之作，更是回族文学的里程碑式的作品。

荣誉远去，现在的马知遥已不太愿意多谈文学，原因还是那个，"我充其量是个三流作家"，"越深入生活，越觉得不了解他们（老百姓）的东西太多"。而心生的无力感，让他再次有了少年时代"写作是件辛苦事"的感触，所以他现在不写作，只画自己拿手的油画。

文学和艺术是不应该分家的。在艺术领域展示多方面的才能是中国优秀的传统。马知遥先生正是这样一位艺术家。除写作、绘画外，他还刻章、做木工、练书法。有时候艺术各领域是相通的，用绘画语言来评论文学作品是很高的评价，就比如看马老师的文字，通常有着强烈的画面感，可以作为电影来看。这是我们年轻的一辈应当学习的地方。（石舒清，宁夏作协主席）

马知遥先生以质朴而坚定的信念、以他始终洋溢着的对生活和人间社会的温暖情意、以他不懈的努力和勤奋的创作为宁夏的文学艺术事业作出了杰出的贡献。（郎伟，宁夏大学人文学院教授）

知遥老人为人、为文两清风。他的真诚坦荡是他身上最闪光的精神财富。（张学东，作家）

马知遥为宁夏美术教育提供了优秀的示范，同时也为宁夏文艺家们在创作上提供了许多值得思考的地方。（宋鸣，宁夏美术家协会主席）

马知遥先生艺术追求很广泛，除了油画，他在国画、篆刻、书法、文学等方面均造诣颇高。（张少山，宁夏美协名誉主席）

马知遥先生的作品已经达到一定高度，他的作品必将是宁夏的一笔宝贵文化财富。他是一位值得尊敬的大艺术家。（孙立人，宁夏美协副主席）

人物介绍

马知遥 原名马明春，回族，1937年生于湖北沔阳。1964年毕业于中央民族学院艺术系油画专业，曾在宁夏展览馆任美工长达20年之久，1984年调宁夏文联专业作家创作组。长期致力于回族文学的研究与创作。著有中短篇小说《古尔邦节》《黄米干饭》《静静的月亮山》《南下广州》《幺叔》及长篇小说《亚瑟爷和他的家族》等。长篇小说《亚瑟爷和他的家族》获第七届全国少数民族文学创作"骏马奖"。

（乔建萍 文/图 本文采写于2015年）

马知遥作品《毛乌素沙地边缘的防护林》。

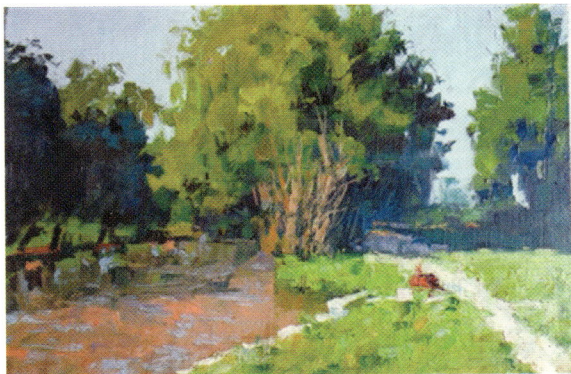

马知遥作品《银川郊区风光》。

高耀山：
一个爱读书写字的人

高耀山。

他曾任宁夏作协副主席、银川市文联主席，创办《新月》《黄河文学》两本文学刊物，被誉为"宁夏文坛常青树"……但对于这些成绩和称誉，他说，自己只是一个"爱读书写字的人"，"出版了几部文学作品而已"。

能写好文章，是功夫；能编辑好别人的文章，则多了一份责任。高耀山说，除了创作，他更愿意当好"文学的裁缝"。

能坚持文学和创作，实属幸事

约高耀山做本次访谈的时候，他在电话里说："算了，不要采访我了。没什么可写的。"但得知可以通过采访让更多人了解文学，了解"作家"这个行业，激励更多青年人投入文学创作，电话那头的高耀山顿了顿说："嗯，那好。"

第二天一大早，按响了门铃，很快门就开了。一位个头高高、有些偏瘦但眼神里很有神气的长者笑着说："快请进！你还真是一下子就找到了。"他就是高耀山，按他的话说，从2006年正式退休后，自己就不再接受媒体采访了，拒绝了很多人，但这次，却可以聊聊。"我不是拿架子，就是觉得写我实在没啥可写的！"高耀山不好意思地笑着说，"我这辈子没别的爱好，就是个读书，你说能写啥？"

就是这样一个"只会读书写字"的人，如今虽已退休多年，但案头仍铺着一摞摞向他请教过目的文章、稿件和书籍……能坚持文学和创作，于他而言，"实属幸事"。

写作时，天地都是自己的

和很多在农村长大的孩子相比，高耀山说，自己从小最喜欢的事就是读读写写。"我爷爷上过几天的私塾，平时一有时间就教我念书识字，还教我写春联，教我做人的道理。"高耀山说，记得小时候，尤其是冬闲的日子，几乎每天早晨起来，爷爷都会看着他背书，《三字经》《百家姓》《朱子家训》《千字文》……这些繁体字手抄读本，成了高耀山儿时最好的"玩伴儿"。

直到1967年的一天，高中毕业的高耀山站在村口，在他的身后，是生养他24年的故乡。故乡对于一个人究竟意味着什么，高耀山说那时自己并不明白。带着简单的行李，几经辗转，高耀山从甘肃庆阳环县，一路颠簸到了宁夏盐池大水坑公社麻黄山村。"当时那里特别荒。看得人心里也跟着发慌。"高耀山回忆说，尤其是在大水坑的第一个晚上，当四周寂静

137

一片时，他的心才突然觉得空落落的。拿出纸笔，高耀山开始将所有无处诉说的情愫，付诸笔端，只是那时他没想到，这一写，竟然是一辈子。

"那时我白天种地，晚上写作。"高耀山感慨地说，带着一股子初生牛犊不怕虎的劲儿，他看到什么、想到什么，就会写下来，虽然文字并不成熟，却是难得的锻炼；现在自己还会怀念初到盐池的那几年，能有很多安安静静进行创作的时间，感觉天地都是自己的。

身为作家最想写的还是故乡

因为"能写"，在盐池种了两年地的高耀山，很快就在麻黄山谋到了职位，从大队文书、支书、公社秘书、副主任，到1982年成为盐池县党史办副主任，高耀山不但工作和文字有关，这期间，他在文学创作方面，也一直没有停止过，其创作的散文、小说、诗歌等作品，被频繁刊登在《盐池日报》《宁夏日报》等媒体上，受到了人们的关注。

坚持总是有回报的。用高耀山自己的话说，从小自己也只是热爱文学，但真正让他有了"想当作家"的冲动，源于后来工作的调整。1984年，还是因为"能写"，高耀山被调至银川市文联，负责编辑《新月》杂志，后又成为《黄河文学》的主编。在办好刊物的同时，高耀山先后创作了1部短篇小说、3部长篇小说、5部散文集和1部评论集，其中，"故乡情结"藏在了字里行间，尤其是《风尘岁月》《激荡岁月》和《烟火人家》3部长篇小说，可以说是高耀山身为作家后，对心中"故乡情"的集中体现。

"故乡是一种文化，更是一个宝藏，每个人都从不同的角度去诠释对故乡的感情，关键是要深入下去。"高耀山笑着说，"最近我在写回忆录，也是想再'回到故乡'，那是我的根，也是我创作的源泉。"

当好"文学的裁缝"

20多岁，是一个人一生中最有勇气谈理想的年华。高耀山的青春理想，也是从那时开始的。怀着对文学的热爱，当时还在盐池县大水坑公社麻黄山村工作的高耀山，向《宁夏群众文化报》邮寄出了自己的原创文章《小狗》，这是他完成的一篇小说。

"其实我当时写得很粗糙，但没想到真的发表了。"高耀山说，当拿到报纸时，他突然很"忐忑"，他发现编辑竟然是一句句地进行了修改，最终才让小说得以刊登。那时，编辑的回答很简单，就是看中了文章所具有的很浓的生活气息，字里行间描绘出了一个农村孩子和小狗的故事。虽然如此，可高耀山还是不明白，有那么多稿件可以选择，为什么一个编辑非要给一个素未谋面的文学爱好者这么下功夫地做文字上的精细修改？这个问题，在后来很长时间里，一直困扰着高耀山。

但在那次小说发表之后，高耀山说自己开始了真正的"阅读"：这段想表达的内涵是什么？这句话为什么用这样的方式叙述？作者对故事是如何进行构思的……越来越多有趣的思考，让高耀山沉浸其中。

高耀山心中的困惑，是从 41 岁那年开始逐渐清晰的。

高耀山1972 年在宁夏盐池县大水坑公社时的留影。本人提供

在进入银川市文联工作后，其中最重要的任务，就是筛选可以刊登的稿件。从邀请国内文学大家的作品，到甄选宁夏本地成熟作家的作品，再到扶持新人作品进行不断地编辑和修改，在真正从事这份工作开始，高耀山说自己终于体会到了当时为自己下功夫修改稿件的那位编辑的良苦用心。

"文学需要后继有人，更需要好的'裁缝'。"高耀山说，直到现在，当看到一些新的文学爱好者的文章时，他的眼前，还是会出现当时那个心怀忐忑将《小狗》邮寄出去的年轻人。基于这样的感同身受，从担任主编开始，高耀山将自己几十年来在文学创作上积累的经验，通过对稿件的悉心编辑，引导着越来越多的文学爱好者，去寻找自己创作的"钥匙"。

文学刊物得贴近生活

创办《黄河文学》最大的意义是什么？高耀山说，如今活跃于国内文坛的青年作家，有许多都是从这本期刊起步的。

在高耀山的记忆中，最初《黄河文学》编辑部条件很艰苦，人手也有限，一开始只有三个人，每天忙得一塌糊涂，没白天没黑夜的，加班是家常便饭。但比起硬件条件和人员缺少，那时刊物发展的最大难题，是缺少稿件。如何能为刊物征集到足够且合适的稿件，这是当时摆在大家面前最大的问题。"走群众路线，是《黄河文学》在当时可以发展起来的关键。"高耀山说，正是这样的发展思路，才为当时很多爱好文学的年轻人提供了创作的平台。

谈到对稿件的选择，高耀山说，除了看作者的语言功底和对文章结构的把控，最重要的是，要看内容是否贴近生活，是否能打动人心。而这，其实也是他自己在创作上秉持的原则。正如中国作家协会会员、宁夏作家协会副主席火仲舫感言：高耀山先生的文学作品总是像他的人一样实在、质朴。柴米油盐醋，吃喝拉撒睡，打架骂仗，婚丧嫁娶，人生百态，患得患失，谈话间皆成文章，寓意出哲理。

"有心去观察生活，这很重要。将那些感动你的，刺激你的，让你思考的，都随手记录下来，久而久之，对自己创作会起到很大的帮助。"高耀山说。

　　高耀山　1943年8月生。中国作家协会会员，1967年起在盐池县劳动和工作，曾任大队文书、支书、公社秘书、副主任、县党史办副主任等。1984年调银川市文联，先后任《新月》杂志主编，银川市文联秘书长、副主席、主席兼党组书记，《黄河文学》主编，宁夏作协副主席等。

　　主要作品　从20世纪70年代开始，从事文学创作与编辑工作，编辑出版地方志、民间文学集成、文学作品集、文学期刊等20余部（种）；创作出版长篇小说《风尘岁月》《激荡岁月》《烟火人家》，短篇小说集《春播集》，评论集《与文学有关》《阅读留言》，散文集《沙光山影》《黄土绿叶》《热爱大地》《真诚的记录》《等闲笔墨》等；编纂志书《银川市文联志》《银川市教育志》《银川市文化广播电视局组织机构史》等。

　　　　　　　　　（王　敏　文／图　本文采写于2017年）

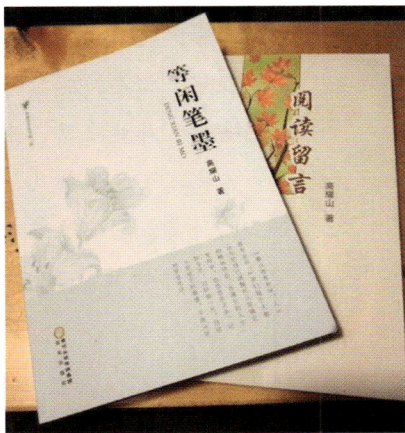

高耀山部分作品。

师者李耀星

李耀星。

李耀星，早年毕业于陕西师范大学。来宁之后，先后在银川二中、唐徕回中等校任教。数十年的教育生涯中，他被评为"中国数学奥林匹克高级教练""数学特级教师"，2001年荣获"苏步青数学教育奖"……

如今，年岁已高的李耀星依然保持着教师的严谨。采访前，他会提早咨询记者可能问到哪方面的内容，赶在约定前，将所有的材料找好、归类，然后整整齐齐地放在一起。那些书籍、论文、奖状足足占据了小半张茶几，有些纸张已旧而泛黄，它们浓缩着的是一位师者50多年的教育心血。

一次采访变成一堂"课"

对李耀星老师的采访过程，记者如同回到了学生时代，听了一堂内容丰富的"课"。

"既然来了，你也是我的学生，在家里就不用客气。"李老师一边热情地招呼记者，一边开始"讲课"。他捧着一份"教案"（为受访准备的提纲资料）一段一段地讲，时不时停下来问一句"这个你明白吗？"说到关键内容时，他就从茶几上找相关的资料给记者看。有意思的是，这些资料也被李老师"加工"过一番，比如，在照片后面贴着写有说明文字的纸条，论文整理成册并附上目录，所获得的奖状几乎也是按照时间先后顺序排列……

1963年从教至今，李耀星已经太熟悉这样的交流方式。但是三尺讲台、一支粉笔并不能完全成为他的标签，真正让他在教育事业焕发光彩的，还有对思考的热爱，对研究的执着。李耀星认为，从实践上升到理论，教育工作者才能超脱于具体事务，逐步成长为教育家，才能创造出有生命力、有特色、有价值的教育理论。而茶几上诸多的材料，正凝聚着他不断锤炼的教育思想。

中国第一批"三好"学生

"五十年间大半生，漂寄异乡作'苦僧'。风雕雨刻天无情，少年变作白头翁。自古人生谁不死，换得新秀满园红……"这是李耀星几年前参加同学会，有同窗为他作的一首诗中的诗句，形象地概括了李耀星的执教生涯。

李耀星的初中和高中都是在西安市第三中学度过的。那时候他的成绩一直排在班上前几名，还担任班长。1953年，毛泽东发出"三好"指示，接着"三好"成为教育界的主旋律，"三好"学生的评选也随即兴起。李耀星就在初三毕业那一年，成为第一批"三好"学生，并被保送上高中，一直担任学生会主席。

　　高中毕业，学校动员学生们报考师范院校。当时民间有句俗语说，"家有三斗粮，不做小孩王"，这里的"小孩王"指的就是教师，不少人都知道当教师辛苦，且没有多大的经济回报。而李耀星作为学生干部，带头报考了陕西师范大学（原西安师范学院）。

从"田径健将"到支宁人

　　1959 年，李耀星在数学系开始了大学生活。热爱体育的他早在中学时期就是一名优秀的田径队员，曾在一次西安市体委组织的有数千人参加的1.2 万米越野赛中取得第 38 名的好成绩。大学期间，作为系学生会秘书的他自然也抓起了体育工作，和系里的同学们一起在全校田径运动会上拔得头筹。如今，身体硬朗、精神奕奕的他总开玩笑说，都是那时候打下了健康基础。

　　1963 年，李耀星毕业后，响应国家号召，服从分配成为一名支宁人。当时他所在的系里，一共有 30 多人被分配到宁夏，李耀星则被分到银川二中。自此，他也和当时的女友分手，扎根宁夏。

　　然而，走上工作岗位不久，"文革"开始，学校正常的教学秩序受到破坏，李耀星也无法站上自己钟爱的讲台。那段无奈的时光，看书成为他的精神慰藉。他阅读了大量中外数学家的事迹，从欧几里得到牛顿、莱布尼茨，从欧拉到高斯，从刘徽到祖冲之，从华罗庚、苏步青到陈景润……中外数学家为科学献身探索的精神从心底鼓舞着他，而大量的阅读涉猎也为他后来的教学生涯做了丰富的积累。

　　艰难的时期终于过去。20 世纪 70 年代后期，学校教育工作逐渐恢复。李耀星也得以重新回到了讲台。

　　当时也是高考制度恢复不久，学生的程度参差不齐，学校按程度将学生分为尖子班、重点班、普通班。李耀星承担起了普通班的教学。

　　"学生得先有自信心，老师也要对班里同学一视同仁。我自己也一直坚信一句话：'天生其人必有才，天生其材必有用。'"回忆起当时的经历，李耀星说。就这样，经过一段时间对学生思想上的耐心教育，学习上的精

李耀星给
学生讲解。
本人提供

心辅导，等高考成绩下来，他所带的普通班的成绩竟然超过了重点班。李耀星的事迹也在学校轰动一时。

教学是一个不断积累的过程

自 2000 年退休后，李耀星一直退而不休，倾心于教育研究。

遥想当年的大学时光，李耀星还记得那时为自己提出过一个口号"为祖国健康工作 50 年"。"到目前为止，已有 54 年的从教经历了。你看我这身体还可以吧。"2017年接受采访时，李耀星笑着对记者说，只要身体允许，他还要争取从教 60 年。

早年在银川二中任教期间，李耀星在每月工资只有 61元钱的情况下，节衣缩食购买了大量有关数学教学方面的书籍，刻苦钻研。而且为了备好课，经常忙到凌晨一两点才休息，书桌上演练数学题的稿纸总是堆得厚厚一摞。

然而他并不满足于带好班，上好课。他认为教学是一个不断积累的过程。长期以来，他养成了一种习惯——坚持订阅各种教学杂志。每到年底，他还会把各种杂志装订成册，标上年号以便查找。平时遇到好的资料，便及时摘录到卡片上。这么多年攒下来的图书有 3000 余册，摘录的卡片也积累了 5000 多张，光是剪报就有 6 大本。

多年来的教学实践中，李耀星先后在区内外刊物上发表论文 50 余篇，其中 2 篇在国际学术会上交流，6 篇在全国交流，2 篇论文被中国人民大学《中学数学教学》全文刊用。这里面，论文《谈中学数学中的数学思想》在日本东京学术交流时，受到日本学者的高度评价。此外，他还在近 10 年的时间里，利用晚上和节假日休息时间，编著了《高中数学解题方法 30 讲》一书，可以说是他多年教学实践的结晶。

李耀星给学生上课。
本人提供

把教育理想和实践相结合

至今，李耀星家里还保存着不少当年与学生们一起，进行户外教学实践活动的照片。每张照片背面都细心写着当时活动的情况说明。照片上，学生们身着统一的校服，在户外采集标本、做笔记，相互交流……

20 世纪 80 年代开始，全国各地 30 多所中小学和幼儿园先后参加了国家"七五""八五""九五"教育科学规划重点课题。

从 1990 年到 2000 年，作为副校长的李耀星带领银川唐徕回中先后承担了《不同类型学生发展的特点与教学策略的研究》，以及《唐徕渠灌区多学科综合科学考察》两项子课题的研究。当时，银川唐徕回中也是西北地区唯一子课题单位。而在事后出版的《面向未来的基础学校》一书中，唐徕回中这两个案例都获入选，为今后教育部门制定相关基础教育改革措施提供了支持，也为学校的教育教学改革提供了先进经验。

"陶行知是一位扎根实践的教育家，他赤脚穿草鞋和同学们一起种菜施肥，把教育理想和实践结合起来。"李耀星说，这次参与课题研究，以及担任银川唐徕回中副校长时的外出学习经历，让他的思路和眼界更加开阔，对教育改革的认识也更为透彻。

退而不休助力民办教育发展

宁夏的民办教育真正发展起来是在 2000 年前后，当时的银川长城英豪学校就是其中一个代表。

那时李耀星刚从银川唐徕回中退休，就被聘为长城英豪学校主管教学的副校长。在此期间，他远赴温州、宁波、上海等地考察南方民办教育状况，学到了最新的办学理念和管理方法。回来以后，他结合宁夏的实际情况，制定了"乐趣教育实施方案"。

当时长城英豪学校管理严格，办学声誉也很好，不光宁夏的学生，就连内蒙古、陕西等周边地区的学生也争相就读。而在这段时期，李耀星写出了《民办教育初探》《关于落实〈民办教育促进法〉的思考》等

李耀星发表过论文的杂志和底稿。

文章，对宁夏民办教育的发展进行了详尽的分析，并提出相应对策。

不仅如此，李耀星还率先提出对固原山区贫困学生予以各项助学政策，不仅免收学费，凡考入重点大学的贫困学生每生奖励 1.2 万元。这个意见被长城英豪学校采纳，仅 2004 年就发放奖学金 20 万元，让部分贫困学生顺利步入大学。

如今已 79 岁的李耀星依然保持订阅各种数学杂志的习惯，每年的中、高考数学试题、数学竞赛试题下来后，他都要亲自做一遍，从中揣摩试题与新课程的结合点……在他看来，教师是一份需要"照亮别人"的职业。而"要照亮别人，首先自己身上得有光明；要点燃别人，首先自己心中要有火种。"

李耀星 1938 年出生于河南。1959 年就读于陕西师范大学数学系。1963 年于银川二中任教师。1984 年任银川二中教导主任。1990 年任银川唐徕回中副校长。1993 年被评为"中国数学奥林匹克高级教练"。1994 年被评为"数学特级教师"。1997 年荣获"国务院政府特殊津贴"。2000 年退休后，任银川长城英豪学校副校长。2001 年荣获"苏步青数学教育奖"二等奖；论文《谈中学教学中的创新教育》被中国教育学会、中学数学教学专业委员会评为二等奖。2008 年荣获"自治区有突出贡献专家"称号。2016 年荣获"宁夏离退休科学技术人才突出贡献奖"。

（李　尚　文 / 图　本文采写于 2017 年）

杜桂林：
格律悦心，尚礼修身

　　他是一位年过八旬的老人，至今仍坚持对诗词格律和中华礼仪的研究和推广。在他一方简朴的书桌上，放着正在撰写的书稿、笔墨纸砚，还有一台电脑。在这里，他几乎每天都要工作到凌晨才休息。他就是宁夏大学人文学院教授——杜桂林。

时至今日，坚持阅读仍是
杜桂林每天雷打不动的习惯。

大忙人，专注诗律、礼仪传授

见到杜桂林先生的时候，有些意外，本以为上了年纪的他会在家等候，可没想到他却一身唐装，衣冠整齐，端端正正地坐在轮椅上出来迎接记者。"快坐下休息一会。"进屋后，杜桂林边说着，边招呼爱人端上水果。

这两年，因为腿脚不便，杜桂林减少了很多外出事务，让他觉得有些遗憾的，是不能再去老年大学给那里爱好诗词和礼仪的老人上课了。"在那儿，真的是结交了很多真朋友。"杜桂林说，退休之后，自己一直在宁夏老年大学教课，课下还会辅导学员们练习写诗，很多人都相继出了诗集，也正因此，他结识了一群志同道合的朋友。之后，宁夏的一些企事业单位邀请杜桂林去讲礼仪文化，这一讲就是连续 40 多场。

"他忙啊，到处讲课。晚上还要写书，一写就是 20 多万字。"杜桂林的爱人张丽英在一旁忍不住"埋怨"。杜桂林没说话，只是笑了笑。

诗律、礼仪，离每个人都不远

可以这样说，杜桂林将大半辈子的心思，都放在对"诗词格律"和"中华礼仪"这两个领域的研究上——虽然对于很多人来说，无论是其中的哪一个，似乎和自己的生活都很少有交集，甚至有些"阳春白雪"，陌生得很。

但杜桂林认为，诗律、礼仪离每个人都不远，或者说，就是中国人骨子里带着的文化基因。"很多人从小娃娃起，就开始背诵名家诗句了，这就是对文化的一种传承，当然，如果能够再知道关于诗词格律的一些基本知识，就更能欣赏诗词中的艺术美，也更能体会诗词内容和形式上的统一性；中华礼仪也是这样，它渗透在生活的方方面面，只是人们习以为常，所以有很多被忽略了，可无论社会如何发展，都离不开以礼相待。"

再好的文化，也要跟得上时代的发展，诗词格律和礼仪文化也是如此。正因如此，杜桂林说自己始终走在学术研究的路上——在探究中华诗词的韵律改革方面，他提出采纳普通话诗韵的观点并不断论证；在礼仪文化的沿袭和传承上，他始终坚持以当下社会价值观来传播礼仪，而非生搬硬套。

"总有新的变化，所以就没办法停下来，但现在，有点干不动了。"杜桂林若有所思。

做学问，要耐下心钻一门

1957年，21岁的杜桂林考入了北京大学中文系，在林庚、陆志伟、吴小如等一流学者的身上，年轻的学子们学到了诸位先生的深厚学问和治学方法。而提起被誉为"中国现代语言学奠基人"之一的北大教授王力，年过八旬的杜桂林，至今都心怀敬意。

"王力先生曾告诉我，做学问要耐下心钻一门。就像是黄河奔涌向前，但灌溉农田，依靠的却是分支曲流。做学问也一样，要学会把心收回来。"也正是谨遵师训，后来的杜桂林才学有所成：在大学期间，他就和其他几个学生，领下了王力先生布置的"任务"，一起编著完成了《现代汉语虚词例释》一书。执教期间，在诸多出版的专业论著中，杜桂林却对撰写《文科研究生阅读常识》一书颇为欣慰，因为这本书帮助学生解决了"怎样看书，看哪些书"的实际问题。退休后，杜桂林笔耕不辍，相继出版《中华诗词艺术欣赏与格律启蒙》《中华礼仪学》等著作，将学问不断钻深、研透……

如今，让杜桂林最怀念的，还是大学五年中，在图书馆看书的日子。那时，为了占座位，他和其他同学一样，会拎着装有饭盒的布袋子，早早把饭盒口袋放在桌子上占个位子。"有时一下子好些学生们一起来占位，一路跑，一路放，就像奏起了锅碗瓢盆交响曲……"说话间，杜桂林又笑了起来。

战乱的童年，心中种下"诗的种子"

从战乱中逃出来，又在地震中活下来，经历过艰难岁月的杜桂林，只希望能潜心学术，这样才对得起自己的人生。面对生死，他说自己是害怕的，但害怕的不是什么未了结的世间琐事，而是怕自己若是写一本新书，却没办法写完结尾……

时间回到杜桂林六七岁的时候，那时，他已经开始了四处逃亡的生活。

"日本鬼子来了，一家人就跑散了，先能保住命就行。"回忆着小时候在河北滦南县的生活，经历过抗战年代的杜桂林，如今讲起往事，就像发生在昨天。住狐狸洞、睡兔子窝，白天躲在野地里不敢出来，一连几天吃不上饭，还时不时听到不远处的枪声……一切历历在目。"能活着，已经是老天爷照顾了。最后一次日军追上来的时候，我和家人跑得已经没有路了，幸好中国军队赶来了……"

即使是在战争环境下，村里的孩子，也还是要上学的。虽然上课的"教室"经常要"打一枪换一个地方"，一会儿是树林，一会儿是野地，但有书读，已经很好了。比其他孩子更占据"优势"的是，杜桂林的父亲是当时的私塾先生，从小，他就要背诵各种经典。《三字经》《弟子规》《百家姓》《论语》《诗经》……"每天起床第一件事就是背诵，每次背诵只给两次机会，第二次还背不对，父亲的教鞭就会挥过来……"

虽然父亲的管教严厉，但也正是从那时起，一颗"诗的种子"，已经埋在杜桂林的心里。

亲历大地震，真正体会活着的意义

1954年，杜桂林以优异的成绩，顺利考入唐山一中，那时，他刚满18岁。当其他学生想着如何学一技之长，毕业后赶紧找工作谋生时，杜桂林却有自己的打算。

"那时候学的知识多了，眼界宽了，总觉得学几年就去工作，很可惜。"杜桂林说，等到毕业时，他的名字已经被写到了当地一所师范学校新招教师的录取名单中，但考虑再三，他还是没有去报到。继续念书，这是杜桂林当时唯一的心愿。

后来直到自己真的考上了北大，再去想想自己一路坚持求学的经历，杜桂林将这一切，归功于诗词。"诗词经典带给人的是更高的人生追求，使人时时刻刻想要完善自己。"杜桂林感慨地说，这个过程就像是工匠塑造佛像一样，一把一把将泥抹上去，再一遍遍塑形、雕琢……

如果说唐山一中给了杜桂林在学业上的新动力，那么一场唐山大地震，让杜桂林真正体会到了生命的无常和活着的意义。"那时候正值暑假，我们一家子回唐山探亲，没想到就赶上了那场灾难。"杜桂林回忆说，当天真的是天摇地动，裂开的地面涌出黑水，刺眼的地映入眼中，光照得天全亮了。当一家人全都从坍塌的房子下平安地爬出来时，杜桂林的眼泪再也忍不住了……

年岁已高，仍有太多东西想写

在杜桂林的书桌上，有一部厚厚的书稿，书名是《长城与滦河交响曲》，副书名是《为纪念冀东抗日暴动八十周年而作》，即将于今年正式发行。而另一部正在写的，是关于解读《红楼梦》的著作，书名还没有起好，封面上并排写了三四个书名，后面都打着问号。

"写完这部，还有什么想写下来的吗？"记者脱口而出的问题，却让杜桂林脸上露出复杂的表情。良久他说，"不知道，很多想写的，但有点写不动了，已经这把年纪了，还有很多想写下来的，但有些害怕，怕写不完结尾……"

说完这话，杜桂林又笑了笑，但这次表情中透着些无奈。他转头打开抽屉，里面有很多老照片。"你看这是我们大学同学的合影；这是我去参加学术会议；看，这就是我们一家子在地震之后，死里逃生拍的照片。"他指着照片中的两个孩子，突然一扫之前的情绪，高兴地说："这是我的女儿和儿子，他们都接了我的班，从事教学工作，而且对诗词格律和中华礼仪都有研究。他们也会质疑我提出的一些观点，有时候一回来就跟我争论……"杜桂林说着，笑出了声。

人物介绍

杜桂林　教授，硕士研究生导师。现为宁夏文史研究馆馆员、宁夏诗词学会顾问。近年来着力研究中华礼仪学和中华礼仪史。1936 年，出生于河北滦南县；1957 年，考入北京大学中文系；1962 年，毕业后执教于北京六中；1983 年，宁夏大学中文系任教；1996 年，退休；
2000 年，被聘为宁夏文史研究馆馆员；2015 年，被聘为宁
夏诗词学会顾问。

主要著作　编著有《现代汉语虚词例释》《中华诗词
艺术欣赏与格律启蒙》《中华尊老敬贤史话》《中华礼仪
学》《中国文字学》《文科研究生阅读常识》以及《秋风》
诗集等著作；参与编写并入选《宁夏文史馆志》《宁夏文
史馆馆员文选》《馆员系列讲座汇编》等。

（王　敏　文／图　本文采写于 2018 年）

杜桂林早年工作照。本人提供

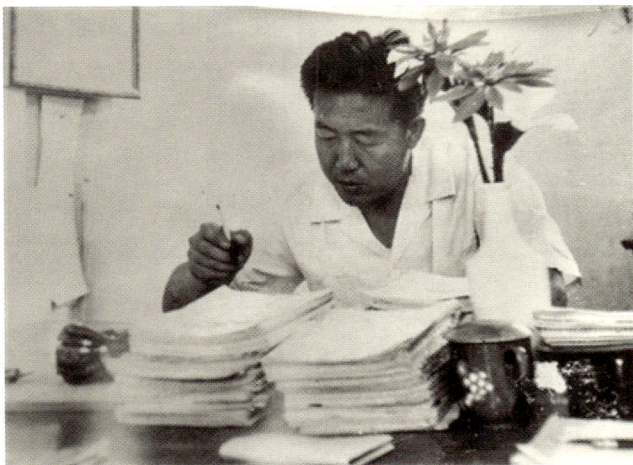

宁夏首位女摄影记者：王文玉

20 世纪 50 年代，中国很少有女摄影记者，她是其中之一。她曾背着相机，从新疆到宁夏，记录下属于那个年代的风土人情。她就是已 88 岁的宁夏首位女摄影记者——王文玉。

王文玉。

耄耋年华

初访王文玉是在她家里，那几天正是 7 月最闷热的日子，家里来了安空调的师傅，一直陪老人住在一起的小女儿霍珊珊和女婿两人，忙前忙后帮着安装。王文玉看着孩子们在忙乎，悄悄跟记者说："人老了，怕热。屋里待不住。"她说着，指了指沙发旁边的轮椅，每天，女儿都会推她出去转转。由于年龄和身体的原因，对于人生往事，王文玉的记忆已有些模糊。除了女儿霍珊珊的回忆，王文玉在宁夏工作时的同事田春林和温炳光的讲述，让我们有机会了解到老人更多的故事。

王文玉并非新闻科班出身。1950 年从西安女子师范学校毕业后，她一直在西安市团委工作。也正是在那一年，她与自己的同乡，时任新华社西安分社记者的霍一禾结婚，并受丈夫的影响，对记者这个行业产生了浓厚的兴趣。1953 年初，王文玉被正式调入新华社工作。同年，霍一禾被调至新华社宁夏分社，王文玉一同随行。那是她和丈夫第一次踏上宁夏这片土地。

扎根宁夏

与宁夏的第一次邂逅，只经历了短短 8 个月，随后王文玉和丈夫被调回北京工作。

1955 年，她和丈夫一起从北京到了新疆工作，王文玉也正式成了一名摄影记者。那个年代，全国也数不出几个女摄影记者来。3 年后，她背着相机和丈夫一起又调回新华社宁夏分社工作，从此便在宁夏扎下根来。从重大会议、城乡建设，到市井百姓、水光山色……王文玉用镜头记录下了当时宁夏真实的风土人情。霍珊珊告诉记者，每次带妈妈出去转时，看着城市翻天覆地的变化，王文玉总会说："应该拍下来。"记者问老人："那以前用的相机还在吗？"王文玉点点头。很快，女儿便拿来一台老式海鸥120 相机递给妈妈。王文玉接过相机，微微使劲，打开了咖色的相机套，从里面小心翼翼地拿出相机。就在那一刻，她不由得从沙发上坐直了身子，摆出了专业的拍照姿势。"装胶卷，按这里，就能拍了。"她说着，侧过头看着摄影记者手里的单反相机，笑着说，"你们那个，我不会用了。"

在新疆，历时半个月，骑着马去采访

去新疆之前，王文玉参加了当时新华社举办的摄影速成班。请来的老师是被称为中国摄影一代大师的吴印咸，以及著名摄影师杜修贤。有了大师们手把手地教学，王文玉和其他十几位学生，在短短半年后，开始上手工作了……

新疆，是王文玉初当摄影记者后首先工作的地方。问她当时印象最深的采访经历，王文玉努力想了想，说了七个字，"骑马去的塔里木"。

那是在 20 世纪 50 年代，一次王文玉接到任务，前往塔里木采访那里的石油勘探队所在地。虽然记者这个行业，"女的也当男的使"，但真的要去条件恶劣的地方采访，尤其是对于带着相机的女摄影师来说，过程的艰辛可想而知。起先她还能坐卡车前行，但很快就因为道路原因换乘了马车，到最后实在没路了，干脆骑上马继续赶路，这一走，竟然用了半个多月才终于抵达勘探队。得知她一路艰辛赶来采访，苏联专家和中国勘探队员们都要和她照相，而在采访结束后，她也被勘探队的热情和质朴打动，为他们拍下了火热的生活场景，照片被刊登在了当时的《人民日报》和《新疆日报》。

在新疆，她还经常深入牧民家中同吃同住，她用镜头记录下了当时牧民最真实的生活状态。王文玉说，那时她最喜欢拍的还有当地的孩子，幼儿园、山坡上，表演节目的、玩游戏的……"笑得好看！"王文玉说。

一路走一路拍，一路被围观

在宁夏老一辈新闻工作者心中，宁夏首位女摄影记者，王文玉当之无愧。上世纪五六十年代，能挂着相机走在街上的人，绝对有 100% 的回头率。来宁夏后的一次采访，现在王文玉讲起来，还是觉得有趣。

1959 年，王文玉和丈夫一起从新疆调回新华社宁夏分社工作。"条件差得很，去农村采访，得先骑自行车，托运走。"王文玉回忆说，有一次她被安排到中卫采访，先骑自行车到银川火车站，把自行车托运了，等下了火车再骑上自行车去乡下采访。

"我挂着照相机，（人们）全围上来看。"王文玉用手比画着当时的场景——那天，她走到哪，都有男女老少围上来看热闹，人们稀罕地探着脑袋，想看看她身上背着的到底是什么。"经常拍反映社会发展的（照片），但我还是（喜欢）拍普通人。"聊了快一个小时，王文玉说起话来有些累，说几个字，就需要喘口气休息一下。那时除了拍新闻照片，王文玉将镜头更多地关注到了普通人的生活上，如何抓拍到最有感染力的瞬间，如何用镜头反映人物的内心世界……这些，都是当时她努力实践的。

坚持新闻真实，要抓拍不要摆拍

"我和她当同事时，她已经是资深的摄影记者、图片编辑了。"作为王文玉曾经的同事，已退休的温炳光说，当时，王文玉主要负责编辑通讯员投稿照片，做通讯员培训工作。

当年，采访中的王文玉。本人提供

1957年，采访中留影（左一为王文玉）。
本人提供

在那个年代，一卷胶卷能拍35张照片，每次去拍摄，摄影记者都会尽量节约使用。因为珍贵，王文玉更加珍惜通讯员的投稿。"她会打电话和每个通讯员沟通作品，是不是说清楚了新闻要素，反映的信息准不准确，构图上如果调整是不是会更抓人心……这些她都会教给通讯员。"温炳光说。

有一次，温炳光带着一名实习生去部队拍摄战士扫雪的新闻照片，但抓拍了几次效果都不理想，温炳光忍不住让战士换个方向扫雪，方便他拍摄。"没想到老王知道这件事后，专门来找我，跟我说新闻不能摆拍，要尽量去抓拍。"温炳光说，当时还有抓拍还是摆拍新闻图片的争议，但王文玉坚持抓拍才能保证新闻的真实性，"她始终坚持着作为一名记者的原则，令人尊敬。"

退居二线，对摄影热爱不减

"我妈太爱照相了，相机不离手。"霍珊珊回忆说，其他家孩子都盼着能照相，可她们姐妹四人，从小却被妈妈追着照相，"照烦了就躲起来。"女儿的"牢骚"被王文玉听见，忍不住笑了起来。

霍珊珊告诉记者，其实当时王文玉很舍不得放下相机，但因为到报社后的第三年，也就是 1965 年，已三十六岁的王文玉生下了一对双胞胎女儿，后来几年，又有了两个女儿，为了照顾四个孩子，她不得不退居二线。虽然很少再背着相机到一线拍新闻照片，但王文玉对摄影的热爱丝毫没有退减，工作之余，她还是经常下乡，拍摄了许多好照片。只可惜因多次搬家，当时的作品剪贴本现在已经找不到了。

王文玉现在住的社区，就在北塔公园西侧，无论是居住条件，还是周边环境，都让老人很舒心。只是老伴走得早，孩子们都各自成了家，如今在老人心里，还会惦记最早来宁夏时住在文化街上的那个家——30 多平方米的房子，有她和老伴，还有 4 个女儿都在身边的最美好的时光。

在家中接受采访的王文玉。

□ 匠心宁夏

人物介绍

　　王文玉　1929年2月，出生于陕西渭南；1950年6月，毕业于西安女子师范学校；1953年初，从西安市团委调入新华社宁夏站；1953年底，调回北京新华总社摄影部资料组；1955年，调入新华社新疆分社，成为一名正式的摄影记者；1959年，调回新华社宁夏分社，任摄影记者；1963年，调入宁夏日报摄影部工作，主要编辑通讯员稿件、培养基层通讯员；1984年，从宁夏日报摄影部退休。

　　（王　敏　文　李　靖　图　本文采写于2017年）

昆虫学人高兆宁

春季到来，昆虫世界从冬眠中醒来了。

这是一个复杂到你完全无法想象的世界。从高空到地下，从山川河流到房舍柜角，到处都有它们活动的踪迹，飞的、爬的，有益的、有害的。

高兆宁对昆虫痴迷60余年，今年他88岁，仍然痴迷着。他衣兜里永远有一支放大镜，走到哪儿只要看到哪棵树有病态、虫害，便立刻拿出来瞅上半天。这个特点他的儿女都习惯了，一起出游，父亲突然不见踪迹是常有的事。

高先生从1959年起就跟随著名昆虫学家吴福桢致力于宁夏昆虫的研究，填补了宁夏昆虫研究的历史空白，创办了宁夏农业昆虫标本室。他与吴福桢等人合作或由他个人完成的《宁夏农业昆虫图志》（第一、二、三集）曾引发中国昆虫研究界轰动，至今还是全国大中专农业院校、科研机构、农技推广部门的经典工具书。

实地考察中的高兆宁。本人提供

诗情画意的学者

　　高先生很有意思，明知我们来意为何，可只要我们一提起他的昆虫专业，他就故意将话题引开，让我们看他描绘的《中华彩蝶图谱》，其中200只蝴蝶种类、色彩、姿态各异。国画也是他的兴趣所在。

　　"但这是艺术，这不是科学。"看到我们着迷之态，高先生又补充说，"我的蝴蝶可不是画家臆想的蝴蝶，是自然界真实的蝴蝶，是科学的艺术。"果然，在他的讲解下，我们看到的每只蝴蝶身上的斑纹、体色、绒毛、眼睛都有细微的差别。

　　退休后，高先生创作了不少国画作品，但张张国画作品上少不了一些蜂、虫、蝶等的点缀。要不是这些描绘逼真的小昆虫提醒，我们差点忘了我们要采访的这位学者可是宁夏农业昆虫研究领域的开拓者、宁夏昆虫学泰斗。

　　话题再一次绕到他的昆虫学，高先生沉默片刻。他说："昆虫研究需要的是团队的协作，说我一个人，其实并不合适。"

正在绘制昆虫图的高兆宁（1988年摄）。

本人提供

严谨的昆虫学家

第二次拜访，高先生显然在家人的劝说下，开始"配合"我们的采访。我们到时，他已将他的几大本著作放在茶几上，其中就有《宁夏农业昆虫图志》（第一、二、三集）。书籍早已发黄，线装内页松散，里面密密麻麻做着批注。他还是忙着解释，这些书也不全是他一人完成的，"没有老师吴福桢，我不可能有这些成就。"

师生二人对于宁夏昆虫学科发展的推动作用不言而喻，但是高先生还有他的科研创新之处。在他的著作中，几乎所有的昆虫图谱都由他手工彩绘。不要小看这一册册昆虫图谱，其中可凝结了高先生无数夜以继日的心血。它们呈现出了虫的各期形态是什么样的，以及各个不同生长阶段的体色、翅膀又是如何变化的，等等。这些还不算，有的虫子难以观察，还需"养虫"方可准确描绘其一生不同阶段的特点。

作为一个昆虫学家之所以需要如此复杂精密的劳动，"很简单，就是为了能让学习者通过图谱准确识别各类昆虫，继而治虫、防虫。"高先生说。就为这简简单单一句话，吴福桢、高兆宁两位先生却奉献了他们的一生。

出身于殷实人家

高兆宁先生觉得他今天能成为一个昆虫学家，是"命中注定"。幼时受私塾教育影响，他认为"仁者爱山，智者爱水"，便自然而然喜爱山林，钟情将仁者志士的向往描绘出来。求学时选择农学院植保专业，也有那么一点命运使然。后来遇到的两位对他的人生产生巨大影响的恩师，他认为也是命运垂青所故。

1928 年，高兆宁先生出生在山西省运城临猗县。父亲是远近闻名的儒商，家境殷实，一家人衣食无忧。高兆宁从小接受了正规的私塾教育，熟读四书五经。优越的家境，良好的教育，让高兆宁从小就显示出一份和旁人不同的气质，譬如他喜爱山林、爱好书画、个性温和。

解放战争爆发后，因山西运城处于军阀阎锡山部队的包围圈内，高父为保家中儿女性命安危,特将他们送往西安,前去投奔自己的一位生意伙伴。

抵达西安后,初中还未毕业的高兆宁为了日后能谋口饭吃,专门报考了西北农学院附设高级农业职业学校。之所以报考该校,"是因公费,学校管吃住。"

幸遇名师周尧

1950 年,全国解放后举行首次高考。当年,高兆宁已从高职毕业,并已在西北军政委员会农林部林业局谋得一份稳定差事。但受好友鼓励,他瞒着单位悄悄参加了当年的高考,并顺利考取西北农学院。

在这里,高兆宁遇到了一位影响到他一生的老师——周尧教授。周教授毕业于意大利拿波里大学,师从当时世界昆虫分类学权威西维斯特利(F. Silvestri)教授。"周教授讲课思路清晰、板书工整,尤其是他边讲边画,口手几乎同步进行的授课特点,使枯燥无味的昆虫分类学成了活生生的昆虫大千世界。"周教授在昆虫研究领域的传奇经历和他为学生打开的奇妙昆虫世界,让高兆宁那时候的求学逐渐有了明确的方向。"不再简单为了谋生,而是想立志成为周教授那样能揭开自然界秘密的科学家。"

服从分配扎根宁夏

1954 年,高兆宁大学毕业后,被分配至宁夏灵武农业试验场当技术员。工作之地高兆宁并不陌生,上大学时老师就曾带着他们到此地实习。"农耕条件差极了,毕业分配时,我就怕分到那里。"可命运就是这么戏剧化,高兆宁不偏不倚就被分配到了宁夏灵武农场。

1955 年,灵武县遭遇大面积稻瘟病,农田颗粒无收。面对突然而至的疫情,而自己却无能为力,高兆宁产生了深深的挫败感,"仅仅懂得书本理论远远不够,要想做一个合格的植保专家,首先还得先做个懂栽培技术的农民。"1956 年,甘肃省农垦局派高兆宁等 6 人沿着东北南下至南京等地的水稻主产区,学习稻田栽培技术及有关病虫害的防治。回宁后,他和

正在进行田
野调查的高兆宁。
（1988 年摄）。
本人提供

植保人员带领当地农民，根据灵武田地的地势特点，采用
"蛇"形种植法，从而避免了部分水稻因没水太深而滋生
真菌的情况发生。同年，采用此法的宁夏水稻种植区，病
害得到有效控制。

再遇良友吴福桢

1958 年，宁夏回族自治区成立，急需人才。国家动员
各行各业的专家学者支援宁夏等"老、少、边地区"建设。
我国昆虫研究泰斗吴福桢教授便是在那年来到了宁夏农业
科学研究所。

昆虫学家必须搞田野调查，60 岁的吴教授来宁后迫切
需要一位助手，帮助他了解宁夏的农业种植史和当地自然
生态，以及农业生产等方面的基本情况。此外，吴教授还
希望这名助手最好会画画，因为对于一名昆虫研究学者来
说，治虫先要认虫，要真实客观地将不同的昆虫种类、昆

虫的不同生长阶段描绘出来。

　　有人推荐了当时已调入永宁县王太堡农业试验场的高兆宁。吴教授出了一道刁钻的题面试高兆宁：在一张白纸上画一只甜菜象鼻虫。甜菜象鼻虫通体白亮，如何在白纸上画白虫？周围人难免为高兆宁捏了把汗。谁知高兆宁不慌不乱，他利用绘画时学到的阴暗面原理，给象鼻虫的身体罩上了一层淡蓝色的光。这样一来，象鼻虫就从白纸上凸显了出来。"小子，你行啊！"吴教授当即拍板，留下了高兆宁做助手。

　　这可是千载难逢的好机会，要知道能跟随这样的学界泰斗一起工作是多少年轻科技人员的梦想。就这样，吴教授在宁工作的 20 年间，高兆宁一直陪伴在侧。两人一起搞田野研究、做标本、进行课题研究。"我和吴老之间，亦师亦友，这是我一生的幸事。吴老的学识、修养、胸怀对我的影响是终生的。"高兆宁说。

高兆宁先生在宁夏农业昆虫标本馆。

开创宁夏农业昆虫研究领域

高兆宁的恩师、我国昆虫学界泰斗——周尧常用"雕虫"来自喻。高老的另一挚友、著名昆虫学者——吴福桢也惯用"雕虫"来比喻自然界一些体貌特征与周围环境混为一体的昆虫。但是无论是此雕虫还是彼"雕虫"，都显示了两位昆虫专家面对复杂多变的昆虫界的乐观求索态度。而高兆宁自己呢？他说："我的老师自诩'雕虫'，而我所知所长最多只能是后面的那个'小计'了。"谦虚的学术态度，一语见之。

正如前文高兆宁先生所言，"昆虫研究需要的是团队合作"，开创宁夏农业昆虫研究领域的并非某一个人能力使然。1958 年以前，宁夏的农业昆虫研究却是一片空白。

1959—1964 年，在吴福桢教授的主持下，全宁夏广泛深入地开展了一场农业昆虫基础调查工作，收集了大量资料和标本，这才开创了宁夏农业昆虫研究的先河。年富力强又聪明好学的高兆宁在那次调查中承担了大部分艰苦的田野调查工作。

在那次调查基础上，吴福桢和高兆宁合作编著了《宁夏农业昆虫图志》第一集，该书于 1966 年由中国农业出版社出版发行。此后，二人又再次合作出版了《宁夏农业昆虫图志》第二集。二书的出版引发巨大轰动。有科研推广人员这样评价：这两本书是植保人员必读书籍，它们起到了看图认虫、看字知治的作用。一位外籍学者来到宁夏见到此书后感叹：看了此书，不唯学到许多虫害知识，同时也是一种艺术（指彩图）的享受。

而承担二书全部彩绘工作的也正是高兆宁。也就是他谦称的"雕虫小技"。

提着发电机进山"诱虫"

1984 年，植被丰富、昆虫种类繁多的六盘山进入宁夏昆虫研究者视野。吴福桢带队，高兆宁、魏凯等人协助调查。

六盘山林间地面是松软的枯枝落叶，散发着浓厚的腐殖质芬芳气味。

专业敏感告诉吴福桢，"这里可能是一座活的昆虫标本馆，也是一座丰富的生物基因库。"在搜罗不同海拔林带的昆虫时，科研人员在六盘山果然发现了众多远异于农业区的昆虫种类：许多伪态的虫子。它们爬到树上，白天不食不动，晚间进行食害。

为了尽可能采集到更多昆虫标本，高兆宁想了一个妙招，他利用昆虫趋光性的特点，向林场工作人员借了一台发电机，带了一支 500 瓦的诱虫灯，深夜前往六盘山林区深处。那个年头，别说是虫子了，就是山民，见到电灯的机会也很少。高兆宁围了一个纱帐，纱帐里亮如白昼，不多一会儿，便吸引来了数以万计的昆虫在纱帐周围聚集。虫子种类各异、色彩斑斓，且大多是高兆宁等人从未见过的。采集人员兴奋地收集了两天两夜，收获颇丰，为日后出版的《六盘山自然保护区综合考察》（1988 年版）奠定了丰富扎实的标本基础。

高兆宁说，如果说他真有几个"雕虫小技"的话，当年六盘山发电机诱虫也算得上其中之一。

摸清黏虫迁移规律

20 世纪 70 年代，我国农业种植区大面积暴发黏虫灾害。黏虫是一种世界性害虫，又名"行军虫"，危害几乎等同于蝗虫，所到之处林木、庄稼几乎无一能幸免。为灭虫害，农业部、农科院成立专项课题小组，宁夏作为协作单位与河南等地合作，承担"黏虫二代区"成虫"染色标放飞迁"任务。科研能力日趋成熟的高兆宁亲自"挂帅"，远赴河南放飞 18 万只染色黏虫，继而观察其飞迁规律。

放飞染色黏虫的过程十分有趣。科研人员首先要在公路两边的行道树下放置"谷草把"。"谷草把"上喷洒了浓度极高的醋糖诱液，用以引诱黏虫。数以万计的黏虫被黏附在"谷草把"上，科研人员迅速在其身上喷洒染色剂然后放飞。最后，高兆宁在宁夏终于发现了其在河南等地放飞的幼虫，从而得出了宁夏黏虫为华中地区第二代，而且通过观察，他得出结论，这种二代黏虫的死亡地也在宁夏，因为它无法在宁越冬。这一发现为日后预防黏虫灾害提供了非常珍贵的科学经验。而高兆宁也因此成就获得农业部科技成果一等奖。

创建宁夏农业昆虫标本馆

采访最后一天，我们将高兆宁接到了位于宁夏农林科学院内的宁夏农业昆虫标本馆。之所以这么做，是因为这座馆也是高兆宁的心血之作。该馆1958年由高老和吴福桢一手创建，馆内陈列着二人在20年间踏遍宁夏山川和相邻的边远地区，采集到的大量昆虫标本。其中数万件标本由高兆宁亲手制作完成。

一入馆，高老略显激动，第一次主动向记者表示："哎呀，我现在也不敢相信，当年怎么能那么静心，做了这么多昆虫标本。"要知道做一个标本，非常不易。采集之苦都不用说，光是制作一只蝴蝶标本，就需经过麻醉、消毒、针刺、展翅、压制、风干等诸多步骤，且每一步都有严格的科学规定。

想想看，昆虫馆内数以万计的珍贵标本在历经了58

吴福桢和高兆宁（右）在研究昆虫图谱。本人提供

年岁月后，看上去依然栩栩如生、色如鲜活，这对后人来说是怎样的一笔财富。而留给我们这一切的人，少不了高先生。

人物介绍

高兆宁　1928 年出生于山西运城。1947 年考入西北农学院附设高级职业学校林业科。1950 年考入西北农学院植物保护系。1954 年大学毕业分配至宁夏灵武农场工作。1957 年调入宁夏永宁县王太堡农业试验场工作。1958 年创建"宁夏农业昆虫标本室"。1959 年调入宁夏农林科学院植保所，直至 1992 年退休。1978 年《宁夏农业昆虫图志》获第一届全国科学大会奖，他也是宁夏农业科技类获此殊荣的第一人。

著述成果　至今已发表论文 20 余篇；著作（包括合作）10 余部。代表著作有《宁夏农业昆虫图志》《中国农业昆虫实录》《六盘山自然保护区综合考察》等。

（乔建萍　文 / 图　本文采写于 2016 年）

高兆宁
手绘的蝴蝶。

工作中的
高兆宁。
本人提供

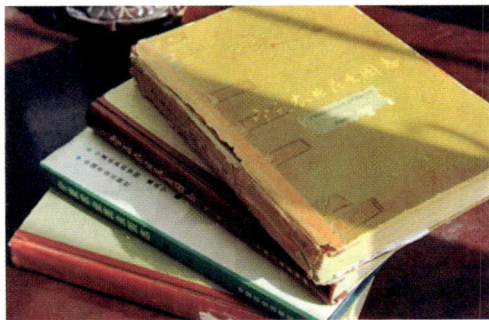

高兆宁《宁夏农业
昆虫图志》等著述。

黄多荣：与园相伴

见到黄多荣时，他正在中山公园内一处小广场上，与一众老友娱乐。他站在场地中唱着一首歌，周围有伙伴们的乐器伴奏。"正月里春兰闹红梅，二月间水仙伴木兰，三月里牡丹花为贵，四月间月季开满园……"

这是一首被黄多荣重新填词的四川民歌——《新采花》。对于新词，黄多荣说"其实很有讲究"。因为，词中从正月至腊月分别对应着12种花，均为他严格筛选的当季代表花种。

12个月份，12种花朵，还要按植物学知识——对应，再联系到黄多荣所从事的园林职业，其中原委，值得回味。

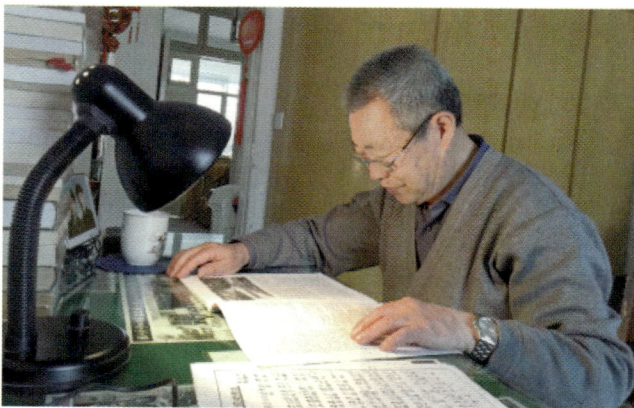

黄多荣。

为宁夏园林修书立志

1971 年，32 岁的黄多荣来到银川，在中山公园工作，直至退休。之后，他又一直担任该园顾问。而在这"与园相伴"的 40 多年里，他不仅为中山公园著书立说，写出银川第一部园林志——《银川中山公园志》，而且退休后，主编完成了《贺兰山滚钟口风景区志》。

修书立志，难能可贵。而在黄多荣看来，这一切也只因园林而起。他说，想要真正打造好银川园林，就需要对它的过去和现在有一个全面的了解。"每研究一个这方面的问题，我就一定要把它搞清楚。"

跟黄多荣先生相约这次采访时，他说自己几天后就要去四川了。1939 年，他出生于四川省犍为县。那里是他的故乡。

从 6 年前开始，黄多荣的生活分成了两个部分。为了帮在四川生活的女儿照料家庭，他一年中多半时间会居住在那里；在银川，他每年也总要抽出三四个月的时间"回来住住"。

他说，这是他的另一个故乡。

"飞行合格，适合于任何机种"

说起黄多荣先生的早年经历，与他之后所从事的园林职业相比，完全称得上是"天上地下"。从农村"放牛娃"到空军部队人员，再到银川园林研究者，黄多荣走过的人生，跌宕而坎坷。

1939 年 7 月，黄多荣出生于四川省犍为县县城。虽然听上去是"城里人"，但却属典型的城市贫民阶层。父母都是苦力工人，靠肩挑、背扛谋生活。就是在这种困难的生存条件下，黄多荣开始了他的求学生涯。时而中断，时而继续。一直到 1949 年之后，他读完了小学、初中。

这中间，黄多荣一家不仅经历了剧烈的时代变迁，父母也由城市苦力工人，转而到农村安家生活。而其实在 1949 年之前，由于家贫，黄多荣也有很多时间是在农村跟着外公和舅舅生活，放牛、割草、干农活……所以他称自己，从小就是个"放牛娃"。

长期的农村生活经历，属亚热带湿润性气候的犍为山乡，在少时黄多荣的眼中，自然是满目的葱茏世界。当然，这时的黄多荣，也还一丁点儿都想不到自己的将来，会与这些植物、花草结缘。更不会想到，在这一际遇之前，他的人生还会经历到诸多波折。

1956 年，初中毕业的黄多荣考入了四川省第一机械工业学校，学的是金属切削专业。一年后，因省里规划要加强煤炭生产，黄多荣又转入重庆煤矿工业学校，两年后毕业，留校任教。然而，留校不久，国家招收空军人员，他被学校作为"优秀青年"推荐，由此踏上军人之旅。这一年，他20 岁。当时的体检单上写着这样的字眼："飞行合格，适合于任何机种。"

青海从军，一次命运的大转折

20 岁的青春年华，又光荣入选空军，黄多荣此时的人生可谓一片光明。他先是就读于空军 16 航校国际领航班，后又转入北京空军第一高级专科学校，学习飞行指挥。1964 年，黄多荣完成学业，去往青海，任职于空军某部。

在那段从事飞行指挥的日子里，黄多荣的履历上写着这样的内容："多次被评为五好战士、四好学员，获连、营嘉奖，出席先进工作者会议……数次参与国家核试验飞行保障工作。"

8 年的青海生活，除了以上履历所反映出的军旅历练，黄多荣此时的记忆里，还难得有关花草的柔色。不多的一个小片段，他印象中是在湟源。

在这个传唱《花儿与少年》的地方，他不仅记住了"红牡丹染红了天，一朵比一朵更鲜艳……"的歌词，还记得在那里山坡上盛开着的野生牡丹，他曾移植了几株到营房前。

然而，一次命运的巨大转折，发生在 1968 年。

这一年，因在一次政治学习会上的发言，他被认为思想错误而下放农场劳动，并给予"开除党籍，开除军籍，押送回家，监督劳动"的处分。他力争并上诉，处分被改为"犯了严重政治错误，留党察看一年"。下放农场劳动期间，他又因公负伤，伤口严重感染。历经两次病危抢救，最终落下"右半身不完全性偏瘫"的身体伤残。

从青海到宁夏，人生与园林结缘

1971年，黄多荣被"复员处理"，来到宁夏银川市中山公园。虽然，最终的"平反"决定，要等到7年之后才会到来。但他的人生，已然从"天空"转到了"地面"，自此与这片土地上的园林、花草，结下了缘分。

有着之前的"磨难"，初到中山公园的黄多荣，本想只做具体的园林业务。但因有部队工作的经历，最终还是被安排搞政治工作。然而，具体工作中，除了做好本职，他还是以不同方式投入到对于园林业务的"自学"中。

这种"自学"，既包括对书本知识的自学，也包括与当时中山公园一些老员工的交往，如1936年即由京来宁，被马鸿逵"强行留下"的"祖传花匠"吴兴德。同时，在与这些老园林人的交流中，黄多荣也逐渐了解到中山公园在历史上的厚重。

"国有国史，家有家史；公园，也应该有自己的园史。"

黄多荣开始有了整理"园史"的念头。一方面这是他本职工作之需——可以此来教育职工热爱公园；另一方面，也是钻研园林业务的必要。

由此，黄多荣开始注意一点一点地收集、积累这方面的信息与资料。

个人著述，写出银川首部园林志

1987年，黄多荣被上级部门抽出来撰写"中山公园志"，这对早就开始收集园林史资料的他来说驾轻就熟，他仅用4个多月时间，就写出了20余万字的初稿，交付审阅。然而，此事再无下文。1989年，中山公园建园60周年在即，黄多荣很是焦急。他要来初稿，经过一番认真修改后，赶在园庆之前印出数十本《银川中山公园志》复印本，为园庆活动送上一份"厚礼"，也得到众人的好评。

初到中山公园
工作时的黄多荣。
本人提供

园庆之后，黄多荣决定还是要将这一园志正式出版，为研究宁夏园林者留下一份资料。再度审视初稿，他觉得还需再做补充与修改。然而，这一次的修改又花去了他数年的心血，考证史料，修改篇目，补充了10多万字内容。

1994年，在几乎是靠借贷，甚至自掏腰包筹措出书费用的情形下，黄多荣终于让40万字的《银川中山公园志》出版。这在当时，不仅是宁夏方志史上第一部由个人著述正式出版的志书，也是银川第一部面世的园林志。

多方奔走，重建"岳飞诗碑"

40多年的园林人生里，黄多荣探究着宁夏园林的过往，也实践于园中的一花一草，在他的心目中，有着一幅"塞上江南园林"的图景。

走在今天的中山公园，银川人不会对那座名叫"岳飞诗碑"的碑铭陌生，作为一处重修的历史古迹，它同样是园林艺术中的难得景致。这座碑的树立，与黄多荣密不可分。

也是在当年挖掘中山公园园史的过程中，黄多荣得知公园曾立有岳飞诗碑。于是，他开始探究与这座碑有关的一切能找到的史料。关于诗碑的记述，常见于20世纪30年代的报刊；1963年，这块碑被定为自治区级重点保护文物；1967年，碑在"文革"中被砸毁。

在研究这些资料时，黄多荣觉得岳飞是古代英雄，其精神对后人广为激励，可以在公园将此碑复立，同时也能成就园中一景。有此想法之后，他便四处寻找原碑拓片。一番波折重重地寻找，他终于在贺兰县一位理发师那里，寻到完整而清楚的拓片，但对方要1000元才肯出售。

20世纪90年代初的1000元，是个不小的数目。黄多荣先是商量300元照一张碑拓照片，人家不答应；他又把为儿子娶媳妇准备的一枚价值800多元的金戒指拿出来交换，卖主先是不肯，后看他如此心诚才勉强点头。

有此拓片，建碑之事算是解决了大半。重建工作也得到了政府的支持，成立了"重建武穆诗碑工作组"，并拨付专款，由黄多荣制定重建方案。

1993 年 4 月，"岳飞诗碑"终于树立于中山公园。

寻访考证，探究宁夏牡丹

为什么如此执着于对历史的探究？黄多荣的回答是："我所有对历史的探寻，都跟宁夏园林有关。在这方面我每研究到一个问题，就一定要把它搞得清清楚楚。"

在黄多荣出示的一本关于花草的照相簿里，牡丹占据了不少册页。他与牡丹的缘分，也可从历史的探究说起。早在修改补充《银川中山公园志》期间，黄多荣就对中山公园栽种牡丹的历史进行了追溯，证实在民国时期就有栽种。

2000 年前后，他作为《中国牡丹全书》主撰者之一，调查宁夏牡丹的源起，同时也追溯宁夏园林的历史。考证出"宁夏固原地区，应为中国牡丹的最早发源地之一"。而且，宁夏自明代即已有牡丹观赏栽培。

为了进行这一系列探究，他翻阅大量史书方志，细查、求证，如明嘉靖（1522—1566 年）年间《宁夏新志》载有张勋《赏镇守西园牡丹》、路升《陪丽景园宴诗》等，均能找到相关证据。

同时，他还自费前往宁夏各地进行实地寻找。当得知西吉有人家养着一株明朝的牡丹，开着"千层紫"的花。他第一时间搭班车赶过去，看到实物激动得想掉泪。征得主人同意，他剪下两个快开的花苞，一路小心翼翼地带回银川家中，用水泡开拍了照片，然后再一个花瓣一个花瓣地拆解开来，验证其"千层紫"的称谓。

今天的中山公园，开辟了牡丹园。退休后一直担任公园顾问的黄多荣，也是多有关注，不时提供经验与建议。这些，与或古老或年轻牡丹的缘分，那个 50 年前在青海湟源山坡上看牡丹的空军小伙，当时怎么也不会想到吧。

岁寒三友，心目中的银川园林

对宁夏园林、花草历史的研究，体现在黄多荣的园林理念里，就是他一直追求和实践的"塞上江南园林"。

在黄多荣看来，宁夏地区本来就相对干旱、荒凉，因此园林对这片土地上的人，更显得重要而迫切。具体到银川，既然有"塞上江南"的称誉，那么银川园林的风格，也可以具象为"塞上"与"江南"的结合。这方面，他多年来一直致力于引进的园林"岁寒三友"——松、竹、梅，便是一个例子。

先说松。中山公园早先是有引进松树的，如油松、白皮松。黄多荣的想法是能让品种丰富起来。1989年，在他主持公园工作期间，引进了华山松。之后，一直到退休，他的心愿是能将雪松引进。雪松长于南方，但也有一定耐寒性，在有"小气候"的地方可以适量引种。最近，他听说公园已引进了三棵，决定"下次（从四川）回来，一定要好好看看"。

然后是竹。在黄多荣的记忆里，中山公园曾引种过竹，是六盘山的箭竹，"后来因多种原因死掉了"。他一直以来的想法是——引进南方青竹，露天栽植。为了这一心愿，退休后，他在银川一幼的院子里搞过栽植试验，证实可以成活。如今，中山公园文昌阁后院，公园引进的青竹长势良好。黄多荣说起来，满眼喜色。

最后说梅。黄多荣还想要引进的是蜡梅。他为此做过寻访，也真在银川市区内找到了一棵，不过每年都会因花苞受冻，开不出花来。这也是目前为止，黄多荣"岁寒三友"心愿里，唯一还没实现的。

人物简介

黄多荣 1939年，出生于四川省犍为县。1962年，毕业于空军16航校国际领航大专班。1964年，毕业于北京空军第一高级专科学校。1964年，赴青海，于空军某部任职。曾数次参与我国核试验飞行保障工作。1971年，由青海至宁夏银川市中山公园工作。由此进入园林领域钻研及工作。1984年，任中山公园副书记，并主持公园工作。1989年，任中山公园副书记兼副主任，负责园林工作。1998年，晋升高级园林工程师。2000年，由银川市中山公园退休。此后受聘为该园顾问，仍致力于园林研究至今。

著述　编著有《银川中山公园志》《贺兰山滚钟口风景区志》。撰写《试论银川园林建设如何体现古都风貌》《浅淡银川园林特色》《汉唐时期古黄河银川平原段河道迁徙及沿岸城镇初探》《浅谈西夏早期的国都、皇宫、避暑宫》等数十篇、30余万字论文。

（李振文　文／图　本文采写于2016年）

黄多荣在空军16航校时的留影。（1962年）

本人提供

傅景文:
与野生动物同行

　　2016 年接受采访时，时年 81 岁的宁夏野生动物专家傅景文，前不久因高血压、脑梗死住院治疗休养，身体刚刚恢复，他便心急出了院，一来不放心有病在身的老伴，二来手头的工作还没处理完。

　　虽然自 1998 年就退休在家，但傅景文似乎从来没闲过。除了参加和主持每次宁夏区内的野生动物普查以外，关于野生动物的保护与鉴定，他一直保持着热情。

傅景文。
屈晓飞 / 摄

填补野生动物保护空白

傅景文,现居银川,曾著《宁夏鸟类图鉴》一书。采访前,记者侧面对他进行了一些了解。

"和傅老接触那会儿我还是自治区环保厅环境监测中心站站长,他1998年就退休了,可是即便退休后还是没闲着,野生动物普查的工作一直继续,鸟类普查的工作也没落下。"自治区环保厅副厅长孔令彬,曾在傅景文做宁夏野生动物普查、鸟类普查过程中与之有过不少接触。在孔令彬看来,现如今,很多人都只知道傅景文是鸟类专家,但其实他是更全面的动物专家,"傅老就是一本生动的宁夏野生动物教科书,填补了宁夏野生动物保护的许多空白。"

在很多熟知傅景文的人眼里,这位不善言谈的老人可是个"牛"脾气,而且似乎永远保持着对研究工作的热情和活力。

"一个老人家动不动就往山里跑,风餐露宿,可是他又特别'倔',当天给自己计划的任务完不成,说啥都不回去。冬天的时候,趴在地上一动不动观察动物。"孔令彬回忆道。

野外调查
时留影。
本人提供

现如今，已经 81 岁高龄的傅景文还是停不下来，除了整理野生动物普查方面的资料以外，还会被全国各地邀请参加野生动物司法鉴定的工作，前不久，西宁市又邀请他去，可老人身体实在不允许，只好推辞，"现在区内或者近点的地方还行，太远的实在跑不动了。"

正是在像傅景文这样的野生动物保护者和研究者的经年努力下，宁夏野生动物保护逐渐走上正轨。这一过程中，宁夏全区野生动物也逐渐从之前的三百多种，增加至五百多种。

自告奋勇来宁夏

傅景文出生在黑龙江密山一个农民家庭，自幼家贫，尤其 11 岁时母亲因病去世，父亲又每天忙碌于生计，照顾妹妹、弟弟的任务落在了他一个人身上。

"母亲去世时弟弟才 1 岁，白天妹妹带着弟弟，到了晚上我搂着弟弟睡。"傅景文说，没妈的孩子懂事早，没妈心疼的他们比其他孩子更能吃苦受罪，很小就知道要好好努力才可能生活下去。

后来上学了，学校要登记个人资料，傅景文却连自己生日具体是哪一天都不知道，"母亲去世后没人知道我确切是哪天出生，我也从来没过过生日。学校登记那天正好农历五月初五，我就把那天当生日了。"

1959 年，傅景文考入东北林学院（现东北林业大学），学习森林动物繁殖与利用专业。大学毕业时，学校按个人所填志愿分配工作，本来一心想去南方的傅景文，得知宁夏需要一名大学生却没人愿去的消息后，又自告奋勇去往宁夏，只身背着铺盖卷坐上了西去银川的火车。

到银川市林业局报到后，傅景文被分配到贺兰山第一动物管理所工作。当时，从市区前往位于山里单位的那一段路，他换乘了三辆马车，一路荒凉，印象中尤为深刻的是看到镇北堡一带孤零零立着几个土围子，心中落差可想而知。

首次宁夏野生动物普查

1963 年底，刚毕业走上工作岗位不到半年的傅景文，就接受到银川市林业局让他一个人负责设计、建设鹿场的任务。来年开春，他连着半个月，拿着自己设计的图纸四处为鹿场选址，最终将鹿场选建在暖泉，并于其后建成且逐渐扩大规模。

然而，傅景文真正的"考验"还远没有到来。时间到了 1982 年，傅景文接到宁夏林业厅让他建立宁夏野生动物保护区的任务。

"当时宁夏没有野生动物保护区，野生动物资源普查也是空白，所以这两项工作得同时进行。"傅景文说，建立自然保护区和野生动物普查期间，他和另外一个同事除了每天坐着大卡车颠簸着去宁夏各个大山以外，按照路线普查的要求，每天走几十公里山路也是家常便饭。一次野外调查中，傅景文按照设定路线，从六盘山走到隆德县城，下雨天，他们一路被淋得浑身湿透，鞋子里全是水。整整走了一天，等回到住处后，不仅鞋子走破了，脚上好多处都被磨伤。

野生动物普查和自然保护区的建设工作，傅景文和同事们一直持续了好几年，最终明确了宁夏境内野生动物有三百多个品种，填补了之前这方面调查的空白。

提议"区鸟"蓝马鸡

"野生动物普查中，我发现以前活跃在宁夏山里的獐子，由于人们肆意捕杀，到了 20 世纪 90 年代初，仅剩几只。此外还有一些动物也处境堪忧，比如蓝马鸡。"傅景文说，在 1988 年《中华人民共和国野生动物保护法》颁布前，宁夏关于野生动物保护的工作基本空白。

现实让傅景文不安，于是，他一面按照上级要求的进度进行野生动物自然保护区建设，一面极力组织创建宁夏野生动物保护协会，又根据宁夏野生动物的实际情况，编写了协会章程和相关规定。

宁夏野生动物保护协会成立后，在傅景文的积极努力下，提议将蓝马鸡确定为宁夏的区鸟。"区鸟选择的一个前提是必须为野生，蓝马鸡在宁夏物种珍稀、形态优美，并有几分粗犷豪放的气质，特别符合西北人的特质。"傅景文笑着说。

宁夏第一次鸟类普查

1995年，时任银川市中山公园动物园主任的傅景文，还有两年就要退休了，而这时他又接到了一项新的任务——对宁夏全区鸟类进行一次普查。

在野外进行动物普查从来都不是项轻松活，还有可能面临各种危险。"鸟类普查基本也是靠双腿，为此我几乎走遍了宁夏大大小小的山林。有时是沼泽地，有时是悬崖峭壁。一次，我在悬崖上工作，狂风大作，当时心里的那份紧张，难以形容。"

野外工作的辛苦和不易之外，与鸟类的各种接触也让傅景文记忆犹新。"每天我们都得对鸟儿进行找寻和观察，但找到后却丝毫不敢打扰它们。观察鸟时，不管所处环境如何，人都得趴下一动不动，哪怕身下是一摊水。于是，收工时全身湿透，或者浑身是泥便是件非常正常的事了。"

鸟类普查工作结束后，傅景文将手头资料整理编纂，于2007年出版了《宁夏鸟类图鉴》一书，这本书的出版不仅为宁夏的林业工作者保护、鉴定鸟类提供了依据，也同样在当时填补了宁夏鸟类专业书籍的空白。

人物介绍

傅景文 1963年毕业于东北林学院（现东北林业大学）。1963—1966年贺兰山林管所工作。1985—1998年银川市中山公园动物园任主任。1989年被西北五省（区）野生动物保护委员会授予"保护野生动物先进个人"称号。

1996 年参与《宁夏自然保护区区划方案》，获自治区农业区划办三等优秀成果奖。2007 年编纂《宁夏鸟类图鉴》一书。

（王　辉　文　本文采写于 2016 年）

野外考察中的傅景文。
本人提供

《宁夏鸟类图鉴》封面。

刘文仕：
为了心中那片绿

2018 年，曾在央视热播的电视剧《最美的青春》，感动了不同年代的许多观众，也让更多人关注到 20 世纪 60 年代，发生在河北塞罕坝的荒漠变森林的传奇故事。

现居银川，九十多岁的老林业人刘文仕，就是当时塞罕坝林场的第一任场长。从塞罕坝，到后来在宁夏开展"三北"防护林建设工作，刘文仕说，自己的这辈子，就是认真做好"种树"这一件事。

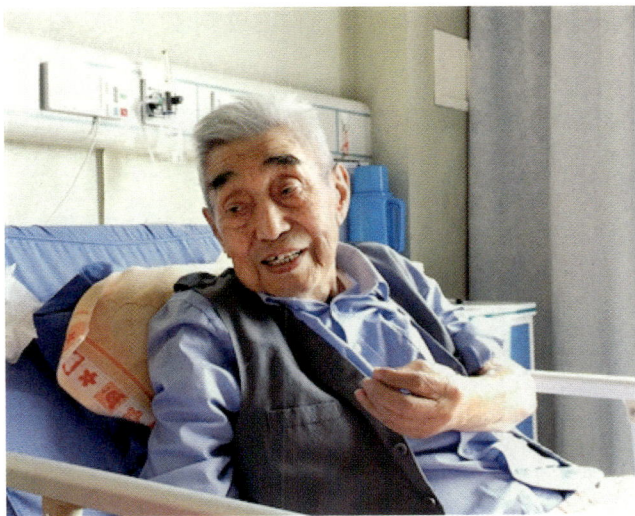

刘文仕。
李振文／摄

从塞罕坝到银川

"和片子里演的不一样，比片子里要苦得多！"采访这天，躺在银川市第一人民医院的病床上的刘文仕，评价了几句电视剧《最美的青春》，"他们（剧中人物）还唱歌跳舞呢，我们（那时候）就是抓紧所有时间种树。"

虽然电视剧进行了艺术化处理，但每一个角色却都是当年林业人的缩影——1964年4月20日，时任河北省围场县委书记的王尚海和河北省承德地区专署林业局局长刘文仕，精心挑选了120名大学生，组成了一支平均年龄还不到24岁的队伍，在塞罕坝的深秋凿开了第一个树坑，开启了3代人在那里长达55年的造林传奇。

在塞罕坝造林15年后，刘文仕又担负起"三北"防护林的筹建任务——1979年，他被正式调至宁夏，进入国家三北防护林建设局工作。因为建设局地址就在银川，所以从那时起，刘文仕就成了银川人，生儿育女，安家落户。银川对于刘文仕来说，早已是第二个故乡。

如今，刘文仕虽已92岁高龄，但每每讲起自己在宁夏开展"三北"防护林建设工作的故事时，精神头却好得很。

昔日塞罕坝
造林生产场面。
资料图片

虽然年事已高，很多细节记不清了，但提到的过往，却都是他心底最重要的时刻。

建设"三北"防护林

20世纪70年代之前的中国版图，横贯北方万里疆土的，是漫漫黄沙、沟壑纵横。风沙肆虐、水土流失，沙漠化土地面积扩张威胁着中国的生态安全。

1978年11月，几乎与改革开放同时，一条人类历史上规模最大的人工生态林带在中国的东北、华北、西北开始建设。党中央、国务院作出一个彪炳史册的重大决策——在西北、华北和东北地区建设大型防护林体系。而在"三北"防护林体系建设范围内，宁夏是唯一全境列入的省区，从川区到沙区、再到山区，三种地域类型浓缩了"三北"防护林体系建设的不同发展方向与治理模式。

刘文仕说，在"三北"，每个人都是一棵树，每一片林子都有说不完的故事。"宁夏北部川区是黄河自流灌区，生态条件相对好；'三北'工程建设之初，就是先从川区农田林网建设开始，之后逐步向沙区、山区推进开展工作的。"刘文仕回忆说，自己当年对银川的第一印象是"白茫茫一片"，"地上是盐碱地，看过去见不到什么树"……

或许，正是那"白茫茫一片"，再次激起了刘文仕"种树"的热情，他与防护林建设的缘分，也就在这片土地上继续延伸。

从"一棵树"到世界最大人工林海

造林，有多难？刘文仕没有正面回答。他说，种树，就是要一代代人种下去，总有一天，时间会给人们答案。

从塞罕坝林场，到建设"三北"防护林，刘文仕等一代代林业人将青春寄予造林，而那些亲手栽种出的绿意，就是他们的信念和理想。

对于刘文仕来说，塞罕坝就是一个自己所经历的"奇迹"——从"一棵树"到世界最大人工林海，那里的每棵树都记载着中国生态文明的进程。

"一年一场风，从春刮到冬，地上都是沙，百里不见树。"这就是当时的塞罕坝。刘文仕说，那时的塞罕坝，土地贫瘠，风沙蔽日，沙粒砸在脸上生疼。当地海拔高，一年无霜期只有50多天，最低气温达零下43摄氏度，可谓"苦寒之地"。置身荒野，他们住的是马架子、窝棚，吃的是莜面疙瘩和咸菜，夏天喝河水，冬天喝雪水。

"比后来到宁夏以后开展造林工作，条件要艰难得多。但造林不管在哪儿都难，因为不可能是一代人就能完成的。"2016年，当时已90岁高龄的刘文仕回过一趟塞罕坝。刘文仕边回忆，边比画出了三根手指，他说："三代人的坚持呐！（塞罕坝林场）是经过专业规划设计的人造林，特别漂亮！"

正是因为有了塞罕坝的丰富经验，在1979年，刘文仕才在林业部的调动下，来到了宁夏，继续投入"三北"防护林工程建设工作。"最开始不想来，放不下塞罕坝啊！"如今病床上的刘文仕老人感慨地说："但来到宁夏，看到国家生态建设的实际需要，就留下了。"

来到宁夏，从灵武白芨滩开始

说起来到宁夏后的工作，老人说，因灵武的白芨滩位于长达万里的"三北"防护林带上，所以他们当时最先开展工作的地方，就是白芨滩。

20世纪50年代，毛乌素沙漠一路南侵直抵灵武东湾村，觊觎着西边距此不到2公里的黄河。而在各个村庄，只要刮一场大风，黄沙就会飘上房顶，有时与低处的沙漠连成一片，村民能沿着沙坡走上自家房顶。1953年，白芨滩国家级自然保护区的前身——白芨滩林场在东湾村成立，迈出了毛乌素沙漠南缘生态治理"长征"的第一步。而发生更大改变正是从"三北"防护林建设工程启动开始的。

刘文仕说，当时首先确定下来一定要在白芨滩广泛种植白柠条和花棒

等沙生植物，只有这样，才能让沙子固定下来。但要想在沙漠上播种，真正做起来，又谈何容易。"全靠人力，趁着雨季把种子种下去。但要是不下雨就白干了，有时得点种十几二十遍，才能成功。"刘文仕说，当时涌现出了很多治沙英雄，很多都是当地的村民，他们不愿再受风沙之苦，亲手改造自己的家园。

如今，沙地变成了真正的绿洲，白芨滩148万亩的沙漠现已拥有超41%的森林覆盖率，成为"三北"工程精准治沙、科学治沙的样板区。这条绿色屏障，有效阻止了沙漠的南移和西扩，庇护了引黄灌溉区的万顷良田，也逼退了沙漠20余公里，实现了真正的"人进沙退"。

能在有生之年看到白芨滩治沙造林取得的巨大变化，刘文仕很欣慰。

投身"三北"防护林建设，倾注心血

白芨滩之外，凭借丰富的专业知识和造林经验，刘文仕还为六盘山引进落叶松，以及盐池林场的树种选择，倾注了心血。

　　"六盘山适合种落叶松，现在背阴坡的落叶松，已经有十几二十米高了。"刘文仕在造林树种选择上，一直都是独具慧眼——当时，他在了解了六盘山的地理环境后认为，宁夏南部山区为黄土丘陵沟壑区，部分地区阴湿高寒，是全国水土流失和干旱较严重的地区之一，所以主要以防治水土流失、发展水源涵养林为主，而落叶松，就是非常适宜的树种。于是，从 20 世纪 70 年代中后期开始，六盘山进入集中造林期，人工林以每年 2 万亩的速度铺开。

　　而说起盐池林场，刘文仕说，当时提出栽种樟子松和灌木，也是结合当地的地理环境考虑的。"目前盐池治沙工程已经取得了阶段性胜利，下一步应该重点发展经济林。比如广泛种植山杏、大枣等，和农业发展结合起来，这样不但生态环境改变了，人们的生活水平也能得到提升。"说这话时，刘文仕眼神坚定，完全不像一个退休十几年，已过鲐背之年的老人。

　　宁夏作为"三北"防护林建设的重点地区之一，刘文仕将很多的精力投入其中。与此同时，黑龙江、吉林、辽宁的农田防护林，甘肃、山西和陕西黄土高原综合治理项目，以及河北、北京外围风沙线综合治理等重点项目，刘文仕也是亲自去考察项目的整体情况，判断是否可以投资建设。如今，经过几代人的努力，"三北"防护林涉及范围已达 559 个县（旗、区、市），总面积 406.9 万平方公里，占中国陆地面积的 42.4%。

　　采访中，病床上的刘文仕非常有耐心，"你们有想要了解的，就随时来找我，我还能讲很多。"他说着，笑了起来。

刘文仕　1927 年出生于河北省丰宁县，曾任河北承德地区专署林业局局长、河北省塞罕坝机械林场第一任场长；1978 年林业部决定建立三北防护林建设局，次年，刘文仕被调至位于宁夏银川的国家三北防护林建设局任副局长一职，并从此定居银川；退休后被返聘为三北局专家顾问，继续关注"三北"防护林建设工作。

（王　敏　李振文　文　本文采写于 2019 年）

"三北"防护林，筑起中国生态绿色长城。
资料图片

张显理:
与宁夏生物学的三十年

作为宁夏生物学会名誉理事长、自然保护区评审专家,张显理所做的工作,远比目前他的身份要多得多。虽已退休多年,但在推动宁夏生物学研究、保护宁夏生物多样性方面,他始终在路上。

张显理。

研究领域"上天入地"

约张显理教授采访之前，查询资料，对一些他所撰写的论文印象深刻：《宁夏常见湿地鸟类识别》《宁夏贺兰山岩羊春季种群生态研究》《似鲶高原鳅在宁夏永宁黄河段的形态变异》……在他的研究领域里，似乎能"上天入地"，不管是天上飞的，山上跑的，还是水里游的，都是他钻研的范围。

"这都是生物多样性研究的内容，都需要了解。"电话里，张显理谦虚地说，"但我真的没什么可写的，就是个教书的。"本想婉拒这次采访，但听说是可以做一些和宁夏生态多样性有关的科普，张教授应了下来。

"宁夏目前已制定《宁夏生物多样性保护战略与行动计划（2011—2030）》，提出宁夏未来 20 年生物多样性保护的战略目标和战略任务，明确了宁夏生物多样性保护的优先区域、优先领域与优先行动，同时确定了宁夏生物多样性保护的 37 个优先项目……"谈及此，张显理一下打开了话匣子。

首次在宁主讲生态学课程

谈起宁夏的生态多样性保护，还得先从"生物系"说起。

1982 年 2 月，张显理来到宁夏，被分配到当时的宁夏农学院。20 世纪 80 年代，"生物系"在宁夏的高等院校中也还是空白，而那一年宁夏农学院开设了当时宁夏的第一个"生物系"，并于 1982 年正式面向社会招生，其中唯有动物学专业，在此前没有任何专业教学基础，而这个难题被张显理担了下来。1985 年，张显理正式承担动物学教研室工作，并完成了"生态学"教程的编写，首次在宁夏主讲生态学课程。而这一课程的开设，也终于让"生态保护"的概念和科研在宁夏有了生长的土壤。

"每个生物都需要得到保护，而不是什么对人类有益才去保护。因为，很多生物的价值，我们在当下都是无法去判断的。"张显理说。

此生与生物学结缘

对青年时期的张显理来说，"能有学上，已是幸事"。而当自己真正要一门心思地扑在生物学研究上时，张显理说，自己是满足的。在宁夏的三十余年，他几乎将自己所有的时间和精力都用在研究和治学上，不曾停歇。

说起过去的人生经历，张显理说最难忘的，就是自己上学的经历。"我父亲是清华土木专业的学生，但小时候我家的条件比较困难，不得已还让我休学过两年。1967 年我高中毕业时，刚好赶上'文革'，就错过了高考。"张显理说，现在想起来还会有些遗憾，但也正是毕业后的十年教书生涯，让他感受到知识的重要性。"那时候还不知道啥是'生物'呢，后来到了1977 年，我终于考上了陕西师范大学，当时念的专业就是生物系。"

直到现在，张显理还保留着当时大学毕业时的成绩单。对于他来说，年轻时能有学上，已是幸事。大学毕业后，作为班长，本来已确定留校的张显理，决定放弃留校机会，服从安排被分配到了当时的宁夏农学院。只是当时的他并没有想到，从自己踏上宁夏土地的那一刻开始，自己与宁夏生物学的缘分就一直延续到了今天。

推动宁夏生物学发展

1982 年，张显理来到宁夏农学院。当时由于师资缺乏、购买器械的费用紧张，使得建立"生物系"的工作被搁置了。而已开设植物学、生物化学、微生物学等专业的宁夏农学院正在尝试整合这些专业而开设"生物系"。

很快，这一想法得以落实。"一个师范性质的生物系能在农学院成立，当时在全国来说都是个先例。"张显理说，从开设生物系开始，相关的研究和教学也就相继在宁夏展开了。

到了 20 世纪 90 年代中期，张显理参与创办了生物系水产专业。说起创办的原因，张显理对记者说："宁夏自古是鱼米之乡，但在研究水产方面，一直缺乏相关的人才，所以当时才下决心一定要开这个专业，培养我们自己的人才。你看现在宁夏在水产研究上还活跃着的专业人员，几乎都是当时培养出来的。"张显理说，《鱼类生态学》就是自己在那时编写的教程。

完整摸底宁夏动物

"宁夏在动物学上的研究，在 20 世纪 80 年代之前，也是空白。最先完成的资源调查，是从 1995 年开始进行的。"张显理回忆说，那一年，他代表宁夏参与到全国第一次陆生脊椎动物资源调查工作中。他们专门组成调研队伍，用路线调查的方法，对宁夏动物本底进行网格式考察。张显理解释说，所谓"路线调查方法"，就是必须按网格路线严格行走，是山就得上，是水就得下，每次都是把水和压缩饼干装进背包里，一走就是一个多月。"那几年的时间，我几乎走过了宁夏每一个乡镇。"

至今张显理都记得，在 1996 年 7 月 4 日的那天黄昏，他们一行四人走在山路上，当时已经连续工作十几个小时

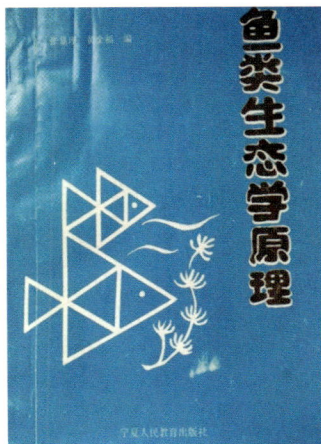

张显理著作。▶

的他，一晃神没有站稳，从山头滚了下去，把腿摔伤了。但即使受伤，也得坚持走出来……"那几年虽然辛苦，但最终对宁夏动物进行了完整的摸底，意义重大。"张显理说，也正是那一次的考察，他才开始对红腹锦鸡、马鹿、岩羊、六盘齿突蟾等动物进行专项研究。

生态学研究人类如何生存

2002 年初，宁夏大学与宁夏农学院合校，张显理进入宁大生命科学学院专注于科研工作。

如今回想起当初在宁夏为了推动生物系建设，并且普及"生态"概念而付出的努力，张显理很感慨。"当时生态学在生物专业里，是一门被边缘化的学科。但微观生物学可以搞清楚生命的基础原理，而生态学研究的则是人类如何生存。"也正是基于这样的认识，张显理才会在推动宁夏生物学建设的同时，一直致力于生态保护领域的研究。

这几年，张显理将更多的精力投入宁夏自然保护区的建立，以及湿地资源的恢复和生态保护工作中，而这些还是和生物有关。"举个例子，比如前几年人们发现青铜峡鸟岛的鸟少了，这和鸟类栖息环境遭破坏有着直接的关系。鸟岛既然是自然保护区，那么生态环境和生态资源保护就应是第一位的。"

张显理说，这几年通过不懈努力，宁夏生态多样性建设工作已初见成效，仅从丰富的鸟种类上就能明显感受到。"生态多样性建设和每个人都是息息相关的，所以，每个人都能是这方面的'专家'。"

张显理 1947 年出生于陕西汉中。1982 年毕业于陕西师范大学生物系。先后执教于宁夏农学院生物系和宁夏大学生命科学学院。长期从事动物学、生态学和生物多样性保护等方面的教学和研究。曾任宁夏生物学会理事长、中国动物学会理事、国际自然保护联盟中国专家组成员。

学术成果 出版《鱼类生态学原理》等著作多部，发表论文 30 余篇。参与了《宁夏生物多样性保护战略与行动计划（2011—2030）》的编制，主持和参加《宁夏回族自治区自然保护区基础调查与评估》《黄河鱼类资源》《农田鼠害防治》等项目的研究。

（王 敏 文/图 本文采写于 2018 年）

蒋全熊：
四十年，与树结缘

　　蒋全熊不仅是一位致力科研的树木专家，而且也是位教书育人的林学教授。引进、研究、培育、种植、推广……在他看来，种树的价值是不可估量的。而这，也正是他愿意为此付出心血的重要原因。

蒋全熊。
本人提供

只要是树都是研究的对象

在中秋节前的一周时间里，作为今年全区红枣、苹果示范园评选工作评选专家之一，蒋全熊一连几天跑遍了全区各县市的示范园。"累坏了，昨天一回来就感冒了。近期就会出结果，之后会给每个果园授牌。"坐在一家茶社里喝了几盏茶后，蒋全熊逐渐放松下来，"再过两天就是中秋节了，可以稍微休息一下了。"

蒋全熊的老家在中卫城郊乡新墩村（今属中卫市沙坡头区滨河镇），用他的话说，"自己就是在田里长大的。"1974年，蒋全熊高中毕业后劳动下乡，能回到村里让他很高兴。那时候，虽是大队团支部书记、农业技术指导员，又是生产队的出纳和会计，但最吸引蒋全熊的，还是能在田里教老乡们给水稻育秧、栽种水稻、配杀虫药……只要是自己会的，他就全部教给乡亲们。"有一天，村上的广播里突然通知恢复高考了，真的很激动。"1978年，蒋全熊考上宁夏农学院园林系，从此就和树木结缘，一直研究到了今天。

"枣树、苹果树、梨树、葡萄树……只要是树，我都研究。"蒋全熊笑着说。

当年的"宁红"一炮而红

1982年大学毕业后，蒋全熊留校任教，上课之余，他将精力同时投入到科研上。其中一个项目和苹果有关。

"以前宁夏本地的苹果都是5年才开始结果，生长周期长，品质也一般。"蒋全熊说，那时候农民能种的经济作物种类本来就少，一年年的等待让日子也过得十分艰难。1996年，蒋全熊与宁夏果树专家张朝良一起来到灵武北沙窝林场，开始培育苹果新品种。"还要上课，所以经常在银川、灵武两头跑。有时候我们也会带学生去，就在库房住下，吃得也简单，面条里加点韭菜就是一顿饭。"

经过两年时间，取名为"宁红"的芽变（是体细胞突变的一种，植物芽的分生组织体细胞发生的突变）苹果新品种终于培育成功了，不但植株矮、丰产、果实大、品质好，最重要的是，种一年即可结果，大大提高了农民收益。1998 年，灵武普遍开始种植"宁红"，先后种植 2000 余亩，一年的总产值比之前老苹果园提高了 30%。

走在表面温度 45℃的沙漠里

将历史坐标定位在 2004 年的沙坡头，那时能见到的只有沙蒿、沙柳等荒漠植被，而当时铁路已从沙坡头区经过，如何固沙保证铁路运行畅通，成了一大难题。

2004 年，蒋全熊与沙坡头固沙林场的工作人员一起到全国各地引进适应树种，小叶杨、胡杨、花棒、柠条……前后共引进了 25 个树种，分乔木、灌木和针叶树 3 类，最终确定了 10 多个树种，在沙坡头铁路沿线的防护林带得以应用。"引进的树对气候是否适应，树高多少、树冠的宽窄，抗病虫害和抗旱抗寒能力等，每个因素都要考虑。"蒋全熊回忆说，那时一放暑假，他就会带学生去沙坡头实习，走在表面温度高达 45℃的沙漠中。"几乎每天都要走 15~20 里路，晚上还要赶回来，经常还会碰到极端天气。"

付出总会有回报。随着生态环境越来越好，如今在沙坡头适宜种植的树木种类也越来越多，像苹果、杏树、桃树、枣树等经济树种也可以普遍

蒋全熊给乡亲们讲解果树病虫害防治。
本人提供

种植了。

引进枣树新品帮农民致富

在蒋全熊做出的贡献中，还有一项和扶贫有关。

王团镇黄草岭村是宁夏同心县的典型贫困村之一，同心圆枣种植的面积达到4000多亩。但靠天吃饭、无灌溉和补水条件，加之管理粗放，近年来，当地老百姓靠种植圆枣已难以维持生计。

自2012年起，蒋全熊引进了十几个红枣品种培育。从山西骏枣、延川狗头枣，到新疆哈密大枣……随着试验的推进，狗头枣脱颖而出，成为最适宜在宁夏干旱地区种植的枣树品种。蒋全熊也因为这个项目，获得了自治区科技成果进步奖。

"去年整个村子因为种植狗头枣，已经彻底脱贫了。我们前后在那里干了6年，最初人均一年只有2300元的收入，去年人均年收入已达到7800元了。"蒋全熊高兴地说，"今年收益肯定更好了。"

2018年接受采访时，退休后的蒋全熊又被返聘回学校，继续承担本科和研究生教学工作，同时，他还承担着各学院项目申报、论证、检查等具体工作。"现在手头还有科研项目在进行。"蒋全熊喝了口茶笑着说，"感觉自己退休后更忙了，不过这样挺好！"

人物介绍

蒋全熊 宁夏中卫人，1956年出生，1982年1月毕业于宁夏农学院园林系本科。宁夏大学教授，自治区劳动模范，自治区313跨世纪学术技术带头人，硕士研究生导师。长期从事林学的教学和科学研究工作。参加完成厅级以上区级科技攻关及国家基金项目28项，其中2项均获区科技进步三等奖（主持）。公开出版专著《现代树木研究》《建设绿色家园》《香水梨和小茴香栽培技术》和教材《农业概论》。在国内公开刊物上发表论文40多篇，其中多篇获奖。

（王　敏　文　本文采写于2018年）

柳登旺：
前进农场开拓记

　　现居银川的柳登旺老人，清楚地记得67年前第一次
来到西大滩时的情景，以及那段拓建前进农场的艰苦岁月。
如今，由这片土地孕育而出的沙湖，已是景色秀丽的国家
5A级风景区，它今昔的巨变和一路走来的故事，在柳老的
讲述中慢慢浮现……

柳登旺。
刘旭卓／摄

光长芨芨不长粮的大碱滩

我是 1949 年来宁夏的，参与了宁夏解放。1952 年，中国人民解放军西北独立一师正式改编为农业建设第一师，我们 6800 名官兵来到了平罗县的西大滩，开荒种地，创建宁夏国营前进农场。

我第一眼看到这里的情景，就是三个字：啥都没。一眼望去，全都是白茫茫的盐碱地，欢迎我们的，就是大风沙。当地流传着一段顺口溜，形象地说明了这一带的情况："平罗西大滩，真荒凉，光长芨芨不长粮，冬天白茫茫，夏天水汪汪。"

当时的西大滩荒无人烟，一间房子也没有。夏天，我们就搭个帐篷住；冬天的时候，就住在地窝里，这种地窝很有意思，就是在平地上挖一个一米多深的坑，然后在里边铺上麦草，住的问题就这么解决了。那怎么吃饭呢？我们就用三个土疙瘩搭一个简易的炉灶，在上边架口锅做饭。

这段艰苦的岁月，我们后来也编成了一段顺口溜："三个胡墼（方言，土疙瘩）一口锅，两捆麦柴一个窝，背篼一背，锹一扛，石夯一抬，风里来，雨里去，战严寒，斗酷暑，披星戴月修地球。"

地球不是那么好修的

我们是 1952 年开始建设前进农场的，春天迎着大风沙，夏天顶着高温，冬天更是冒着零下 20℃的严寒，吃饭时不时就吃出沙子，喝的水也是苦的。大家伙都笑着说："地球真不是那么好修的。"就是在这种条件下，我们花了 3 年时间，到了 1955 年，这里终于有点样子了，也盖了房子，挖了沟渠，平整了土地，粮食也基本能自给自足。但是新的问题又来了。

我们都是一群扛枪杆子的，你让去种地，还真的没经验。春天种 30 斤稻子，秋天收的时候，只能打 15 斤。稻田里的野草比水稻秆还要高。种小麦的时候，把握不好株距，稠的地方一株一株贴在一起了，稀的地方一株和一株之间的距离有 50 厘米。挖的排水渠也不行，没有专业知识，光图快了，渠边没有夯瓷实，结果水一下来就冲垮了，还淹了不少地。

207

柳登旺（右）和时任前进农场党委书记的徐德宝查看小麦生长情况。

本人提供

　　另外，这片大碱滩的土壤条件也太差了，改良也需要技术。1956 年，苏联的农业专家到这里考察，他们觉得这里的土壤条件太差了，改造只能交给下一代人去完成。我们一听，心里真不是滋味，但农场的人都憋着一口气，想着非要把这里改造好不可。

农林牧副渔全面发展

　　基础建设完成之后，我们就开始想着发展。土地不行，那就改良；技术不行，那就学习。遇到一个问题就解决一个问题。从 1957 年到 20 世纪 80 年代时，当时那片白茫茫的大碱滩，终于彻底变了样。

　　1957 年，我们开始努力学习种地技术。我们请了当地的农民，还有一些技术人员，从最基本的锄草、施肥和浇水学起。

为了改良土壤，农场请了专家，一次次反复地做试验。最终，实现了"盐碱下去了，排水顺利了，灌面缩小了，单产提高了，总产增加了"的目标。

20世纪60年代之前，前进农场一亩地的水稻打不上200斤，到了20世纪70年代中后期时，一亩地就能打1000斤水稻了。我们还创下了当地白僵盐碱地的历史最高产量。粮食产量稳定上升了，我们就开始思考，能不能开展多种经营，让职工富起来。到了20世纪80年代初，农场决定实施农林牧副渔全面发展。职工也是干劲十足，我们先后办了粮食加工厂、酒厂、养猪场等，也开始利用闲置的湖泊养鱼。

布下"迷魂阵"的鱼湖

当时农场决定养鱼的湖，就是现在的沙湖，那时候还没有名字。沙湖的地形就像一个锅底，最低处比前进农场其他地方要低3米多。历史上，贺兰山山洪经常光顾这里，经过长年倾泻，在低洼处就形成了湖泊。20世纪六七十年

20世纪70年代，前进农场职工在农场挖沟渠的情景。
资料图片

代，有一年第三排水沟的渠垮了，一夜之间，涌入了极大的水量。

决定养鱼的时候，我们专门抽调了 20 多人，组成了一个渔业队，负责改造这片湖泊，发展水产养殖。要养鱼，就得有饲料，饲料从哪来呢？当时的这个鱼湖可是没有水草的。为了解决这个难题，当时农场买了一辆车，负责从永宁县的鹤泉湖拉芦苇，开始大面积种植芦苇。

种芦苇是十分辛苦的，那时候也没有什么防护措施，渔业队的职工就挽起裤管，站在水里一棵一棵地种植，就这样，这个湖泊最终种下了四五千亩的芦苇，也就是现在人们看到的样子。种芦苇的时候又遇到一个问题，芦苇只能种在浅水区，湖中间 3 米多深的地方怎么办？而且到了捕鱼的时候，这些水域很难捕捞。

最后我们想了个办法，专门去隆德县拉了好多当地的毛竹，栽在深水区。我们将这些毛竹布成了"迷魂阵"，捕捞的时候，鱼就沿着毛竹形成的水道游过来，堵住一头，就能顺利捕捞了。

大碱滩里走出美沙湖

当鱼湖慢慢地发展到水清鱼肥的时候，我们又萌生出一个念头：能不能在这里发展旅游？ 1989 年 8 月 4 日，时任宁夏回族自治区主席的白立忱同志前来视察。看着波光粼粼的湖水，连绵起伏的沙丘和随风摇曳的芦苇，他不停称赞，我当时就向他提了发展旅游的想法，他连连说好。

当时他问我，这个湖叫啥名字，我说还没起名字呢，你看这里有沙有水，叫啥好呢？他笑着说，那就叫沙湖吧，沙湖这个名字也就是由此而来。当年 11 月份，自治区召集宁夏旅游局、自治区财政厅和农垦局等单位以及相关专家，召开研讨会商议沙湖发展旅游的可行性，会议一致通过这个设想。1990 年 3 月 15 日，自治区正式开始建设沙湖旅游风景区。

建设之初有四大任务：修码头、买船只、培训队伍、修行道。我们组织了 10 个男同志和 10 个女同志去外地学习导游。到了 1990 年 7 月 1 日，所有的基础建设完成，沙湖旅游区正式开门迎客。

当年和我一起并肩奋斗的同志，大多都已进入暮年，有些已经离开了。这么多年来，我亲眼看着平罗西大滩那片盐碱地，一步一步变成了今天的样子。

人物介绍

柳登旺　1931 年出生，陕西省靖边县人。15 岁时在陕甘宁边区警备三旅八团三营七连入伍，参与宁夏解放。1952 年开始，参与前进农场建设，历任前进农场党委办公室主任、副场长、场长、党委书记，是沙湖景区的主要创建者。1995 年任宁夏回族自治区人大常委会委员，1998 年退休。

（刘旭卓　文　本文采写于 2019 年）

王锡琳：
我亲眼看着银川一点点变绿

　　王锡琳来银川时 22 岁，2019 年老人 82 岁了。当年的银川，城里多是光秃秃的，但现在出门转转，到处都是公园。搞了一辈子的林业工作，可以说，王锡琳是亲眼看着银川一点点绿起来的。

◀ 王锡琳。

市区基本没有绿化的年代

1959 年 7 月，王锡琳从位于陕西的西北农学院（1999 年并入西北农林科技大学）园林系毕业，一个月后，就来到银川了，被分配到当时的宁夏农学院（后并入宁夏大学）教书，教的是"造林学"。

当时的银川，基本没有城市绿化。王锡琳记得就解放西街那一片有一些行道树，西门桥附近有几棵杨树，再就是唐徕渠边上栽着老柳树。城区基本没有什么绿化。"我记得最清楚的，是南门桥那有一棵松树，后来道路扩建，那棵松树被移栽到现在的海宝公园了，一进东门就能看到，成了那里的迎客松。可以毫不夸张地说，那时候的银川城区，和'绿化'二字没有什么关系。"

银川周边树木也很少。因为植被稀少，所以那个年代的沙尘暴非常厉害，平均每年有 5 到 7 场沙尘暴。现在他还记得那时候最厉害的一场沙尘暴，5 米内见不到人，遮天蔽日。当时有一句顺口溜，形象地说明了这一情景："出门戴口罩，迎接沙尘暴"。

远征造林队和第一批林业人

那个年代吃饱肚子是大事，粮食生产抓得紧，很少有人提造林、绿化的事。直到 1960 年王锡琳从北京林学院进修回来后，开了眼界，才意识到了造林和绿化的重要性，所以在上课的时候，就经常跟学生们讲林木和绿化的重要性。

当时还成立了远征造林队，他和一些学生在业余时间也参与其中。造林队在贺兰山、黄河两岸、风沙线上大规模植绿。"我记得在贺兰山下栽种防风固沙林的时候，基本是 6 行树为一带，一带与一带之间根据地形隔 20 米到 50 米。这些防风固沙林带，可以说为后来银川的城市绿化打下了基础，如果没有这些林带，城市绿化就是一句空话。"

除了这些林带，当时在宁夏农学院"造林学"就读的学生，也给后来的银川绿化事业打下了坚实的基础。他们是银川的第一批园林人。至今，王锡琳还保留着1961年《宁夏日报》的一篇题为《第一课就打动了同学们的心》的报道，说的是他在新学期给同学们上课的事，这篇报道中有一个叫麦秀兰的学生，后来成了银川园林队伍中的高级工程师。

街道边种上了行道树

1966年的时候，王锡琳调到宁夏农业勘测队，听名字，这个工作好像与银川的园林绿化工作没什么联系，但在勘测队的6年时间，他们做的大量勘测工作，对后来的园林绿化引种有很重要的参考价值。

这6年间，他们走遍了宁夏的山山水水，也正因为积累了许多关于林木生长方面的经验，所以后来从六盘山、贺兰山引种的许多花灌木和乔木，生长情况都比较良好。现在中山公园内种植的一些青海云杉，就是从贺兰山上引种下来的，引种下来生长最好的云杉，是宁夏职业技术学院院内的几棵。

20世纪60年代中后期，在1959年组建的银川市绿化队的基础上，成立了银川市绿化指挥部，大力开展城市绿化工作。

当时在城里造的两条林带很有名：一条是在新市区（现属西夏区）的工业区和居住区之间，造了一条七八公里长，200多米宽的林带，减轻了风沙危害和工业废气污染，当时银川人都把它叫作银川的"绿色项链"；还有一条林带是在银新南路（现黄河路）两边，从西门桥一直栽种到这条路的尽头，有十几米宽吧。这一时期，银川的街道边上，也基本都种上了行道树。

由绿化向美化发展

要说银川绿化事业快速发展的时期，应该是20世纪80年代到90年代。当时，园林局的同志去北京、河北、山东等地引进绿化树种和花卉，这段时间，银川引进了玉兰、火炬树、毛白杨、河北杨等树种，还引进了万寿菊、金鱼草、一串红、茑萝、金盏菊等花卉。

另外，因为胡杨是盐碱地的优良造林树种，在这一时期，宁夏农学院园林系成立了胡杨课题组，攻克胡杨幼苗锈病，王锡琳和另一个讲师田乃祥两个人就跑到农场和苗圃去搞研究，经过三年的实验，最终成功攻克了难题。这些树苗在月牙湖乡种了很多，成为防风固沙的良好林带。

在市区绿化方面，王锡琳记得当时政府提出了"路修到哪里，树种到哪里"的要求，所以银川新建城市道路两旁，基本都完成了绿化工作，这时候路两边的行道树，也从原来的各一行变成了各两行。

当时，王锡琳一直参与实验，他们栽种的都是比较稳定、耐旱、耐寒的树种，比如毛白杨、白蜡、新疆杨、国槐等，很多都是5年以上的大苗，成活率较高。这时候也增加了常青树和花灌木的结合。主要街道开始由绿化向美化发展。

人物介绍

王锡琳　1937年出生。1959年毕业于西北农学院园林系，同年分配到宁夏农学院任教。除教学外，主持参与多项林业科研和技术推广工作，荣获省部级科技进步奖5次。

（刘旭卓　文／图　本文采写于2019年）

1982年，王锡琳在观察无性繁殖的河北杨幼苗。
本人提供

长枣奶奶喻菊芳

第一次见到喻菊芳，是在 2014 年灵武园艺试验场的一次采访中。当天场部会议室的长桌上摆放了不下 50 余种苹果，灵武长枣点缀其间。喻菊芳在园艺场职工的簇拥下走进会议室，她一身朴素棉服，一头华发，满口吴语。看到满桌苹果，喻菊芳笑意更深，"这是红富士，这是宁冠，这是元帅……"在外行眼里，除了外观和口感上有所差异的苹果，在喻菊芳那里却似她的孩子，各有各名，各有"个性"。

喻菊芳。
李靖／摄

60 年果树试验

这些水果确与喻菊芳关系密切。现任灵武园艺试验场场长王占全这样评价她："从 1954 年来宁，她和同事们多年潜心宁夏果树科研工作，结束了宁夏无苹果的历史，开启了宁夏经果林种植的新篇章。"

喻菊芳对果树的痴心用一个时间足以验证——60 年。60 年来，她似乎一刻都未离开过果树试验田。她不仅研究了引自异国他乡的 222 个苹果品种、300 多个桃李杏梨品种，还用人工杂交的方法培育出了宁秋、宁冠等 7 个宁夏本土苹果品种。

20 世纪 90 年代末，眼见苹果销售遭遇供大于求危机，已经退休的她在无助手、无研究经费的情况下，对灵武长枣进行考证、调查统计，足迹遍布灵武境内、周边 17 个村镇，调查古枣树近万株，终获成功。如今，灵武长枣已成为当地果农增收致富的又一特色产业，人们感激地称她为"长枣奶奶"。

1978 年，灵武园艺试验场，喻菊芳夫妇在研究苹果优良品种。

本人提供

81 岁笔耕不辍

还有个细节，记者印象深刻。之前的一次采访，我们需要参观灵武园艺试验场的果树种植资源圃，那里种植着宁夏近 60 年的果树标本。时年 80 岁的喻菊芳同行，果园里的土路坑洼不平，有人担心喻菊芳的腿脚不便，意欲搀扶，但喻菊芳婉拒，"我不喜欢被人扶。"虽腿部有疾，却走得稳健踏实。

倔强的个性在后来的采访中得到不断证实，"不信在大西北种不出万亩果园"，她做到了；"不信宁夏培育不出自己的苹果品种"，她也做到了；"不服老"，退休后，连获数个自治区科技进步奖，还对灵武长枣进行开发研究。

今年，她已 81 岁，却还是觉得自己"不过 50 岁"，每天笔耕不辍，打算再出一本果树专著。

出身榜眼世家

1954 年 9 月某天，在西安驶往银川的一辆卡车上，一位身着淡蓝色衬衣、黑裤子的短发女子，不由自主张开手臂，任由西北劲风吹着她瘦弱的身躯。沿途风景越来越萧条，同车人不免生出一种凄凉感慨。唯独刚才那位女子，眼神里透出对陌生之地的一片向往，嘴角甚至有一抹意气风发的笑意。当年的那种情绪和状态，"我现在也不能理解了。"81 岁的喻菊芳如是说。说不清当时的无畏勇气从何而来，但喻菊芳却还清晰记得当年她"立志要做'中国的米丘林'（米丘林，苏联著名园艺学家）的理想"。而这个理想的实现地，她便认定是适合种苹果的西北土地。

1934 年，喻菊芳出生在浙江黄岩。祖父喻长霖在清光绪二十一年科举考试中，考取榜眼，任翰林院编修一职。喻长霖不仅满腹经纶，为官还清正廉明，其一生传奇经历至今在黄岩地区都传为美谈。

喻长霖育有三子三女，均是有才华之人。次子喻文涵便是喻菊芳的父亲，琴棋书画样样精通。喻文涵一生向往田园生活，但时刻不忘传承祖训。他这样教导子女，"要用功读书、自食其力、勤俭节约、清白做人"。喻

218

菊芳母亲更是一位有文化、知书达理的母亲。喻菊芳受父母严格教化，因而从小就学习刻苦、独立坚韧。

喻长霖生前有一心愿，希望后代有人能从事农学，好不忘生来之本。祖父这个夙愿，喻菊芳实现了。1951年，她考取浙江台州农校，课外实习之地便是田野、农场，因而免不了有了"提锹、种菜、栽果、养花"的生活。

我要去西北种万亩果园

当年的浙江台州农校虽为一中专院校，但课业设置却与同时期普通的农业大学别无二致，而且学校还有大片的试验田和果园供学生们实习。那段时间的学习，让喻菊芳习得了大量的园林果树知识。

"米丘林"便是喻菊芳读书期间"认识"的一位卓越的园艺学家。米丘林，苏联人，出身园艺世家，自小学习刻苦，8岁能接木，一生曾培育过300多个果树新品种。在米丘林培育的新品种里，苹果是喻菊芳当年闻所未闻。教科书上说，"苹果，原产西洋、果实耐储藏、味好汁多、营养丰富。"对苹果的想象仅限于此，喻菊芳对苹果的好奇却与日俱增。

"我要做'中国的米丘林'，种苹果、种桃李杏，把沙荒地变果园。"喻菊芳说这是她当年毫不犹豫奔赴大西北的唯一理由。

投身大西北

1954年9月，年仅20岁的喻菊芳只身一人来到银川，满眼荒芜之地在她眼里"却是能种植万亩果园的沃土"。她被分配至永宁王太堡农业试验场，与她坐牛车同行的还有一个怀抱三弦子的青年，魏象廷。他也被派往王太堡农业试验场，任场里园艺组组长，喻菊芳恰好与其一组。

之所以这么详细介绍魏象廷，是因为他对宁夏苹果的发展同样功不可没，他解决了宁夏苹果安全越冬的问题，他是宁夏在沙荒地上栽苹果能适期结果的开拓者……当然他还有一个重要的身份，是喻菊芳相伴一生的爱人，许多科研成果都是二人合作完成的（包括宁夏苹果的引进和育种）。

1952 年，喻菊芳在永宁王太堡农业试验场观察红元帅结果情况。

本人提供

两人的见面颇有趣味。牛车一路颠簸，魏象廷紧抱怀里的三弦子，喻菊芳觉得"有意思"。而他觉得喻菊芳"野得很"，她满面灰尘，还时不时取出木梳，理顺吹乱的头发，用后的木梳则顺手插进衬衫上兜里。

只是二人那时想也没想到，他们后来不仅结为连理，而且还真的携手种出来了一片万亩果园。

元帅吃"元帅"

由于历史原因，20 世纪 50 年代以前，宁夏没有大苹果（西洋苹果）栽培先例。但 1955 年以后，随着魏象廷、喻菊芳等果树园艺技术人员的到来，宁夏开始逐步对引进的红元帅等多个苹果品种进行高接换种。

1960 年 10 月，当时以国家科委主任身份来宁视察工作的聂荣臻元帅，来到王太堡农业试验场。视察间隙，时任王太堡农业试验场场长马骏逸，让魏象廷、喻菊芳夫妇端出自己果园生产的红元帅，请聂帅品尝。聂帅拿着红元帅连吃两口，不住称赞。时任自治区副主席马玉槐受到触动，不由说了句"你们看，元帅吃'元帅'，真有意思"。从此元帅吃"元帅"成为一段佳话。

聂荣臻当时的一席话，喻菊芳至今记忆犹新。"聂帅说，小喻你是南方人，要好好干，和宁夏人民一起改变这里的落后面貌，让宁夏人民也吃上好苹果，让这里的苹果也像你家乡的黄岩蜜橘那么有名气。"一席话，"成为我们今后克服困难的勇气和力量。"也是这句话，让喻菊芳曾经"想做'中国米丘林'"的理想变得更为具体，"我要让宁夏普通老百姓都吃上好苹果。"

60 年时光，心系宁夏果业发展

2015 年，记者再次拜访喻菊芳。和去年相比，她精神头还是很足，记忆力也很好，状态丝毫不似一位年过八旬的人。她感觉自己"现在不过 50 岁"，还能做不少事：还要研究灵武长枣新品种；明年还想出本她和爱人的论文集。不过在一件事上，喻菊芳感叹时光太过匆忙短暂，她说："宁夏苹果红了 50 年，而长枣才红了不过 15 年就出现下滑之态，我有些忧心宁夏果业的未来。"

苹果从开花到结果，历时不过 3 季，但要从苹果的整个生育周期中，想把一个引进的品种经过试验、推广至少需要 10 年（如红富士、乔纳金）；想用人工杂交的方法培育一个新品种则需要更长的时间（如宁冠育种）。数十年时光，苹果自然是喻菊芳生活的绝对主角。

1964 年，喻菊芳、魏象廷夫妇被调往灵武园艺试验场。当时灵武园艺试验场和宁夏农科院园艺所两块牌子，一套人马，科研人员只有 10 多个。1965 年，场所分家，园艺场只留下 4 名技术人员，其中就包括喻菊芳夫妇 2 人。当时，夫妻 2 人面对的是：开垦不久的荒地、孱弱的果苗和一望无际待开垦的沙荒地。夫妻俩，既要搞生产，又要搞科研，还要开荒种果园，用了 5 年时间，便和灵武园艺试验场职工共同努力，奇迹般地把地处毛乌素沙漠的边缘的灵武东沙坡的沙荒地变成了片片绿洲。

当年，喻菊芳夫妇就在东沙坡的这片沙荒地里搞果树研究，试验地里的苹果一律被他们编上神秘的号码。一棵树上结了几个苹果，什么时候落果，喻菊芳都一清二楚。试验果个大诱人，难免有人惦记。因为担心苹果被偷，落果那几天，喻菊芳干脆就成天守在果园里。但百密总有一疏。偶然的丢果事件，会让这个坚强的女子嚎啕大哭。要知道，即使初来宁夏时，那么艰苦的生活条件，也没让这个瘦瘦小小的浙江女子掉过一滴泪。

20 年研究，宁夏终于有了本土苹果

在喻菊芳的书架上，摆放着一个苹果模型，名为"宁冠"。聊起"宁冠"的诞生，喻菊芳难掩自豪之情。

在长期果树研究中，喻菊芳发现，虽然宁夏引进了不少苹果品种，但并非个个品种都适合宁夏。她渴望培育出有宁夏本土特色的好品种。

要想育成一个优良的苹果品种，往往需要数年。如红富士、乔纳金育种，用了 10 年；如"宁秋"，1970 年杂交，1986 年才能完成育成推广，其间，用了 16 年；"宁锦"和"宁冠"，1970 年杂交，1990 年育成推广，用了 20 年时光；"宁金富"1985 年杂交，2008 年才育成，花了整整 23 年时间。"人生才不过几个 20 年，可见育种何其难。"喻菊芳说。

"宁冠"问世后，以其优良的品质和耐储运的特点，很快在全国果树展评会上崭露头角，并于 1999 年昆明世界园艺博览会上获得铜奖。

一般情况下，一个果树专家，一生培育一个新品种，都实属不易。而喻菊芳一个人，却培育出了"宁冠""宁秋"等 7 个苹果新品种，这些品种对于宁夏苹果的发展意义非凡。

1998 年，开始钻研灵武长枣

1990 年，喻菊芳退休。她本打算和浙江的妹妹组建个"喻氏姐妹书画社"，像父亲那样过琴棋书画的悠闲田园生活。只是这些简单的愿望，至今还没实现。牵绊喻菊芳的，是小小的灵武长枣。

20 世纪 90 年代，受自然灾害减产、本地苹果滞销等诸多因素影响，宁夏苹果销售开始走下坡路。1996 年，喻菊芳临危受命，帮助灵武园艺试验场寻找果树新品种。

灵武长枣进入喻菊芳的研究视野，十分巧合。1998 年，浙江的亲戚来

银探亲，喻菊芳用灵武当地长枣招待，没想到一颗枣刚入口，亲戚便惊讶夸赞，从未吃过如此脆甜的枣子。听者有意，一句话提醒了喻菊芳，宁夏果树一直在研究外地引种，为什么不琢磨一下灵武本地枣树呢？

主意打定后，喻菊芳着手对灵武长枣的调研。退休后搞果树研究，经费有限，加之腿脚不便，喻菊芳便让女婿用自行车驮着她走乡串镇、逐村逐园搞调查，其间，被狗咬、被蜜蜂叮、崴脚骨折的事都有发生。很快喻菊芳便发现，灵武东塔镇果园村、园艺村等地分布着万余株百年老古树，树体高大健壮，枣形有别，但果实普遍硕大饱满、脆甜可口，十分适合作为有地方特色的鲜食水果在市场上推广。

但像当年推广苹果种植一样，枣树的大面积推广同样不易，首先要做示范，老枣树要更新复壮，新栽枣树要改变管理方式，要矮化种植，要解决枣树病虫害、耐运输、耐储存问题，才能稳妥地在果农间推广。又用了10年时间，喻菊芳主持的灵武长枣品种特性及规范栽培技术研究示范成果获得业内首肯，灵武长枣焕发生机。

长枣培育成功后，新的问题也接踵而至，由于长枣发展太快，受利益驱使，枣农急功近利，大大影响了灵武长枣的品质和名声。"宁夏苹果红了50年，灵武长枣红了不过15年，就呈现下滑态势。我有些忧虑今后宁夏果业的发展。"

人物介绍

喻菊芳 1934年10月，出生于浙江黄岩；1954年，毕业于浙江台州农校；1954年9月，来到宁夏，分配至永宁王太堡农业试验场工作，从事园艺生产和科研工作；1964年，调往宁夏灵武园艺试验场，从事果树生产和科研工作；1984年，调往宁夏农科院园艺研究所，从事果树科研工作；1990 年，退休；1992 年，享受国务院政府特殊津贴；2013 年，获"感动宁夏·2013 年度人物"。

学术成果 她研究过 600 多个果树品种，提出推广应用的有几十种，如今这些水果遍及宁夏山川；研究苹果杂种实生苗 1592 个单系（株），育成宁夏自己的苹果新品种 7 个，填补了宁夏没有自己苹果的空白。个人拥有 13 项获自治区科技进步奖的科技成果，著述 8 部（主编或参与），撰写论文 102 篇。主持"宁夏灵武长枣品种特性及规范化栽培技术研究与示范"课题研究，课题成果获 2006 年自治区科技进步二等奖；系统研究了灵武长枣历史、文化、品性特征、育苗技术、栽培技术，主持制定了灵武长枣的 3 个地方标准，让灵武长枣有章可循。

（乔建萍　张　贺　文　本文采写于 2016 年）

1979 年，灵武园艺试验场，喻菊芳夫妇给学生讲解苹果不同性状。

本人提供

农学家戈敢：敢为人先

春，4月，银川平原生机勃勃。从银川出发，沿109国道，往北，沿途草木抽绿，农民忙着平整蛰伏了一冬的庄稼地；往南，农田已被一层薄薄的嫩绿覆盖。这片在多数人眼里，再普通不过的春色，几十年前却很难得。这一切的得来，某种程度上可以说，和我们今天要说的这位人物有关。他是戈敢，一位"敢为人先"的农学家。

在他身上，有"三个第一"——宁夏大面积试种玉米、引进玉米杂交品种第一人；宁夏啤酒花引种、开发第一人；在宁夏农垦盐碱地改良上，建立田间有效排水系统、坚持银北种稻洗盐第一人。

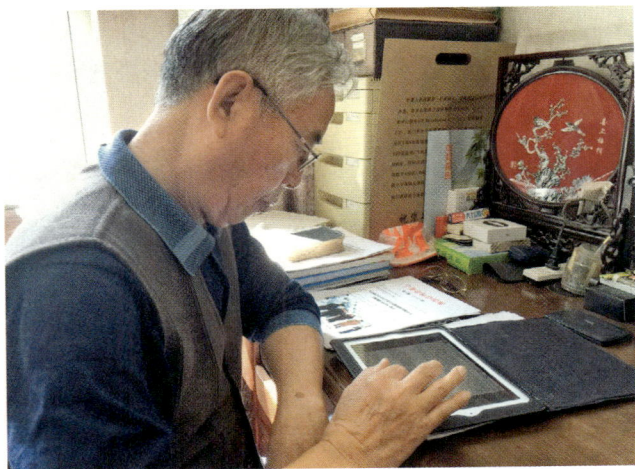

戈敢。▶

敢想，敢做

戈敢今年 81 岁。未曾谋面时，我们全靠短信、微信、邮件交流。这些电子联系方式，他使用起来娴熟自如。见到他后，暂不说他的身板硬朗、耳聪目明，光是那不打一点磕巴的记忆力，就让人惊讶。

在同行眼中，他是个成功的农学家，很会"种地"，能解决问题。20世纪 50 年代以前，宁夏并无玉米、葡萄大面积栽培和啤酒花种植的记载。别人想都想不到的事，戈敢敢做。他不仅成为宁夏成功开创玉米大面积种植和啤酒花产业开发第一人，还是扶持宁夏酿酒葡萄产业发展取得突破的关键人物。

戈敢还敢想。20世纪 50 年代，宁夏农垦大部分土地为盐碱荒滩，那样的土壤条件，草活着都不易，但戈敢却埋头于土壤改良试验，通过农田的"五改"技术创新，建立起科学有效排水系统和种稻洗盐，使荒滩变良田。

戈敢的书房里摆满了各类书籍和文献资料，卡片盒内装满了文摘卡片。有人称他"老师""学者"，但他更喜欢自称"种田人"。

他认为种田不能墨守成规，要因地、因时制宜，大胆创新，要善于把理论知识不断在生产实践中检验、完善、提高。因为好钻研，他成为宁夏大面积试种玉米、引进玉米杂交品种第一人。如今玉米已成为宁夏第一大粮食作物。他还很敏锐。从俄罗斯养蝇蛆开发宇航食品中受到启发，他觉察到了蝇蛆养殖及产业开发的市场前景，并率先在全国开发此项目，让自己成为蝇蛆产品首批医学试验志愿者，亲身验证产品对提高人体免疫力的功效。

如今，他已年过八旬，但还是坚持在他的"庄稼地"里耕耘，不过这块"地"，有时是农田，有时是他笔下的科研著述。

偶　像

"敢"，《说文解字》里的解释是"进取也"，《广雅》对它的解释是"勇也"。名如其人，戈敢好学、不畏难、坚定、不拘一格的品性贯穿其一生。

而也恰恰是这种个性，成就了他在农学上的作为。

与《拖拉机站站长和总农艺师》(佳琳娜·尼古拉耶娃著)一书结缘之前，戈敢从未想到自己的人生会和一名农艺师联系在一起。他从小的偶像是他的二哥。二哥上过大学，会开飞机。

戈敢出生在长江边一个殷实之家，排行老幺。父母能文识字，对子女寄予厚望，给四个儿子依次取名为"斌、武、勇、敢"。希望孩子们各自上进，文武兼备，做勇往直前、敢作敢为的有用之人。

世事难料。到了戈敢成年时家道中落，已无力支撑他的学业。不得已，他只好"极不情愿读了可以享受全部公费的农业学校"。

在校期间，他读到了《拖拉机站站长和总农艺师》一书，主人公娜斯嘉热情奔放、一心扑在事业上、办事认真和关心农民疾苦的形象一下点燃了戈敢年轻的心。从此他以娜斯嘉为偶像，"下定决心要当个像她那样的总农艺师。"

激　情

年轻人的激情很容易被点燃。1954年戈敢响应国家"建设西北、支援西北"的号召，前往宁夏。途中，满目荒芜，好多同学打起了退堂鼓。但18岁的戈敢没有，他认为，"既确定了目标，就应坚定不移。"

到宁夏后，戈敢被分到了中国人民解放军农建一师三团（前进农场前身），场部位于银川以北百里开外的西大滩。一行人坐着三驾马车，从银川出发，走了一天，直到掌灯时分才到场部。

途中大片的土地寸草不生，白茫茫一片。"这样的土地怎么种庄稼？"戈敢心里开始犯嘀咕，当晚他失眠了。

让戈敢犯嘀咕的事不止一件。宁夏人种庄稼的方式和江南人完全不一样。当时场里只种小麦和高粱。戈敢在书本上学到的棉花、玉米、水稻栽培技术，在宁夏完全用不上。面对大片陌生的盐碱地，他更不知所措。

没办法，只能向当地人求教，从零学起。生产的第一年，一望无际的盐碱滩被军垦战士们平整成整齐划一的农田，农渠被战士们修整得棱角分

20世纪90年代，戈敢（左）在枸杞试验田调研。
本人提供

明。但在年底的总结会上，团长说："同志们，我们的开荒任务超额完成，大家干劲十足，精神可嘉，但生产任务却没有得到好的回报，全团6000亩农田打的粮食还不够全团战士烧开水喝。"听了这话，大家都有些沮丧。

这田该怎么种？戈敢茫然了。

种　子

种田先要选种。种什么可以迅速改变场部的农业面貌？戈敢又想到了《拖拉机站站长和总农艺师》一书。书中主人公娜斯嘉采用"方形簇播"种出高产玉米，再用玉米秸秆养奶牛，彻底改变了村庄的贫穷面貌。

"玉米耐干旱、高产可改变农民贫困处境。"书中这样一句话，深深触动了戈敢。

就这样，在宁夏试种玉米的想法在戈敢的脑海里生根发芽。玉米又是如何经戈敢之手在宁夏落地成活，并逐渐成为当地主要农作物的，这个我们在下一个版再详细介绍。

因为成功地引进玉米，戈敢荣获农建一师三团颁发的三等功。于是，戈敢索性放弃了回江南的种种机会，从此在西北扎根。

几十年过去了，戈敢年轻时的梦想实现了。经他之手，如今宁夏不仅可以大面积种植玉米、酿酒葡萄、啤酒花等，宁夏数万亩盐碱荒滩也经他的土壤改良技术而变良田。

可戈敢还不满足，他还有事没做完。原来，在20世纪80年代，戈敢在一本《中国农垦》杂志上看到一条消息，说蝇蛆是苏联宇航员供应食品之一。戈敢一想，宇航员吃的东西一定高营养、高蛋白啊。我们何不搞搞蝇蛆养殖，另辟蹊径，带领农户致富呢？

敢想就敢做。戈敢不顾人们偏见，带头搞起了蝇蛆养殖，然后自己又成为首批医学实验的志愿者，亲身体验该养殖项目对人体的改变。"数据表明，食用蝇蛆物质后，人体的免疫力相比没有服用人群提高75%。"戈敢说。

后来，由于种种原因，该项目搁浅至今。"这算是我有生之年的一点遗憾吧。"

1986年，戈敢（中）在宁夏农垦局工作期间检查农业生产。
本人提供

玉米的故事

如今玉米已是宁夏第一大粮食作物。殊不知小小的玉米种子在宁夏能生根发芽，其实颇为艰难。那个让它们在宁夏根深叶茂、颗粒饱满的人，便是戈敢。

戈敢看到全场职工辛劳了一年，却得不到好收成时，他想到了种玉米。但宁夏从未有大面积种植玉米的历史记载。宁夏的气候、土壤条件，能不能种玉米？刚开始，戈敢心里也没底。

试种玉米是个挺折磨人的过程。开始种出的玉米棒子像秃头，稀稀拉拉没结几粒籽。一查原因，原来是没有经过改良的土种玉米，雄穗上散落的花粉在高温干燥的气候条件下成活率很低，难以让雌蕊受精造成的。戈敢后来琢磨出人工授粉方法，才扭转了"一葫芦打一瓢"的局面。而他自己也成了"宁夏大面积试种玉米第一人"。

1962 年，戈敢又在宁夏农垦尝试推广玉米杂交品种。这在当时是一件有争议的事。有人怀疑"杂交玉米，鸡吃了会不下蛋"。但戈敢没有动摇，埋头试种、育种。直到后来出现的玉米杂交品种"中单二号"，亩产首次突破千斤大关，制种又简单，这才在宁夏推广成功。

到 20 世纪 80 年代，宁夏玉米种植面积就超 100 多万亩，现在达 300 多万亩，成为宁夏第一大粮食作物。

"五改方案"

1955 年，当戈敢初次踏上银北西大滩时，看到的是一片片白茫茫的不毛之地。当时他全然不知这是宁夏特有的白僵土，被称为"土壤癌症"，是世界上最难攻克改良的土壤，外籍专家曾下结论：这里不适合开垦办农场。

然而，就是在这种土地上，戈敢和他的同事们，不仅种出了万顷良田，还攻克了白僵土改良的世界级难题。

有人说，宁夏的农业发展史实际上就是一部土壤改良史。这话不为过。曾经，宁夏近 80% 的土地是盐碱地。试想一下，如果这些土地未经改良，我们的生活将是什么样子？

再好的种子，遇不到好田，也白搭。种在盐碱荒滩的种子，出不了苗。"挖出来尝一下，种子是咸的，咬不动。"（戈敢语）要想收成好，就必须进行盐碱土改良。可这事有多难，用当年一位外国专家的话说，"改良这种土地不是我们这代人能办到的事。"

但戈敢没有退却。他在农田盐碱情况调查中发现：靠近排水沟边的地盐碱轻，出苗好；离排水沟越远的地盐碱越重，出苗率越低。"能不能打破传统，加开排水沟，健全排水系统，加快洗盐脱盐提高保苗呢？"戈敢想试一试。

1962 年，戈敢和同事们先后赴河北省唐山、辽宁省盘锦的国营农场考察盐碱地改良。果然，在那里，戈敢的想法得到印证：挖沟排水排盐法确实能解决改良的难题。

回来后，戈敢他们根据农场耕地特点制定了"五改方案"（地条变短、条田改窄、田块缩小、农沟加深、农沟加密），从而建立起农田有效排水系统。

"种稻洗盐"

之后，戈敢又提出"种稻洗盐法"，把农业生产和土地改良结合起来。那时，银北地区由于排水不畅的原因，是不准许种植水稻的，但前进农场是块封闭的低洼地，最低的洼地比黄河水面还要低。"所以在前进农场种水稻，不会影响周边农田"。农场的天然优势，为"种稻洗盐法"提供了宝贵的一块试验地。

后来，"种稻洗盐"真的改变了农场的土质，百万亩盐碱地终于被改造为高产稳产的良田。而宁夏农垦在 20 世纪八九十年代也连续 6 年获得农业部颁发的丰收奖杯，与江苏农垦、辽宁农垦一起被树立为全国农垦系统的三大样板。

但这种"种稻洗盐"的耕作要在全银北推广起来，却困难重重，用了将近 30 年时间。21 世纪，银北地区开始大面积栽种水稻，这才从根本上改变了银北"春天灰蒙蒙，夏天水汪汪，秋天草黄黄，冬天白茫茫"的自

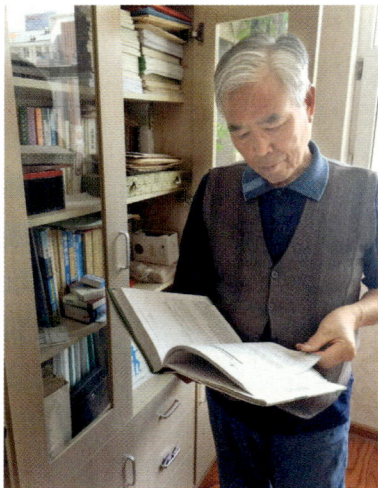

◀ 戈敢。

然面貌，银北也逐渐成为宁夏水稻主产区，银北的水稻产量占到了全区总产量的 80%。

如今，夏秋时节，从银川驱车往北，109 国道沿线，一路稻浪滚滚，稻香扑鼻。谁也想不到这里曾是一望无际的戈壁荒滩。

人物介绍

戈　敢　1936 年，出生于江苏省南通市如皋县（现如皋市）。1961—1977 年，宁夏农垦局工作，先后任技术员、副处长。1978—1979 年，任宁夏渠口农场场长、党委书记。1951—1954 年，在江苏南通农业学校学习。1954 年，解放军农建一师三团，任技术员。1955 年，在农建一师师部土壤农化专业进修学习。1980—1993 年，任宁夏农垦局处长、副局长。1994—1998 年，任宁夏农林科学院院长。2000 年，退休。2006—2017 年任宁夏老科技工作者协会会长、名誉会长。

学术著述　《盐碱地改良》，1987 年由水利电力出版社出版；论文《宁夏农垦用地改土培肥三结合，建设地力的成就和经验》，入选1989年《宁夏农业高级研修班论文集》，并获自治区1990年优秀论文一等奖；论文《宁夏农垦春小麦高产栽培理论与实践》，1994年获宁夏农学会优秀论文奖；论文《黄河河套绿洲的战略地位与生态环境保护》，入选2009年《中国环境科学学术年会论文集》。

（乔建萍　文／图　本文采写于2017年）

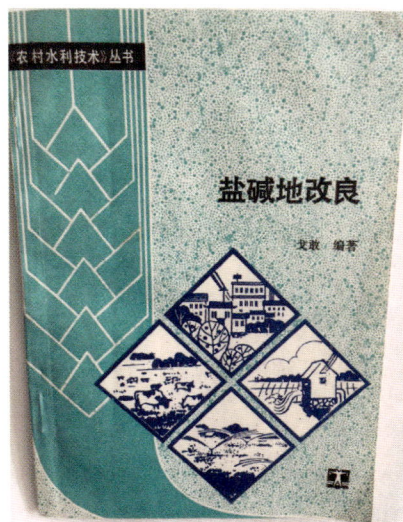

《农村水利技术》丛书

盐碱地改良

戈敢　编著

◀ 戈敢著作。

旱农专家杜守宇

　　从创立"五墒耕作法"为主体的蓄水保墒耕作体系，到全面推广以水调肥技术显著提高粮食产量，再到推广可控化节水技术，并利用秋覆膜技术解决产量受降水量牵制的根本问题……旱农专家杜守宇所尝试和经历的几个农业技术实验和推广过程，也是一部宁夏旱作农业近现代发展史。

杜守宇。
本人提供

向天"抠"粮

银川市兴庆区水产巷巷口，沿街的一栋楼是宁夏农业技术推广总站所在的位置。走过安静的楼道，推开二楼一间办公室门，一张桌子一把椅子，还有一个水壶，是这里仅有的办公用品。一位长者从桌上高高垒起的资料文件中抬起头来，他就是农业技术推广研究员，曾任宁夏农技推广总站站长的旱农专家杜守宇。

如果说土地是人们赖以生存的根本，那么杜守宇做的事，就是要让干旱地区的农民有地可种，有粮可收，提高收成，减少人力。作为宁夏著名的旱农专家，首批国家农业推广研究员，杜守宇用了大半辈子的时间，在执着地从"吝啬"的老天手里，给山区农民"抠"粮食。

旱作农业，亦称"雨养农业"，是指在无补充灌溉水源的地区，高效利用自然降水包括通过集雨措施，以达到有限增产的农业，亦可视为节水农业的范畴即旱作节水农业。包括种植业、养殖业、林果业及其他农业生产。旱作

农民在对秋收完毕后的土地进行秋季覆膜工作。
本人提供

农业的核心是充分利用自然降水，提高自然降水的利用率。

在杜守宇的研究和推动下，由被动抗旱转向主动抗旱的旱作农业，现已成为宁夏粮食生产、农业发展新的增长极。如今，虽已退休多年，可一心扎在土地里的杜守宇，以顾问的身份仍坚持推广旱作节水农业技术；就算离开了土地回到办公室，伏案整理自己所掌握的农业技术资料，也几乎是他的全部生活。

"我是个一辈子没管过家的人，也曾有机会做官，但知道自己舍不得土地。"问他值不值？杜守宇停顿良久，说："需要研究的内容太多了。"

贫瘠的数字，让人看着揪心

"靠天吃饭"曾是宁夏中南部干旱地区农民的生存常态，春天一把种子撒在地里，剩下的就全交给老天。然而也正因此，地力每况愈下，缺乏蓄水保墒能力，一遇小旱就减收，更别说遇到连年大旱。土地，越种越贫瘠……这就是杜守宇 1963 年刚到固原时看到的景象，从那时起，他就下了决心，要通过旱作农业技术，改变这一切。人们虽不能呼风唤雨，但可以通过农业技术尽可能地蓄住天然降水，达到肥沃土地的目的。

1963 年，宁夏农学院毕业的杜守宇被调到固原县黑城乡团庄四队蹲点，对于其他人来说，这或许不是件值得高兴的事，但杜守宇不这么认为。在上学期间，他曾随导师一起进行小麦高产的技术措施实验，那时就对农业技术研究产生了浓厚的兴趣。所以一出校门就有机会到基层做调研、做实验，是件让他着迷的事。

但眼前的团庄，让杜守宇心情复杂。虽然这里土地平整，自然条件较好，但土地经过粗放式的经营反而被荒废了，农民们只能以最低的产量维持基本的生存。"正常年景小麦亩产只有 50 公斤左右"，这个数字让杜守宇听着揪心，他想改变这一情形。

然而，土地是"沉默"的，不会随着人们的希冀而轻易呈现"秋收万颗子"的丰收景象，谁能尊重土地的内在规律，谁才能得到回报。"土地是人生存的根本，要珍惜。"杜守宇说，"当时我就一个目标：要用技术帮农民增产。"

对待土地，要比养育孩子还耐心

一下到田地，就忘了时间——这是杜守宇基层蹲点时的常态。在他看来，对待土地，有时比养育孩子需要更多的耐心。"和土地有关的实验，都需要时间来验证。只有经过干旱年、丰水年和正常年份，一些技术的应用才能得到最科学的结论，所以往往一等就是三五年，或者更长的时间。"

杜守宇和同事们开始了大量的调查研究工作，调整夏秋作物种植比例，大种绿肥，以培肥土壤。在土壤肥力逐步提高的基础上，又开展了引种试验、示范与推广工作。从田间穗选到提纯复壮，经历了几个春秋寒暑，在不断对比下，杜守宇终于从 22 个引进的春小麦品种中选出了抗逆性强、丰产性状好的"内乡 5 号"加以推广。

历经努力，终于有了喜人结果。1965 年，团庄四队的粮食产量由 1962 年的 15 万斤，增加到了 27 万余斤。春小麦亩产也由 1962 年的百斤左右，提高到了 199 斤。全队人均产量超千斤。"这样的产量，在当时，是农民们不敢想象的。"

至今，只要回想起自己在固原的十几年时间，让杜守宇最难忘的，就是农民们渴求丰收的眼神。

这里需要解释一个比较专业的名词——以肥调水。水分与肥料是影响作物生长的两大因素，两者具有协同效应。在农业生产中，只有合理匹配水肥因子，才能起到以肥调水、以水促肥的效果。通俗概括地讲，以肥调水就是对土壤进行施肥，以增强土壤的保水能力。

"在固原，水落在地里就看不见了。人们虽不能呼风唤雨，但可以通过提高土壤中水的利用率来降低蒸发量。"杜守宇说，经过大量实验与反复论证，1976 年他终于主持进行了"旱作春小麦大面积均衡增产栽培技术的研究、示范与推广"，经他研究总结的"用肥治薄，以肥调水为中心，以秋施肥为突破口"6 项配套增产措施，也结出了丰硕的成果：全县小麦亩产量由 20 世纪 70 年代的 41.1 公斤，增加到了 1986 年的 81.13 公斤，1987 年、1988 年又在全县范围内普遍推广 40 万亩左右。这对于靠天吃饭的人们来说，直接解决了温饱问题。

在田间考察的杜守宇。
本人提供

但杜守宇不满足于此，他仍想从"吝啬"的老天手里，再给山区农民多"抠"些粮食出来。

最大心愿，农艺和农机技术全面结合

于是，推广节水技术成了杜守宇向天"抠"粮的新目标。"旱作农业蓄水与保墒密切联系，因此，在尽可能地蓄住天然降水，使其转化为土壤水后，最主要的工作是把它保存在土壤中，并减少它的蒸发散失。地膜覆盖就是保住天然降水和土壤蓄水的一项增产节水重要技术。"

杜守宇说，最初引进地膜技术用在了种瓜上，地温增加了，产量也上去了，但经过 2001 年春天的一场大旱，他发现由于播种时土壤水分不足，以至于在铺膜时根本铺不上去。也正是那一年，杜守宇退休了，但他的工作却没有停止。在反复论证实验后，他提出了秋覆膜技术，并于 2008 年实现了大面积的推广。如今，秋覆膜技术已在全区普遍使用，而最开始，就是从团庄推广开的。

将半辈子的心血都放在土地上的杜守宇，现在最大的心愿就是希望全面实现农艺技术和农机技术的一体化结合，他说，只有这样才能解放更多的劳动力，让农民的日子越过越好。

54 年技术推广路

1939 年，杜守宇出生在中宁县城。"父亲是搞水利的，我小时候就受他的影响，喜欢到田间地头去玩去看。"

初中毕业时，杜守宇的家境很艰难。父亲跟他说，算了，别上学了，去找个事情干干吧。可杜守宇却"另有打算"。1955 年，他考上了永宁农校。为什么坚持上学？杜守宇的想法其实挺简单："因为学校管饭"。3 年后，作为农校的"三好学生"，杜守宇被保送上农学院，组织找他谈话时，他答应了。原因和 3 年前一样——"学校管饭"。

从为了自己这一口粮，到为了更多人的口粮，仿佛是一种冥冥之中的"注定"，杜守宇就这样走上了一条农业技术推广的漫长科研路，至今，已是整整 54 年。

"其实工作这么多年，其间有两次当官的机会，可我放弃了。"杜守宇说，现在想想，或许另一种选择对家人来说要好，但那时每天看着那些守着土地却吃不饱肚子的农民朋友，他觉得自己不能走。

一个人的窑洞生活

如今回想在固原团庄的生活，杜守宇五味杂陈。起初，他感到很新鲜，虽然不能和自己中宁家中的条件比，但他觉得，既然出来工作，环境苦点也是种锻炼。

白天几乎都在田里调研，从一个片区走到下一个片区，这些年轻的科研人员们笑称他们都是团庄的"11 路车"，一天十几里路，全靠两条腿。有时候一整天会忙得顾不上吃饭，那时也没有商店可以买吃的，错过了吃饭的时间，就只能硬扛。冬天过河，都怕弄湿了布鞋，杜守宇就脱了鞋光着脚从冰上走过，等过了河再瑟瑟发抖地赶紧把鞋穿上，可双脚却早已冻得没了知觉。

如果说工作中的艰辛还能克服，而独自回到窑洞的时间，如杜守宇所言，是最难熬的。夜里的窑洞，渗着让人难以忍受的寒意，起初一连几天杜守宇都无法入睡，当他不经意掀起了身下那层薄薄的毛毡时，却发现底下是一串串水珠子。难怪自己全身的关节都在疼，杜守宇苦笑着说："现在全身风湿性关节炎，就是那时落下的病。后来又发现自己得了糖尿病，但也就是在村里的诊所抓点中药吃。"

"这一辈子，没有管过家"

只要是和土地有关的事，在杜守宇眼中，就是"天大的事"。"我是个一辈子没管过家的人"，这是抛开农业专家身份的他，给自己的另一种定义，背后，是他满当当的愧疚与歉意。

中宁县医院妇产科手术台上，一位难产妇女正等待做剖宫产手术。主治大夫表情严肃地问那几个送她住院的人："谁是她的爱人，来签字吧！"而当时，杜守宇还远在200公里以外的固原。

几个孩子的出生，杜守宇都未能陪在妻子李云芳身旁。妻子因生产落下一身病，他不能回来照顾；二儿子不小心从炕上滑下骨折住了院，他也只能打电话问问情况；母亲一个人在家忙里忙外，他未曾搭过手帮上忙……

杜守宇的妻子曾是中宁当地的民办教师，后来带着孩子们搬到了固原生活，可不承想自己放弃了教师工作到处打零工，却还是不能经常见到自己的丈夫。一年回家一次，每次只能待三五天，李云芳曾经想不明白，为什么两人就非得两地分居？可当她去了杜守宇蹲点的团庄四队后，再不抱怨什么了，她终于明白丈夫为何如此投入，无暇他顾了。"那里等待收成的人们，需要他。"

直到1992年，杜守宇任自治区农业技术推广总站站长后，一家人才在银川安了家。但退休后的他，依旧没有停下工作，甚至有一次在办公室突犯心脏病，两眼一抹黑趴在了桌子上，差点没挺过来……

"我是个没有管过家的人。"杜守宇说再等等，等整理完手头的技术资料，他得好好陪陪家人。

杜守宇 1962年毕业于宁夏农学院农学系。曾任自治区农技推广总站站长，农业技术推广研究员，兼任中国农学会立体农业分会委员，中国农技推广协会理事等职。从事试验、示范、推广工作达54年。1992年经国务院批准享受特殊津贴，是宁夏著名的旱农专家，首批国家农业推广研究员。2001年退休后，仍坚持在山区推广旱作节水农业技术。

学术著作 先后主持编著《黄土高原典型地区宁夏固原旱农耕作栽培技术》《宁夏旱作农业》《宁南山区立体复合种植开发研究》《宁南山区主要农作物高产高效综合栽培技术数字模型及优化方案研究》等著作，其中《宁南山区立体复合种植开发研究》被收入《世界专利技术精选》。

（王　敏　文　本文采写于2017年）

曹有龙：
宁夏枸杞拓路人

　　曹有龙，一个说起宁夏枸杞就不得不提的名字。他是国家枸杞工程技术研究中心主任，国家枸杞产业战略创新联盟首席专家……这些称呼和头衔，光鲜亮丽，但最让曹有龙喜欢的，还是田间农人的那句"老曹"。曹有龙说，这个称呼，让他觉得自己离土地最近，离枸杞最近。

曹有龙在田间做研究。
本人提供

藏在枸杞里的感情

"我的办公室在4楼，407……"曹有龙急匆匆地挂了电话，记者推开他办公室的门时，屋里坐着四五个人，他一边招呼着记者，一边回过头继续着他们的话题。此时正值采摘季，曹有龙格外忙。

曹有龙出生于中宁县，从他记事起，家里就一直种植枸杞，学习之余，曹有龙也时常帮母亲采摘枸杞。正因为和枸杞有很深的感情，曹有龙硕士毕业时就将自己的研究方向定为枸杞。

"我对宁夏有很深的感情，对枸杞有很深的眷恋。"曹有龙说，他时常会想起小时候，母亲带着他去田间采摘枸杞的情景，那时候的几亩枸杞，就是一家人的希望，他常常在摘得累了困了的时候，吃几颗枸杞果，"那种酸酸甜甜的味道，我一辈子也不会忘。"曹有龙说。

曹有龙指导枸杞树整形。
本人提供

2003 年，完成学业的曹有龙回到了宁夏。"回来后一调查，吓了一跳。"当时他竟然没在宁夏找到一家专业的枸杞研发机构。曹有龙说，作为宁夏的特色产业，直到 2005 年之前，依然没有一支专业的研发团队。

"我们自己干，建设一个研发团队出来。"雄心勃勃的曹有龙下了决心。"7 个人，半年 5 万块钱的科研经费，一间临时办公室，我们就这样开始了。"曹有龙说。

历经艰辛，2005 年，宁夏第一个专业的枸杞研发机构——宁夏枸杞发展工程研究中心正式成立。2006 年，中心通过一年的运作，争取到了国家发改委的经费支持。"直到那时，我一直悬着的心才算暂时放了下来。终于可以大干一场了。"曹有龙说。

告别"30 年一个品种"

"可以毫不夸张地说，宁夏的枸杞研发水平，至少领先其他省份20 年。"采访中，曹有龙不无欣慰地说。目前正是枸杞采摘季节，曹有龙脸上的笑容，和田间正采摘红果果的人们一样，都那么灿烂。

"从 1975 年至 2005 年，30 年间，宁夏只有一个枸杞品种——宁杞1 号。"曹有龙说，这和薄弱的科研力量有关，也让他意识到，宁夏的枸杞产业发展，还有很长的路要走。

2006 年获得国家发改委的经费后，曹有龙主持建设了种质资源苗圃、组培车间、种苗快繁车间、种源基地、种苗快繁基地等一系列的枸杞研发基础设施，宁夏的枸杞研发团队也开始迅速成长起来。

30 年沿用一个品种，其对枸杞产业发展的不利因素显而易见。曹有龙说，其中就包括病虫害的侵害、市场无选择性、无可比对性等。曹有龙带领团队，开始了新品种的研发。短短几年时间，他们历尽辛苦相继培育出来宁杞 1 号、宁杞 3 号、宁杞 5 号、宁杞 7 号。但让曹有龙没想到的是，刚开始推广时却没人相信他。无奈之下，他只好回到老家，将苗子留给自己的一个堂哥，千嘱咐万叮咛，最终堂哥碍于面子才答应试种。

到了 8 月份，这些枸杞苗子结得果实又大又红，的确跟以前的枸杞不一样，村里人见了眼馋，都来打听这苗子是从哪儿来的。但让曹有龙哭笑不得的是，堂哥害怕这苗子不行，在他走后，将可以种两亩地的500株苗子，竟然只种在了两分地里。

曹有龙和团队培育的宁杞7号，个大、抗性强、适应环境广、功效物质提升了17%，一个枸杞果可达3克，是之前宁杞1号的6倍，一亩地的收入也能翻一番。

扩繁技术的更新换代

种苗培育成功固然是迈进了一大步，但还有下一道难关——扩繁推广。过去的扩繁技术，是通过剪枝干扦插繁育，曹有龙说，这种方法是将种苗的枝干剪成几段来繁殖，速度太慢，成活率低，难以大面积推广。他带领团队，研发出了扩繁新技术——微型扦插种苗快速繁育技术。

简单地说，就是摆脱了种苗主干扦插，种苗的分枝、嫩枝也可以用来扦插，这就极大地提升了繁育速度，而且通过技术控制手段，扦插的成活率也提升到了80%~90%。

说到这，曹有龙还提到了过去种苗繁育推广中的一大制约因素——选种周期。"过去培育推广一个新品种最少需要8年，现在我们运用分子辅助育种体系，通过基因检测手段，将时间大大缩短到一年甚至几个月"，曹有龙说，这样一来，良种的选定时间大大缩短，扩繁周期也大大缩短，种苗的迅速推广便不再是难题了。

从"地方队"到"国家队"

基础设施完善之后，曹有龙开始放眼全国。"那时候其他省份都建有国家级的花生、玉米、小麦等工程技术研究中心，已开始或者正在实现工程化开发，而我们宁夏的枸杞属于小产业，申请国家级项目还是比较难的，那时候的西北地区，一个国家级的工程技术研究中心都没有。"曹有龙开始为下一步的跳跃——成为国家级工程技术研究中心做准备。

他广泛搜集资料，撰写申报材料。"我拿着材料，给领导和专家一遍遍地演讲，让他们提问题，然后再修改。"曹有龙说，他也记不清那段时间他拿着那些能背下来的材料演讲过多少回，修改过多少次，只要有人提意见，他总会认真思考，做出适当的修改。

也正是功夫下到家了，2009 年，在参加国家级工程技术研究中心评选时，宁夏枸杞发展工程技术研究中心获评当年唯一的一个公益类国家工程技术研究中心，也是当时宁夏第一个国家级工程技术研究中心。

曹有龙讲到当时评选时的一个小故事："当时去的省份很多，国家科技司司长把我们召集起来，想先做一次预演，我们都把材料交上去，还没演讲呢，司长就发话了，说，你看你们这些大省份做的都是啥材料，你再看看人家宁夏的材料，多扎实……"曹有龙笑着说，那次预演之后，他带去的材料一份都没收回来，全部被其他省份抢走照着去做了。

破解"最后一公里"难题

在很长一段时期内，宁夏枸杞的食用方式都是以干果为主，出口国外也只是卖原料，只能赚劳力钱。曹有龙下定决心，一定要解决枸杞加工的"最后一公里"难题。

曹有龙借助国家枸杞工程技术研究中心的平台，对外展开合作，组建了枸杞深加工团队，引进了两位院士参与技术支持与研究，和西安交大、南京农大、四川大学等高等院校展开技术合作。通过不懈努力，目前他们已经研发出了枸杞鲜汁饮料、枸杞保健酒、黑果枸杞含片等具有自主知识产权的枸杞深加工产品 10 个。

"枸杞明目胶囊就是其中的一个产品，我们通过对外合作，提取了枸杞中高纯度的玉米黄素，这种成分是明目护肝的关键元素，用这种元素制成的胶囊，对眼睛的保护很有好处。"曹有龙说，他们目前已经获得国家专利 15 项，多项专利成果实现了有偿转化，转让费 1000 多万元。

曹有龙 1987 毕业于四川大学生物系，2000 年在四川大学生命科学院获理学博士学位。现任国家枸杞工程技术研究中心主任、国家枸杞产业战略创新联盟首席专家、宁夏"枸杞种质创新与遗传改良创新团队"首席专家，宁夏回族自治区科学技术带头人。曾获得全国劳动模范、全国先进科技工作者，自治区"塞上英才"等称号。先后主持 30 余项与枸杞有关的项目和课题。制订国标 2 部、部颁标准 2 个、地方标准 3 个；主编了专著 4 部；发表了 40 余篇学术论文。

（刘旭卓　文　本文采写于 2018 年）

曹有龙。
刘旭卓／摄

果业专家李玉鼎

2017 年，第六届国际葡萄酒设备技术暨葡萄、果蔬种植展在银川举办。此时，我们可以预见宁夏葡萄酒的未来，但谁能想象当初的宁夏贺兰山东麓，一片荒地上稚嫩的葡萄苗会生长出 140.96 亿元的品牌价值？

李玉鼎说，即使作为果业栽种专家，他也没想到。但 50 年前他和同事们在海原县引种第一株果树苗的时候，就坚定了一个信念：一定要让塞上江南遍地果园，桃李芬芳……

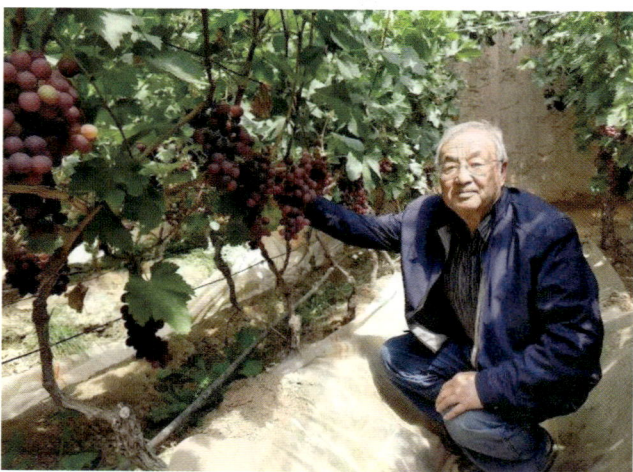

李玉鼎。

田间身影炎日下一丝不苟地查苗

第一次见李玉鼎的时候，是 2017 年 5 月中旬的一天。时间接近中午，太阳毫不留情地炙烤着大地，穿过一片树林下仅有的阴凉，只见一位头发花白的老人正蹲在阳光下的葡萄园里，一株一株地帮着果农检查葡萄出芽的情况。"根都干了，所以新芽长不上来，这样下去不行，得赶快栽上营养袋苗。"

边说着，李玉鼎又踏着田埂往更深的园子走去。跟在他身后的是从事葡萄种植 30 多年的张大姐和老伴儿，看着自己辛苦种的葡萄没发芽，两人有点发愁。"还来得及，这几天就赶快补苗。"李玉鼎蹲下身仔细观察葡萄根，继续传授施肥的技巧……

2007 年退休后，像这样的技术指导几乎让李玉鼎没有太多的时间休息，经常是哪里在果树种植上遇到技术问题难以解决，就会邀请他去。就在上个星期，今年已经 76 岁的李玉鼎坐车匆匆赶往红寺堡葡萄产业园区实地考察，"还是农民最关心的产量问题，得去看看。"

果园情结为宁夏南部山区引进果树

很多人知道李玉鼎，是因为在 20 世纪 80 年代初宁夏计划发展葡萄产业时，他就是论证组专家之一。"1981 年我们去玉泉营考察，那里还只种着粮食，有一部分还是一片荒地，能否种葡萄，土壤、水利、日照等条件都是考察的内容。"李玉鼎感慨地说，如今宁夏葡萄产业的年综合产值已近 200 亿元，这在当时是难以想象的。

其实，推动宁夏葡萄产业发展时，李玉鼎已临近退休，而在此之前，作为果树栽种专家，从 1965 年来到宁夏开始，他便致力于为宁夏南部山区引种果树，苹果、桃、梨、李、杏、葡萄……新品种的增多，不但丰富了山区的果树组成，更重要的是，改善了当地老百姓的生活水平。而这，才是他最上心的事。

李玉鼎说，自己有一个"果园梦"，也正因这个儿时的梦想，才促使他一直专注在果树栽培上进行着不断地钻研和尝试，而所有的努力，也让宁夏有了自己的"果园梦"。

艰苦岁月最怀念田间地头的奔走

现在回忆起来，李玉鼎说自己最怀念的，还是刚来宁夏的头二十年，怀念那些在田间地头奔走、调研、栽种的日子……"等我到了大学教书时，那些在地里的经验，成了学生们最爱听的故事。"李玉鼎笑着说。

那时在地里考察，夜深了李玉鼎就住在村民家，到了天寒地冻的日子，就裹个羊皮袄继续下地，有时候一天吃不上一顿饭……"我结婚那会，半个月都回不了一趟家，三十里路要走三个多小时，有时候周六往回赶路，回去一看满脚都是泡，没怎么休息，周天晚上就得再走回去。"李玉鼎说，妻子心疼他，后来问亲戚家找了个自行车，这才解决了回家难的问题。但即使如此，工作的忙碌还是让他很少能照顾到家庭，家里两个孩子几乎都是妻子一手带大的，"现在想想，妻子真的很不容易。"

苦虽苦，但投入在热爱的工作中，李玉鼎乐在其中。从年轻小伙，到白发苍苍，李玉鼎把宁夏当成了第二个故乡，而这里也让他找到了人生的价值。"忙一些好，说明大家还需要我。"

因一片桃园与果业结缘

从年轻小伙，到白发老人，李玉鼎把自己最好的年华，都奉献给了宁夏的果业建设。在这五十多年里，太多的故事让他难忘。

李玉鼎说，自己是在小学二年级的时候，因一片桃园与果业结缘的。当时，他家在北京大学附近，每天上学都要路过一片桃园。每当桃子成熟时，看园子的老人就会给路过的孩子们一些桃子吃。

"我记得那时最开心的事，就是从栅栏里望那片桃园，觉得那里太神奇了！"李玉鼎说自己特别喜欢看老人在园子里修枝、浇水、摘桃，那一片景象成了儿时最美好的记忆。冥冥之中，也让李玉鼎与果业结缘。直到考大学时，李玉鼎毫不犹豫报考了北京农业大学园艺系果树专业，他也想和那位善良的老人一样，亲手栽种一园子的水果。

说到当时挑选专业，李玉鼎说那时还可以报蔬菜专业，但一听老师介绍果树专业要常年进山学习实践，他想都没想就直接奔着果树专业去了。"我想进山，因为山里才是离果园最近的地方。"于是，从儿时记忆中的桃园，到大学课堂上的专业学习，再到毕业时选择到宁夏实现自己的"果园梦"，李玉鼎就这样一心扎在了果业建设上。

靠双脚走遍整个海原县

1967年，带着自己的"果园梦"，初到海原县的李玉鼎首先对这里的果树栽种来了一次大摸底。一根"打狗棒"，一些干粮，这就是他每次上山下乡时带的东西。遇上林子他就钻，钻进去看看种的是什么树，结的是什么果，有没有病虫害，自然条件有什么特点……

就这样一年又一年，李玉鼎硬是靠自己的双脚，走遍整个海原县，直到1971年，刚结婚的李玉鼎离开海原被

李玉鼎在葡萄园内指导农民栽种。

调至 30 里外的关桥乡方堡园艺站去做技术员，这一待就是十年。和家庭聚少离多的日子里，李玉鼎继续钻研专业，刚去园艺站时，当地果业总产量 4000 斤／年，等他离开时，总产量升为 20 万斤／年。说到这，李玉鼎说自己很感谢妻子这么多年的理解，没有家人的支持，他很难一路走下来。

"那时吃住都在农民家里，老乡知道了是来帮他们种果树的，都特别高兴。"李玉鼎说，深入山林田野，不但让他实践了大学所学的知识，更重要的是，了解了农民种植生产中存在的问题，这也成了他 30 岁那年被选为宁夏园艺学会理事最大的优势。

做自己热爱的工作，始终是快乐的

与很多大学老师不同，1981 年李玉鼎调至宁夏农学院任教时，因多年的基层工作经验，他很快成为学生们最喜欢的老师之一。直到现在，他依旧能叫出来当时他任班主任时的那一级园林系所有学生的名字，在他心里，那小小的三尺讲台上，装的却是他大半辈子的心血。

李玉鼎说，有时候除了给学生们讲和专业有关的知识，他还会讲自己在基层工作时遇到过的危险，每到惊险处时，学生们都会跟着倒吸一口冷气。问他印象最深的一次是发生了什么事情，李玉鼎笑着说，"车轱辘掉了。"原来，1971 年一次调研工作需要从海原到隆德，在翻六盘山时，快到山顶时，班车的一个轮子竟然掉了！一车人险些坠入悬崖……

如今想想，李玉鼎说自己这辈子没有虚度时光，也没有觉得从北京到宁夏日子过得有多苦，反而，在自己热爱的工作中，他始终是快乐的。

关注葡萄产业，心系农民增收

第六届国际葡萄酒设备技术暨葡萄、果蔬种植展在银川开展，来自法国、意大利、德国以及我国等 200 多个葡萄酒酿造、果蔬种植设备与技术品牌在展会上亮相。提及这样的国际会展在宁举办，李玉鼎说，这在 20 世纪 80 年代之前，是不可想象的。那时，面对宁夏大片的荒地，能否真正将葡萄产业发展起来，很多人是质疑的。

"宁夏种植葡萄的优势早已被证实，而当时在论证阶段，不管怎样困难，我们都必须坚定信心，这样才能推动这件事一步步走下去。"李玉鼎介绍说，宁夏成功举办了2016 中美葡萄酒文化旅游论坛暨第五届贺兰山东麓国际葡萄酒博览会，在此基础上，宁夏 40 款葡萄酒走进法国，在波尔多葡萄酒城进行为期 3 年的展示，成为中国唯一在波尔多葡萄酒城亮相展示的产区。

如今，"宁夏贺兰山东麓葡萄酒"从数百个国家地理标志产品中脱颖而出。在欣慰的同时，李玉鼎更关心的是通过葡萄产业的发展能否带动农民增收。"农民生活水平提高了，才是最值得高兴的事。"李玉鼎说，这是他的真心话。

链接

宁夏葡萄产业各发展阶段特点：20 世纪 80 年代初期，专家论证宁夏葡萄栽种条件及优势，并在玉泉营栽种万亩葡萄园；20 世纪 80 年代末期，换种育苗，引进赤霞珠、蛇龙珠、品丽珠等葡萄品种，发展宁夏葡萄酒产业；20 世纪 90 年代中期，整合资源，大力发展宁夏贺兰山东麓葡萄酒产业；21 世纪初至今，调整阶段，实现全区"小酒庄，大产区"建设。

人物简介

李玉鼎 1941 年 10 月出生于山东省今栖霞市。1965 年 7 月毕业于北京农业大学（现为中国农业大学）园艺系果树专业。1967 年，到宁夏南部山区从事林果业技术推广和果园生产管理工作，是当时海原林业系统第一位工程师。1981 年，调入宁夏农学院任教，1992 年就任宁夏农学院院长。1994年，开始享受国务院政府特殊津贴待遇。2001年，宁夏回族自治区葡萄产业协会在银川成立，李玉鼎为专家组组长。2004年退休后，仍作为技术专家继续指导宁夏果树栽种工作。

主要科研成果 公开发表论文30余篇，主编果树栽培、葡萄栽培书籍3部。从1988年至今共获自治区、农业部科技进步奖7项。其中"提高成龄果园产量质量栽培技术研究"，取得了新增产值4212万元的巨大经济效益，培训技术骨干1200余人，带动了银南地区果树生产的发展。

（王 敏 文/图 本文采写于2017年）

李玉鼎。

葡萄新芽破土。

王新明:
"鱼米之乡"养鱼人

    从银川市区开车沿 109 国道向北行,28 公里后,车子拐进了一条小路,路两边遍布鱼塘。王新明摇下车窗,指着外边说:"这些鱼塘都是在我当年养鱼成功后,带动农户相继开挖的……"

    其实,这位宁夏水产养殖专家所做的事,远不是带动别人挖了几亩鱼塘这么简单,他是宁夏水产养殖技术的研究者,也是产业经营的实践者。他的故事,与宁夏的水产养殖业息息相关。

王新明。

丢掉"铁饭碗"，跑去开鱼塘

宁夏自古被誉为"塞上江南""鱼米之乡"，但在上世纪五六十年代，宁夏人却面临着一个尴尬的事实：不会吃鱼。不会吃鱼自然就不会养鱼了，于是在那个年代，很多天然的湖泊，在大家眼里成了不能种粮的"大水坑"，白白"浪费"着土地资源。

据《宁夏通志·科学技术志》记载，20世纪50年代以前，宁夏居民食鱼总量少，鱼类的自身繁殖超过捕捞量，所以未形成鱼类养殖业，而到了50年代末，随着支援宁夏建设人口的增加，鱼类养殖业才开始逐渐兴起。正是在这样的历史背景之下，1985年，在贺兰师专（后并入宁夏大学）干了16年行政工作的王新明，辞职养起了鱼。他将村子旁边的一个"大水坑"开挖整修，建成了一个鱼塘。

当年在宁夏，像王新明家旁边这样的"水坑"太多了，它们的形成，得益于流经宁夏397公里的黄河，它造就了两岸池塘密集，排水沟、引水渠纵横，天然鱼类循环于河湖间的通道，水、光、热及饵料资源丰富，给宁夏水产业的发展创造了得天独厚的条件。

当年捧着"铁饭碗"的王新明走出辞职养鱼的这一步，这在很多人眼里是"不务正业"，但王新明有着自己的梦想，他想利用这片湖，改善自己的生活，也给宁夏的水产养殖业贡献一份自己的力量。

用鲤鱼养殖新技术创下新纪录

1985年，王新明养鱼的时候，宁夏每亩鱼塘的成鱼单产量很低。那一年，王新明的鱼塘亩产量是100公斤。"我当时一看这点儿产量，心里真的很凉，真怕像别人说的那样，竹篮打水一场空。"不过，王新明和普通的养殖户不同，他"喝"过墨水，知道知识的重要性。除了买来各种水产养殖的书籍，他还向当时宁夏水产研究所的技术人员请教，1987年，他用鲤鱼养殖新技术，创下了全区鱼塘平均亩产的最高纪录668.8公斤。

在《宁夏通志·科学技术志》的记载中，当年的宁夏，在鱼类品种引进和驯化，鱼类疾病防治、捕捞技术、饵料研究等方面也取得了一定进展，水产养殖品种由多年不变的"四大家鱼"，发展到鲤、草、鲢、鳙、鲫、鲶、罗氏沼虾、甲鱼、牛蛙等 30 多个品种。

而就王新明来说，亲身经历让他一直深信技术就是生产力。1990 年之后，他陆续办起为水产养殖户服务的综合公司、技术公司，从外地聘请来专家，为宁夏的水产养殖户免费上门服务，治疗鱼病。1999 年，王新明和县水产部门协商成立了贺兰兴民渔业协会，120 多名渔民加入协会，渔业生产慢慢走向组织化。

宁夏渔业的"丰收大奖"

如今回忆过去的经历，王新明说，最初的阶段，是自己最难忘的。

1987 年，由农业部主办的全国农牧渔业丰收计划，王新明毛遂自荐成为宁夏水产养殖试点。"丰收计划"选点时，专家在王新明的鱼塘边提了许多问题，王新明就问了专家和领导一句话："你们看我是个干事的人不？如果你们相信我，所有的问题我都能解决。"

从 1987 年到 1989 年的三年间，王新明分别拿到了"丰收奖"的三等奖、二等奖、一等奖。这对于以前从未养过鱼的王新明来说，很不简单，也给宁夏水产养殖事业讨了个好彩头。

但这背后的付出，只有王新明知道。"刚开始整修大水坑的时候，好多人都说我疯了，什么难听的话都有，相比吃过的苦，这些压力更让人喘不过气。"责难和不解，劈头盖脸。拿了"丰收奖"后，责难少了，前来观摩学习的人，络绎不绝。"那时大家才相信，在宁夏养鱼真的能致富。"他说。

王新明的话，从 2000 年宁夏的水产养殖数据中，也可以得到印证。据《宁夏通志·科学技术志》记载，2000 年，宁夏水产养殖总面积达 1.15 万公顷，年水产品总产量 3.7 万吨，人均占有量 6.8 公斤。水产养殖一跃成为全区农业的基础和支柱产业。

鱼水之缘，探索不止

　　约王新明见面时，记者提出到他的水产养殖基地去看看，他说："明天吧，今天有事。"第二天记者接到电话时，69 岁的他已经开着车等在路旁。从自己研发鱼食自动投喂机、引进新品种福瑞鲤，到如今尝试引进海鱼温室养殖技术，年近古稀之年的王新明始终走在水产养殖的路上，不觉辛苦。

　　站在王新明的水产养殖基地，眼前的投料机、增氧机、铲雪机……一应俱全。但在 20 世纪 80 年代的时候，宁夏的渔业机械制造，刚开始起步。

　　《宁夏通志·工业卷》中的记载显示，1980 年，宁夏柴油机厂开发研制出宁夏第一台淡水养鱼饲料加工机械。到了 1985 年，宁夏柴油机厂累计生产出各种型号的膨化饲料机 534 台。1986 年，开始批量引进颗粒饲料及加工机械。

　　王新明在参加渔业丰收计划项目时，为了给鱼喂颗粒饲料，跑到了当时的宁夏水产研究所制作颗粒饲料，原因很简单：当时这种机器很少，他能打听到的只有水产研究所有这样的机器。"晚上不回家，就在麻袋上睡，蚊子叮醒了，咬两口干饼子，喝几口凉水，接着干，连续 12 天，

20 世纪 80 年代，渔场工人工作的情景。
本人提供

我们把几亩鱼塘一年的饲料都做出来了。"

颗粒饲料喂出来的鱼长得就是好，尝到甜头的王新明立即筹集资金，决定自己亲手制作这方面的设备。最终，他做出了自己的颗粒饲料机，并推荐给其他养殖户。之后，在实践的过程中，王新明还从家用洗衣机上得到启发，制出了鱼食自动投喂机，解决了人工投喂耗时耗力、投撒不均匀的问题。

在宁夏安家的辽宁鱼

对于宁夏而言，早期养殖户养殖最多的是黄河鲤鱼，黄河鲤鱼金鳞赤尾，体型梭长、肉质细嫩鲜美。与其他几种鲤鱼相比，其肌肉中具有较高的蛋白质含量和较低的脂肪含量，含有丰富的人体所需8种氨基酸和4种鲜味氨基酸等。

"我们宁夏养殖户多养黄河鲤鱼，好是好，但产量还是不行。"王新明指着其中一个鱼塘说，"这个塘里现在养的是福瑞鲤，是我从辽宁引进到宁夏的，同其他鲤鱼养殖品种相比，福瑞鲤具有生长快、体型好等特点，生长速度比一般鲤鱼品种快20%以上，水温20℃~25℃时，食欲最旺，从早至晚不停地摄食；水温低于10℃，活动量很小，基本上不进食；适应能力强，能耐寒、耐碱、耐低氧，能在各种水体中生存；繁殖力强。"如今，贺兰新明水产养殖基地已确定为西北地区唯一的福瑞鲤扩繁基地，在他的带动下，宁夏的许多水产养殖户都开始养殖福瑞鲤，收入也稳定增长。

其实宁夏自从开始发展水产养殖，就在不断地尝试引进新品种。1975年从山东引进甲鱼104只；1982年从天津引进日本沼虾800只；1984年从安徽引进亲蟹200公斤；1996年从内蒙古调运银鱼；2000年繁殖南方大口鲶获得成功……宁夏的水产从业者、研究者，不断地为宁夏寻找着最好的水产新品种，带动宁夏的水产养殖业发展，使农民增收。

期待将来在宁夏能养海鱼

冬天的新明水产养殖基地没有客商和游客，显得很安静。王新明指着不远处的一处空地说，等开春了，这里就会建成一个海鱼养殖温室，"能把这项技术引进宁夏，并逐步推广开来，我这辈子就没有遗憾了"。

王新明的话，也在一定程度上反映着整个宁夏水产业在养鱼技术方面的不断探寻。《宁夏通志·科学技术志》的记载中显示，从 20 世纪 80 年代开始，宁夏的水产业研究者就在高产养殖技术、网箱养鱼技术、流水养鱼技术、生态渔业技术等方面不断研究和尝试。1988 年，自治区水产局和宁夏水产技术推广站就在王新明的水产养殖基地做研究，开展"农田排水沟流水养鱼亩产万斤试验研究"，试验集约化养鱼技术。直到今天，宁夏水产业在养鱼新技术方面的研究，也从未止步。

"这个海鱼养殖技术不受时间和地域的限制，自来水就可以养鱼，这要是在咱们宁夏推广开来，对于宁夏的水产养殖事业来说，又将是一个新的开始。"王新明的眼里满是希望。

人物介绍

王新明 1985 年，利用洪广镇高渠村村旁的野湖，整修起村里的第一个鱼塘。1987—1989 年，争取到试点，连续三年获"渔业丰收奖"。1989 年，获得全国科技致富带头人、全国劳动模范称号。1999 年，组织协商成立贺兰兴民渔业技术协会。2012 年，"优质鱼类苗种繁育与无公害项目"获得科技部"十一五"国家星火计划执行优秀团队奖；草鱼苗种设施化培育及高效养殖技术获得银川市科学技术创新一等奖；贺兰新明水产养殖基地获农业部水产健康养殖示范场称号。2013 年，贺兰新明水产养殖基地被国家确定为西北地区唯一的福瑞鲤扩繁基地。2016 年，获得宁夏离退休专业技术人才突出贡献奖。

（刘旭卓 文／图 本文采写于 2018 年）

周增仁：
那一年，银川人喝上第一杯
本地产牛奶

　　很多人都说平吉堡奶牛场是"宁夏奶牛的摇篮"，周增仁作为一名平吉堡奶牛场的退休职工，很认同这样的说法，也很自豪。但他第一次来到平吉堡的时候，怎么也不会想到，50多年后的平吉堡，会变成现在的模样；曾经那些简陋的牛舍，会成为奶牛的"摇篮"……让我们来一起听听周增仁讲述当年是怎么把这片荒沙地变成了良田。

支援宁夏

1960 年，我从浙江来到宁夏银川支援建设，当时和我一同来的，一共有 7500 多人，这 7500 多人分散在宁夏的各个农场，我被分配到了平吉堡农场。

那是我第一次离开家，坐了 9 天 8 夜的火车，来到了 2000 多公里之外的宁夏。下了火车之后，我们就坐着大轿子车去平吉堡农场，一路上大家都很兴奋，感觉很新鲜，到了银巴路的时候，车开始颠簸，起起伏伏，我后来才知道这就是宁夏人口中所说的"搓板路"。

我记得到了平吉堡农场的时候，在当时的老城墙底下，有一群人欢迎我们，车沿着小土路，直接就开到生产队去了。当时平吉堡农场已经建立了，但其实就是一大片盐碱地、荒沙地，光秃秃地没有树，光长着芨芨草。不过面积挺大的，说是规划面积有 28 万多亩，北边到当时的银川化肥厂，南到黄羊滩，东到包兰铁路，西到贺兰山脚下。别看面积这么大，真正能种地的土地，基本没有。我们的任务，就是将这一大片荒滩改造成良田。

从睡地窝子开始

到农场之后，刚开始住的地方，就是地窝子。地上掏一个坑，上面架一些木棍，用柴草篷好，底下铺上稻草，就这么睡。其实从 1950 年宁夏的第一个国营农场——灵武农场建设开始，基本上每一个农场的开拓，都是从睡地窝子开始的。

我当时的主要工作，就是站在拖拉机后边，当打犁手犁地。当时的拖拉机是"东方红"牌的，后边带的铁犁还没有液压技术，全靠打犁手站在后边转轮，这样才能保证犁铧犁地时不深不浅。

这个工作真是辛苦，犁地翻起来的扬土全都扑到我身上，从早到晚，基本上一直就是个"土人"。当时的平吉堡农场里，到处都是"东方红"拖拉机，24 小时不停地干，我们职工三班倒开荒。经过大家的努力，到了 1963 年，我们开垦出了 5 万亩可以耕种的良田。

当时的农场还不叫奶牛场，1963 年，为了便于管理，宁夏农垦局决定将平吉堡农场分为平吉堡第一农场和平吉堡第二农场。到了 1965 年，农场又合并了，直到 1979 年，"宁夏回族自治区国营平吉堡奶牛场"这个名称才正式确定。

虽然农场的管理体制经过 20 年才趋于稳定，但是平吉堡奶牛场的牛奶，却早在 1963 年，就已经供给银川人了。

荷兰奶牛安家贺兰山下

银川人喝上宁夏本地的牛奶，是在 1963 年。在这之前，银川人一般都是喝羊奶。1958 年，因为考虑到百姓的生活需求，宁夏向国家申请成立一个以畜牧和养殖业为主的农场，这就是后来的平吉堡农场。因为宁夏没有奶牛，所以又在农场专门组建了一个奶牛队。

1962 年，平吉堡农场开始养奶牛。当时引进的奶牛品种，是荷兰的"荷斯坦"奶牛。场里 14 名奶牛队的队员去北京等了整整 40 天后，才接到这些奶牛，然后用 11 节火车皮运回银川。这些黑白花的奶牛一共有 240 头，174 头分给了平吉堡农场，其余的分给了石嘴山、吴忠和银川等地的农场。

那个年代的银川，别说奶牛了，连耕牛都很少见到。我记得当时平吉堡没有牛圈，就在那个大堡子里养殖。那个堡子是建于明朝的一座军事城堡，后来被地震毁坏，乾隆年间又重修了，叫"平羌堡"，平吉堡也就是据此命名的。我见到这个堡子的时候，它已经比较残破了，后来逐渐被拆掉了。

当时养"荷斯坦"奶牛，大家都挺担心的，结果没想到它们的适应能力挺强。只要有吃的喝的，就长得体型健壮。其实平吉堡农场很适合发展畜牧产业，一是土地面积宽广，有 16 万多亩；二是靠近贺兰山，有优质的水源。

尽管没有牛舍、没有饲料，也没有很懂养牛技术的人，但"荷斯坦"奶牛总算在银川"安家"了。

第一杯产自宁夏的牛奶

　　银川人喝上第一杯产自宁夏的牛奶，是 1963 年 5 月 20 日。这天，我们引进的"荷斯坦"奶牛第一次产奶。当时运送牛奶的，是一个类似于跃进牌卡车的小车，刚开始就装几桶，一个桶能装 100 斤牛奶。

　　这些牛奶都被运送到银川市食品公司乳品加工厂，这个厂子的地址很多银川人应该都记得，在现在国芳百货和东方红购物广场之间的路口处。其实在刚开始供给牛奶的时候，大部分银川人还是喝不到牛奶的，因为量还是太少了，一天的产奶量大概有 500 斤。这些牛奶，一部分要供给新生婴儿，一部分做了炼乳。

　　为了保证奶牛的产奶量，奶牛队的队员像照顾自己的孩子一样照顾它们，当时农场的粮食生产水平较低，没有足够的饲料，队员就跑到外边去打草，然后背回来。当时奶牛队还有青贮窖，做青贮饲料的时候，我们整夜铡玉米秆，有时候太累了就直接睡在草料里，那时候因为犯困，铡草

20 世纪 60 年代初，平吉堡农场开荒的情景。本人提供

机时不时就割伤手。当时，国家也很重视这些奶牛，专门供给饲料，我们经常赶着毛驴车去银川粮库拉饲料。

平吉堡牛奶飘香街头

平吉堡牛奶真正开始在银川普及，大致是在改革开放之后，20世纪80年代初，只要有经济基础的家庭，每天最少也能喝到半斤牛奶，而这些牛奶中，90%以上都是平吉堡奶牛场供应的。

我记得很清楚，当年的174头"荷斯坦"奶牛，这时候已经"儿孙满堂"了，比1962年刚来的时候多了好几倍，拉牛奶的车，也从当初的一辆小货车，变成了10辆解放牌汽车，一辆车能拉差不多10桶牛奶，早上送一趟，下午送一趟。

而银川人打牛奶，也不用专门跑到银川市食品公司乳品加工厂。我们把牛奶送到加工厂之后，加工厂经过消毒处理，会装进铝皮桶里边，然后再送到银川市的各个街道，人们就在约定的街头地点等着打牛奶。

而这一时期，对于我们牛奶队的职工来说就更累了，早上5点钟得准时挤奶，8点钟去打草，打完草之后回来赶紧得继续铡草，我们最忙的时候，一天只能睡不到2个小时。

宁夏奶业发展的一个缩影

对于平吉堡农场，银川人熟知的还有平吉堡酸奶。随着改革开放的步伐加快，在20世纪80年代初到90年代初的一段时期内，平吉堡奶牛场开发了许多奶产品，有酸奶、奶糖、奶粉等。20世纪90年代初，还在秦皇岛办了一个饮料厂。

当年我们生产的"贺兰山"牌奶粉，还多次被评为自治区的优质产品。酸奶更是不用说了，那种小瓷瓶装的酸奶，许多银川人都喝过，也成为老银川的一种独特的味道，虽然现在换了包装，但说起平吉堡酸奶，我也觉得挺自豪的。

而对于我来说，这一时期印象最深的是奶牛三队的建成，因为这个队是我们场第一个机械化奶牛队，能同时养600头奶牛，还建成了一台可同时给24头奶牛挤奶的"双十二鱼骨式挤奶台"，那时候看来，这个挤奶台可先进了。

我是2006年从平吉堡奶牛场退休的，但直到现在我还是关注着那里的变化。从当年的一无所有到现在的成绩，平吉堡奶牛场的发展，凝聚着几代人的心血，也是宁夏奶业发展的一个缩影，说它是"宁夏奶牛的摇篮"，我觉得一点不为过。

人物介绍

周增仁　1946年出生，浙江省兰溪市人。15岁时来到银川平吉堡农场，先后从事平吉堡农场的开荒、奶牛养殖工作，1981年担任平吉堡农场畜牧公司党总支书记，2006年退休。

（刘旭卓　文　本文采写于2019年）

落户平吉堡奶牛场的宁夏首台转盘式挤奶机。

本人提供

刘虎山：
宁夏第一瓶干红葡萄酒的诞生

　　刘虎山看了一则新闻，说是宁夏21家酒庄的葡萄酒摆上联合国总部代表餐厅，供各国嘉宾品鉴。作为和农业打了一辈子交道的他，看到这则消息很振奋，同时，也让他思绪万千，30多年前，宁夏生产第一瓶干红葡萄酒的情景，好像又浮现在眼前，他给记者讲述了那段难忘的奋斗史。

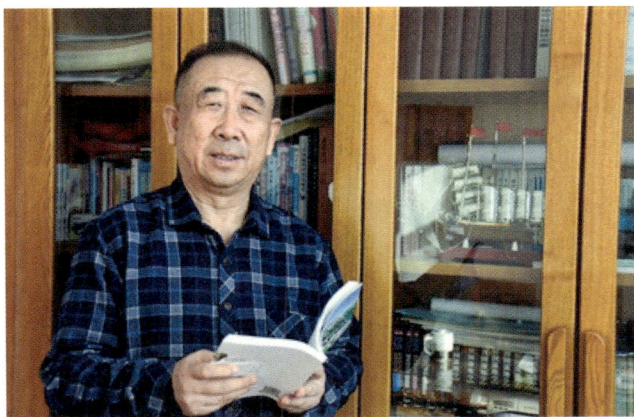

刘虎山。▶

从玉泉营农场说起

我是 1985 年 8 月从宁夏回族自治区党校毕业后，被分配到玉泉营农场当副场长的，那年我 34 岁。当时玉泉营农场的场长是谭以智，陕西人，大我近 20 岁，从他口中，我得知了玉泉营农场的建设始末。

20 世纪 80 年代以前，现在的玉泉营一带，就是老百姓口中所说的黄羊滩地区。当时包兰铁路以西是黄羊滩农场，以东是部队农场，这个部队农场就是玉泉营农场的前身。

1977 年，大武口简泉农场的七、八、九 3 个大队与部队农场进行了土地置换，再加上青铜峡连湖农场的一部分职工，最终组建了玉泉营农场。农场建立之初，耕地面积不足 1 万亩。

那个年代，玉泉营农场荒滩连片，经营十分困难。因为是新开发的土地，遍地砾石、沙质土，自然条件十分恶劣，职工生活也很艰难。当时农场种植的农作物是玉米和小麦，这片地域不仅土壤条件不好，而且干旱缺水，一亩小麦的年产量最多不超过 400 斤。

为什么要说这段历史？因为宁夏第一瓶干红葡萄酒的诞生，其实和这艰苦的自然环境有很大的关系。

"火炕催根"种葡萄

当时正值改革开放之初，面临上面所说的困境，玉泉营农场决定申请实行多种经营，试种葡萄。1981 年，谭以智到河北怀来县引进了葡萄条，但由于没经验，种了 20 亩，全失败了。这位 1953 年毕业于西北农学院的专科生和当时的园林技术员，开始研究葡萄在玉泉营如何才能成活。

谭场厂后来告诉我，他们想提高地温促进葡萄发芽，于是想了个土办法——用火炕催根。他们把葡萄枝条扎成小捆，码在火炕上，覆上沙土，将温度控制在 28℃~30℃，并在沙土上面浇水。20 天左右，葡萄枝条的根部开始发芽了，可以直扦建园了，他们把这种方法叫作"火炕催根"。1982 年，玉泉营农场用这种方法种了 3000 多亩葡萄，成活率在 70% 左右，效果很不错。这些葡萄的成活，为之后宁夏酿造第一瓶干红葡萄酒奠定了基础。

农场也十分重视人才储备。1982年，从中国果树研究所引进了两位专家——张国亮和刘效义，张国亮后来成为玉泉营葡萄园基地科的科长。1983年9月，通过中国葡萄酒泰斗郭其昌先生的介绍，玉泉营农场一行8人到河北省秦皇岛市昌黎葡萄酒厂进行了为期一年的葡萄酒技术的学习。

美酒飘香，其路艰辛

1982年，在郭其昌先生的带领下，河北昌黎诞生了中国第一瓶干红葡萄酒。前文提到的1983年外出学习的8位玉泉营农场的职工，当时就是跟着郭其昌先生学习。2年后，这8人在玉泉营农场的一个仓库中，酿造出了宁夏的第一瓶干红葡萄酒。

这8位职工回来的时候是1984年，当时，宁夏玉泉葡萄酒厂还在建设期间。

由于酒厂还在建设中，根据酒厂筹建处的安排，由学习回来的俞惠明负责葡萄酒酿酒试验，他们8个人在农场的一个库房里找了3间平房，那时候也没有不锈钢发酵罐，大家就买了100多个大水缸，开始试验工作。

当时的条件很艰苦，葡萄种类混杂，也没有自来水，废水也没地方排放，室内温度变化大，发酵也不能很好地降温……反正挺难的，因为当时宁夏在干红葡萄酒酿制方面还是一片空白，所以一些酿酒的辅料也买不到。制约因素真的太多了。

但最后，这些困难还是被克服了，试验进行得还算顺利。1985年2月，试验通过了自治区科委的验收鉴定，玉泉营农场正式酿造出了宁夏的第一瓶干红葡萄酒。

宁夏首家葡萄酒厂

宁夏第一家葡萄酒厂，就是宁夏玉泉葡萄酒厂。

1983年2月，自治区农垦局成立了宁夏玉泉葡萄酒厂筹建处，开始了对酒厂的设计、选址、勘测、预算等工作。当时的建设规模为：第一期计划年产葡萄酒1500吨，第二期按4000吨考虑，整体按年产1万吨葡萄酒进行规划。

1983年8月，酒厂开始招收第一批技术工人，主要招收农场子弟，组织了语文、数学、化学等文化课考试并体检。当时参加考试的有100多人，最后录用的就是前面咱们说到的8位同志。

1987年8月，宁夏玉泉葡萄酒厂竣工投产，刚开始生产的是"贺宏"牌系列的15个品种的葡萄酒。当时在国内，许多人喝的还是甜酒，也就是俗话说的葡萄汁，所以干红的那种涩味和苦味，好多人还不适应，觉得不好喝。

不过，我们的酒从生产出来，就有很不错的声誉。1988年的时候，在北京首届国际博览会上，咱们的半甜红、半甜白，"玉泉液"红、白葡萄酒，"双喜"红、白葡萄酒获铜奖；1990年，干红葡萄酒经轻工部仪器检测中心抽样为A级产品；1991年干红、干白葡萄酒荣获第二届北京国际博览会银奖，并被农业部评为"绿色食品"。

走过坎坷见生机

现在人们一说到葡萄酒，就是指干酒。但在中国第一瓶干红诞生之前，中国的葡萄酒基本上都是酒精度很低的甜酒，人们对干红的认知度很低。所以当时的玉泉葡萄酒厂，虽然研制出了干红，但仍以生产和销售甜葡萄酒为主。

随着时间推移，干葡萄酒越来越受欢迎，成为趋势和主流，甜酒的销路就逐渐不畅了。但20世纪80年代末90年代初，中国干红的国家标准尚不规范，干红市场也比较混乱。玉泉葡萄酒厂陷入一个"两难"的境地。1991年我接任玉泉营农场的场长时，面临的就是这样一种困境。由于销路不畅，债务、退休职工的工资开支等等，都成了厂子的拖累。没有办法，只能硬着头皮救厂。

1992年，我带着当时玉泉葡萄酒厂的厂长魏继武，去拜见了新中国成立后第一位在海外取得葡萄与葡萄酒博士的李华先生，当时他正计划建立中国的第一个葡萄酒学院，也就是后来大家所熟知的西北农林科技大学葡萄酒学院。

说明来意后，李华说明了三点：一是他答应来指导生产，二是要把玉泉营作为他的实习基地，三是希望能参与组建葡萄酒学院。我欣然同意。就这样，玉泉葡萄酒厂在

昔日宁夏玉泉葡萄酒厂的生产车间。
资料图片

李华的指导下，也在广大职工的坚持奋斗下，才慢慢走出了困境。李华来宁夏指导的时候，玉泉葡萄酒厂还生产过"李华"牌干酒，他也给宁夏输送了不少的葡萄酒生产专业人才。

1995 年，玉泉葡萄酒厂正式更名为宁夏西夏王葡萄酒业有限责任公司，酒厂迎来了新的发展时代。

人物介绍

刘虎山　1951 年出生于宁夏中宁。1985 年至 1995 年期间，在玉泉营农场担任副场长、党委副书记、场长，见证了宁夏第一瓶干红葡萄酒的诞生。

（刘旭卓　文　本文采写于 2019 年）

原玉泉营农场种植的葡萄品种。俞惠明提供

玉泉葡萄酒厂生产的各种葡萄酒。资料图片

王永宏：
在宁夏，将玉米种出全国纪录

　　如果要问宁夏哪些人最会种玉米，宁夏农林科学院农作物研究所研究员王永宏，必在其列。有多会种？举个例子，2010 年，他创造了当年全国玉米亩产纪录：1314.3 公斤。因为玉米种植科研上的成就，王永宏被授予"全国粮食生产突出贡献农业科技人员"，先后荣获国家科学技术进步奖二等奖 1 项，农业部全国农牧渔业丰收奖二等奖 1 项……

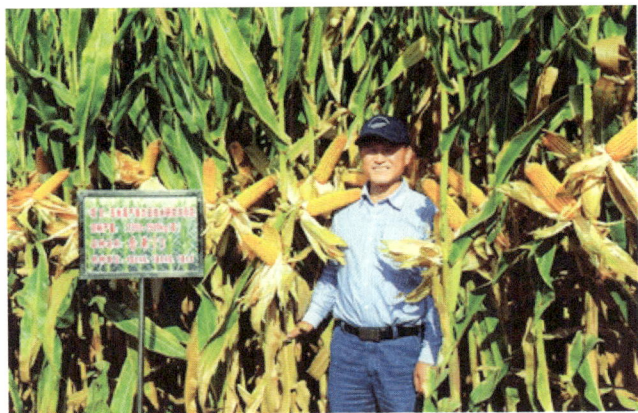

王永宏
在玉米地中。▶

只有两个人的科研基地

2018 年 4 月 11 日第一次联系王永宏的时候，他正在中卫给科技人员讲课。见到王永宏的时候是第二天，他开车急匆匆地从平罗赶回银川，当时下着雨，他的越野车后边全是泥。"这两天赶着春播呢，忙得很。"王永宏摘下鸭舌帽，一边和记者握手，一边打开车门招呼记者上车，"我们就在车里说吧。"

"这样跑很累吧？"记者的一句话，将王永宏的思绪拉回到 1990 年。当年，他从宁夏农学院（现属宁夏大学）毕业，7 月 5 日到单位，7 月 7 日就被派到固原市团庄村的一个科研基地蹲点。去了一看，除了几间破旧的土坯房，整个基地只有一个看门的老大爷。王永宏说，如果不是真的热爱这份事业，在那样的条件下，真的很难坚持下来。

他一直在那里待了 5 年，和助手两个人骑着自行车跑遍了周围几个镇子的土地。王永宏说，原先老乡种的品种都是杂乱的，他们去了之后，引进了新品种油葵和食用葵花，引进了耐盐碱的宁春 16 号等春小麦品种。

经过反复试验，他们在那里的盐渍化次生地上，将食葵和油葵的产量，提升了 20%，直到今天，这个地方依然是宁夏的油葵生产基地。王永宏说，那里的老乡很信任他，待了几年后，村里有个红白事了，一定会叫他们去，在老乡心里，他们也成了村子里的一户人家。

良种选育的艰辛历程

在固原农村的这段经历，让王永宏开始思考如何提高农作物亩产量，给辛苦的老乡增加收入。1997 年，一个新的项目——"宁南山区玉米新品种引进与制种基地建设"开始实施，王永宏参与其中。

"我们依据当地的光热资源，实施了配套技术，但却发现一个问题。"王永宏说，当时的玉米种子，是从山东引进的，种源难以保证。而且在平原种植的玉米，也面临着在山区"水土不服"的问题。王永宏和团队决定自己制种。

他们先在南部山区试种，选择长势好的玉米，再在引黄灌区培植种子。"那时候老乡们种的玉米品种很杂，产量也上不去。"王永宏说，当时面临的困难太多了，包括技术上的，人手也缺，研发资金也不够……但最终他们还是撑过来了。良种选育完成后，他们就开着车去给老乡送种子，车只能到县城，然后再坐着三轮车一路颠簸，最终才将种子送到老乡手中。

青贮玉米里的新方向

对于王永宏来说，最让他兴奋，也改变了他对玉米种植观念的，是从种植青贮玉米开始。

2000 年，伴随着养殖业的发展，宁夏玉米种植结构调整。王永宏带领团队，开始了优质青贮玉米的培育。

"在那之前的很长一段时间，人们对于玉米的观念就是粮食，专门种植奶牛饲料的想法还是比较淡。"王永宏的思想，从种植业向养殖业转变，种出牛爱吃、富含营养又便于加工的青贮玉米是他们新的方向。"我们在牛槽里放了两堆玉米，牛两边闻闻，然后选了爱吃的一堆，吃得一点不剩。"经过检测，无论是产奶量，还是牛奶富含的乳蛋白等营养，吃了青贮玉米的牛，比之前吃干草加玉米的牛，要高很多。

贫瘠土地上的全国纪录

说起玉米，王永宏滔滔不绝。除了青贮玉米，2000—2004 年，王永宏带领团队，引进新品种——承 706 号、沈单 16 号、高油 647 号，将宁夏一半以上的玉米品种更换，提高了玉米的亩产量。

最让王永宏欣慰的，是 2010 年，他在同心创造了当年玉米亩产 1314.3 公斤的全国纪录。也因此他被国务院授予"全国粮食生产突出贡献农业科技人员"。

"同心缺水，土壤贫瘠，那玉米为什么能种出这么高的产量？"王永宏说，原因其实很简单，同心有着宁夏最好的光热资源。"万物生长靠太阳，光合作用能产生更多的有机物，对于玉米而言，也能贮存更多的能量，我们选用了耐密品种，替代了之前同心县种植的玉米品种，并且反复做了大量的研究、实验，经过细心地呵护，最终成效显著。"这个事例，很好地诠释了王永宏嘴边常挂着的一句话：要真正把文章写在大地上。

其实除了把文章写在大地上，还要把双脚站在大地上，王永宏说起收玉米种子的一件事，能让人理解这个纪录产生的原因。"我记得有一次，我和助手在吴忠收玉米呢，突然就下起暴雨。我们浑身是泥，坚持将一袋袋的玉米扛上车。"王永宏说。

"现在我们在向'绿色、轻简、高效'的方向发展，要想办法让老乡花最少的力气，挣更多的钱。"王永宏扶了扶鸭舌帽檐说。

（刘旭卓　文　本文采写于 2018 年）

王永宏帮农民解决种植玉米的技术难题。
本人提供

张宝奎：
我的宁夏水产情结

　　说起银川的湖泊湿地、水产养殖业，张宝奎有很深的情结。他告诉记者，当时在银川城北，有一大片水域，位置大概是现在的上海路以南，北京路以北，北安巷以西，北塔巷以东的范围内，都属于当时的宁夏水产试验场，水域面积近千亩。

在家中接受采
访的张宝奎。
刘旭卓 / 摄

宁夏水产养殖起步

1964 年，我从原来的上海水产学院（现上海海洋大学）毕业，经国家统一分配来到了宁夏。头一天是在永宁县农业局住宿的，第二天一大早，有个姓徐的老汉赶着毛驴车来接我，徐老汉进了院子就扯开嗓门大喊："哪个是新分来的大学生？接你去渔场喽！"就这样，我坐着毛驴车到了工作的地方——永宁县渔场，位于现在的鹤泉湖，那时叫黑泉湖。

当时银川乃至整个宁夏的水产养殖事业才算是起步阶段。我听前辈讲，宁夏水产养殖的发源地，是在中山公园的文昌阁内，宁夏水产养殖的第一人，是已经过世的贺汝良老先生。20 世纪 50 年代初，贺汝良老先生从兰州大学生物系毕业后来到宁夏，时任渔业工作站站长，工作站就设在文昌阁。所以说，文昌阁是宁夏水产从无到有的发源地。

我到银川的时候，宁夏的水产养殖已经进行了 10 多年的时间，渔业工作站也搬到了现在的水产巷。

鹤泉湖渔场的岁月

我刚到永宁县渔场的第二天，就跟着工人去割草喂鱼。我们俩拿着镰刀，在 2 米多高的芦苇水道中前进。那时候虽然已经是 9 月了，但因为我刚从上海过来，对银川的气候还不太适应，所以感觉很晒，脸被晒得又烫又疼；攥握着镰刀割芦苇时，手上很快就起了水泡。

宁夏的养殖场刚开始养鱼的时候，本地只有野生的鲫鱼苗和鲤鱼苗，花白鲢和青鱼这些家鱼苗都需要从区外引进。而且，养殖条件也很简陋，我们当时挑选本地鱼苗的时候，没有任何防护用具，就直接站在水里挑。这也落下了病根，许多当时的养鱼职工后来都得了关节炎、老寒腿。当时捕鱼的网子也不像现在的这样轻便，那时候是直接用麻绳编织的，一浸水一条网就有几百斤重，我们就用一根柳木椽子穿到中间，两个人一抬，在鱼塘之间走来走去，压得肩膀酸疼，双腿发抖。

不过，在这些艰辛的劳动中，也有快乐的时光。第一次和渔场工人割草的时候，真的有种沉醉的感觉，我们俩撑着小船在芦苇水道之间滑行，抬头是蓝蓝的天，低头是清澈的水，眼前全是绿色，各种各样的小鱼成群地从船下游过去。芦苇丛中还能看到野鸭蛋，有时候突然飞出一只水鸟，或者跳出一条大鱼，冷不丁吓人一跳。当时的情景我到现在还记得很清晰。

其实20世纪60年代，宁夏人还不怎么吃鱼。有一件事我记得很清楚，当时我们从永宁县渔场拉了一车鱼去羊肉街口叫卖，刚开始没人买，后来我们把鱼剁开了，有些老百姓才过来称了一些。宁夏的水产养殖发展到现在，可是费了不少劲。

起步时期何其艰辛

20世纪60年代，宁夏的水产养殖刚起步，家鱼苗要千里迢迢去安徽、湖北等长江沿岸的省份去采购。每年，自治区水产站都会集中组织五六个人的采购小组，去长江沿岸购买鱼苗，那时候大多去芜湖。

当地渔民给我们挑好鱼苗之后，大家就将鱼苗运往火车站。鱼苗被装进事先联系好的一节"闷罐子"车厢，那种车厢四四方方的，没有窗户，只在当中有一个推拉门。我们在车厢的两端架起和车厢一样宽，一人高的装满水的帆布篓子，然后将鱼苗放进去。我们休息的地方，就是车厢中间推拉门的地方。

一路上都得操心，要不断地用木制的击水板击水造氧，防止鱼苗因为缺氧浮头。乘火车运鱼苗，从安徽到宁夏得走四五天。这四五天，押运人员一路上要多次给鱼篓换水，吃住都在车厢，十分辛苦。那时火车动不动就临时停车，时间没有规律，也停不到站台上，所以很多押运鱼苗的职工在火车上吃饭都成问题，有时候换水换到一半，车又开了……经常会遇到各种让人措手不及的状况。押运一趟鱼苗回来，每个人都蓬头垢面的。

有了自己的家鱼苗

后来到了20世纪70年代，自治区农业厅水产处组织了各县渔场的技术人员，到当时的万宁县（今海南省万宁市）和南海县（今广东佛山市南海区）的水产养殖场去学习家鱼繁殖技术。技术人员学成回来后，区水产试验场就建了种鱼培养鱼塘和家鱼繁殖温室，各个县级的渔场也开始试着搞家鱼人工繁殖。当时永宁县渔场和东门外的银川市渔场搞得比较好，宁夏终于有了自己繁殖培育的家鱼苗子。

但是，随着全国渔业经济的市场化，宁夏的鱼苗虽然繁殖成功了，却遇到了销路不畅的现实问题。当时南方的鱼苗4月中旬就能出苗了，但我们的鱼苗直到5月份，甚至6月份才出苗，时间差了一大截。另外，南方的鱼苗即使运到了宁夏，还比宁夏本地的鱼苗价格便宜，所以当时养鱼户都去南方买鱼苗。

当时虽然因为市场规律的原因，宁夏繁殖出来的鱼苗虽然销路不好，但这些繁殖技术和经验的积累，为后来宁夏水产养殖的发展起到了重要作用，后来我搞螃蟹养殖、南美白对虾养殖，都借鉴了当时的技术和经验。

20世纪80年代贺兰的渔场。

本人提供

引进第一批螃蟹苗

除了自己繁殖鱼苗，20世纪70年代的时候，宁夏水产行业开始尝试引进更多的水产品。1974年，我去上海崇明岛的八滧港采购天然蟹苗，一共买了10多箱，也就是20多万只蟹苗。

当时是空运回来的，从上海出发，在南京停了一站，然后再飞到兰州。到兰州时，我问工作人员能不能给我找个宽敞点的地方，能够给蟹苗喷水，防止它们干死。那个工作人员很热心，把他们的会议室腾出来了，我就搬着箱子上了会议室，一个个摆开后，会议室都占满了，我就挨个给箱子喷水。因为当天已经没有飞银川的飞机，我就在兰州住了一晚，第二天才到达银川。

这是宁夏引进的第一批蟹苗，回来后给各个渔场都分了一些，永宁县渔场的苗子长得很不错，第二年就有三两多了，有些大的甚至都有四两。但在当时的宁夏，许多人还不认识螃蟹。我和同事一起去羊肉街口叫卖，大家都凑过来好奇地问："这是啥？"几乎没有人买。后来从当时的上海新村来了几个上海人，他们认识螃蟹，挑了几个母蟹。

再后来，螃蟹繁殖在宁夏也搞成功了，但因为繁殖成本太高，只好停止。从那时候开始，宁夏的水产养殖，逐步从外地引进新品种了。

向宁夏老水产人致敬

最初在宁夏推广水产养殖很辛苦。在集体农业经济时期，我们渔场的职工经常会骑着自行车下乡，寻找有湖泊的生产队，然后宣传动员他们养鱼，每年五六月份，愿意养鱼的生产队会来人，赶个带帆布篓子的小驴车，我们就将鱼苗装给他们，运回生产队。

后来经过宣传推广，养鱼的生产队越来越多，到了卖鱼种的季节，各个生产队赶着小胶车聚到渔场来，也有种"车水马龙"的壮观景象。我们也很有成就感，干得热火朝天。20世纪60年代，我们还往固原水库送了几次鱼种呢。

20世纪80年代后期到90年代初，银川的水产养殖得到了迅速发展。

宁夏开始有了个体养殖户，发展最快的是贺兰县。1985 年个体户刚开始养鱼的时候，贺兰县就迅速出现了 40 户。到了 20 世纪 90 年代后期，贺兰县因为水产养殖发展迅速，成立了贺兰兴民渔业技术协会，刚开始就有近百名会员。

现在很多当年和我相识、一起搞水产的人都老了，有些人已经去世了，他们为宁夏的水产事业做了很多事，我也想借这个机会，向当年一起奋斗在水产战线上的同志致敬！

人物介绍

张宝奎　1938 年出生。1964 年毕业于上海水产学院（现上海海洋大学），同年由国家统一分配到宁夏。历任永宁县渔场技术员、场长，自治区水产研究所副所长、所长。1998 年退休。宁夏长期从事鱼、虾、蟹繁育养殖工作的专家。

（刘旭卓　文　本文采写于 2019 年）

孙兆军：
水与土的"魔法师"

　　提到孙兆军，不少农民朋友都很熟悉，他的"科技魔法"，让不少撂荒的农田，快速变成了高产田。即使是素不相识，只要家中有田，如果使用他发明的节水灌溉技术和设备就能提高产量。在农民眼里，这位科研人员，没有想象中那样"高大上"，而是一个地地道道、有一副热心肠的农民的儿子，他是宁夏能解决"十年九旱"的科研带头人之一。

孙兆军。
本人提供 ▶

情系土地出良方

2018 年的暑假，对于专注科研的孙兆军来说，又将要在忙碌中度过，用他的话来说，"放了假，静下心，正好可以做更多的事"。好不容易到了记者约好采访的这一天，孙兆军早上和下午参加了三场会议，谈话的时间只能在会与会的间隙进行。

采访结束后，他简单快速收拾了行李，赶往机场飞西安，参与一个关于能源化工场地污染项目的洽谈。

30 多年来，他的足迹遍布全国各地乃至世界多个国家的田间地头，研究节水灌溉和盐碱地改良。为我国西北、华北、东北 16 个省区，累计补灌农田和改良盐碱地及其生态修复 110 多万亩，辐射推广近千万亩。让那些寸草不生的旱地和盐碱地长出庄稼是他最大的心愿。

技术推广出国门

孙兆军和团队在节水灌溉新技术研究方面，共主持完成了 20 多项国家及地方重大科研与成果转化项目。但他更想与其他国家一决高下，现在已经将自己的技术带到了阿联酋、阿曼、埃及、加拿大、新西兰等近 10 个国家。

早在 2014 年，孙兆军的技术就已经走出了国门，并在阿联酋和阿曼节水技术测试中，超过了美国、韩国和西班牙等国，成功与他们签订了合作协议。最终的成功和近几年连续收到多个国家的邀请，离不开科研道路上的坚持。多少个日日夜夜，他在实验室里，反复模拟了高温、高紫外线的情景，最终研制出了特殊的灌溉材料和技术。

2018 年，孙兆军又飞往埃及，洽谈技术转移的协议，这已经是他第 3 次将技术带出国门。"现在我们的节水灌溉技术已经到了第四代，实现了精细化灌溉和手机远程操控，越来越多的人开始肯定中国制造，这也是我的骄傲。"他说。

一方水土，圆梦初心

三十年的坚守，三十年的践行，孙兆军和他的团队所到之处，不仅增添着大地的色彩，也改良着大地的土质。一次次攻坚克难的历程，一项项专利技术的背后，凝结了他们的心力和智慧，也寄托着一份心系土地与民生的深沉情怀。

孙兆军的老家在中卫市海原县，虽是"十年九旱"之地，却盛产含糖量丰富的硒砂瓜。在他的记忆中每年六七月份是农户人家最忙碌的时候，男女老少齐上阵，把一桶一桶水精心地浇灌在脱贫希望的瓜苗上。

"这时候的硒砂瓜正是蓄水期，平均一周就要浇一次水，人工灌溉效率慢、浪费多，如果在这个时候灌溉速度没跟上，那年的西瓜收成势必就大幅降低了。"孙兆军说。一方水土养育不了一方人的无奈，让自己从小就有了帮助家乡解决灌溉困难的想法。

1999 年，是孙兆军研究节水灌溉技术的第二个年头，在银川工作和学习的他，每年都要回到海原县。村民们灌溉的方式，虽然已经由人工浇灌变成了农用车拉水灌溉，但蓄水的工具是铁罐，要三四个小伙子才能抬动，第二年还容易出现生锈、堵塞的问题。

孙兆军 37 岁那年考上了西北农林科技大学的在职研修班研究生，学习的专业是植物学，其中的植物生理、作物栽培以及重点内容水分亏缺与不同灌溉方式对植物生长发育的影响等等，引起了他极大的兴趣。

首项专利为家乡作贡献

一边学理论，一边去实践。也是在 1999 年，孙兆军得到了学校支持的一个小工厂，开始利用自己所学的专业知识，制作塑料罐和灌溉管道，研发初步完成后，他借了一辆农用车，拉着塑料罐决定先在自己家做试验。至今他也难以忘记，将开水阀扳下来的那一瞬间，挂在车后面的管道"哗"的一声，均匀冒出水后的那份喜悦，因为这终于让祖祖辈辈人们手提肩挑或拉着笨重容易生锈铁罐灌溉方式成为了历史。

"塑料罐能装下两方水，一次能灌溉近一亩瓜地，农户家的十来亩地一天就能灌完（轮灌一次）。我们村的人是第一批享受到这一成果的。后来，我有生第一次将这项技术申请了专利，进行企业化生产开发，如有企业来取经，我都免费提供了全套技术。"他说。后来，这项技术得到了改进，越来越得到了普及，不仅在我国西北、华北、东北有使用，而且在蒙古国和我国的云南、贵州都有使用。虽然我国节水灌溉方面的科技发展突飞猛进，但至今还有不少地方的农民在使用这项技术，在我国世纪交替之际，这项节水灌溉技术起到了不可替代的作用。

产研结合，实效说话

2012年5月，孙兆军被选派到同心县王团镇大沟沿村开展科技扶贫工作，利用这个机会，他提出在村里建设百亩节水灌溉示范区。虽然已经和当地政府部门协商好了，但显然，旱塬上能不能搞成节水灌溉？村民们根本不知道孙兆军他们的来头，还说了些风凉话，认为这些教书匠是在胡闹。

面对村民们的不信任，孙兆军制订了可行的工作方案，第二年开春时，他和同事一行4人，顶着六七级刺骨的大风，每天到田间地头安装节水管道。一个月努力，硬是完成了百亩节水灌溉示范区建设，示范推广了近10项旱作节水技术成果，建立了200亩自主研发的风光互补节水灌溉系统和水肥一体化设备示范基地。

"记得在试验初期，每天和老乡们同吃同住，早上吃碗油泼辣子面，带上几个饼子，灌一塑料桶开水就出发了，为了测试设备的稳定性，有时候要冒着大风大雨做试验，老乡们笑话我们说，这些娃娃都傻着呢。"他笑着说。

当地群众看到这些"教书匠"是真心实意想帮助他们脱贫致富，便配合着种植了一年两季的拱棚甜瓜和红葱。到了秋天，大沟沿村节水灌溉示范区农田亩产值高达1万多元，村里人都大吃一惊。

拯救"不毛之地"

孙兆军的节水灌溉搞得热火朝天，很快就在圈内传开了。2004年10月，一位清华大学的院士弟子发来邮件，问孙兆军是否愿意合作开发盐碱地改良技术。他心想，宁夏有着大面积的盐碱地，自己节水灌溉项目经费还剩下10万多元，这件事可以做，便回复邮件爽快地答应了。

"通俗地来说，盐碱地里含有盐碱成分，人不能吃太多盐，何况植物呢，由于蒸发，所以盐碱总在地的表层土壤'咬着'植物的根茎，如果是碱化盐碱地的碱性成分遇到脱硫石膏后，会使结成块状的土壤开始变得松软，经过灌水就会将盐碱沉到地下，我们称之为洗盐。"他说。

孙兆军的第一块试验田，是他和清华大学徐旭常院士、陈昌和"973"首席科学家共同选在了西大滩的前进农场。试验成功后，在国家和地方科技项目的支持下，宁夏大学牵头与清华大学、宁夏农科院、农垦局及区外的相关科研机构，迅速将技术推广到了内蒙古、东北和新疆等地。这项技术一共"拯救"了10个省（区、市）的100多万亩盐碱地，取得经济效益5.6亿元。

人物介绍

孙兆军　1962年出生，博士生导师，宁夏大学资源环境学院院长兼环境工程研究院院长。长期从事我国西北和其他国家旱区农业水土工程关键技术及装备的研发工作，享受国务院和宁夏政府特殊津贴，先后被评为国家"百千万人才工程"一、二层次国家级人选，宁夏"塞上英才""先进科技工作者"，荣获第七届中国"发明创业奖"和宁夏大学成立50周年"十大突出贡献奖"；《北京林业大学学报》编委，"长江学者"、国家科技进步奖等奖项的评审专家。

（闫　茜　文　本文采写于2018年）

孙兆军在查看盐碱地改良种植黑枸杞情况。本人提供

妙手仁心陈树兰

2015 年 11 月采访陈树兰女士时，她依旧忙碌在医疗一线。每周一次专家门诊、5 次查房，另外还有无数突然而至的疑难病例讨论……这些早已是她多年从医生涯的一种常态，"我习惯了，我也离不开病人。"

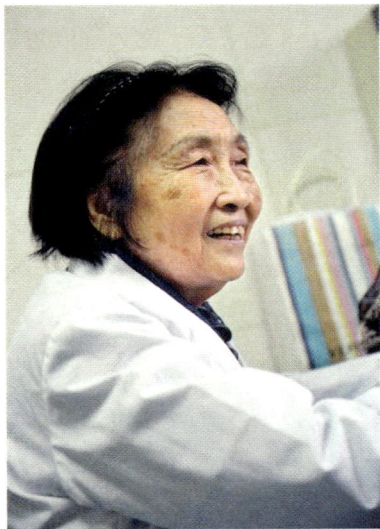

陈树兰。
李靖／摄

严谨的医者

因为不是在陈树兰的工作时间采访，所以她没有穿那件经典的医生白大褂，当时她身着一件紫色毛呢大衣，背对着我们在打电话。从语速和话语逻辑上，我们很难把眼前这个陈树兰和那位 84 岁的陈树兰联系起来。眼前的陈树兰说话"嘎嘣脆"，言辞礼貌、克制、严谨，却声声透着一股毋庸置疑。

陈树兰察觉了我们的到来，回过头，示意我们稍等，然后又向电话里的人解释，"我这儿来人了，先这样！"其实她还不用这么顾及我们，因为距离我们约定好的访谈时间，还有半小时。

转过身，眼前的她更出乎我们的预想，她身板清瘦笔直，眼清目明。见到我们，她还是忍不住"埋怨"，"我就是个医生，再说得问心无愧一点，算是个好医生。医生的职责嘛，救死扶伤，如此而已。"

但是宁夏医学界的人都知道，陈树兰这短短的"我只是个好医生"的背后，付出过多少常人难以想象的努力。眼前这位 84 岁的医者，在她 62 年的从医生涯里，用她的妙手仁心为宁夏临床医学内科学缔造了太多"第一"，正是得益于这一次次难得的"第一"，宁夏的内科学才从当初的"一片空白"发展到今天这样一个地步。

为争口气，一路读到医科大

访谈陈树兰的过程，极其"惊心动魄"，因为她随手拈来的一个故事，都关乎生死、命悬一线，让人感叹生命何其韧又何其弱。而陈树兰自己，在这无数的生命故事里，一直以来的角色，就是"救死扶伤"。

1931 年 12 月 2 日，陈树兰出生在吉林长春。父亲是个会计，母亲是家庭妇女，育有 8 个儿女，一家人生活艰难。爷爷奶奶受老观念影响，不支持陈父送女孩读书。这点让陈树兰很不服气，"我非念不可。"那算是陈树兰倔强个性的一次初露。6 岁那年，她从姐姐、叔叔那儿筹得学费，拿着哥哥的旧课本，开始了她的读书生涯。

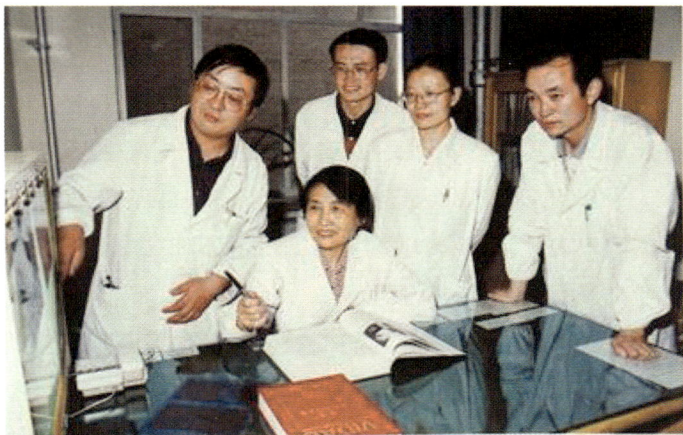

研讨。
本人提供

陈树兰的书念得很好，以至于后来陈父都舍不得不让她上学，陈父松口说，"只要能读公立学校，就读吧。"就这样，陈树兰攒着一股"不允许自己读不好书"的劲儿，终于在1948年以高中二年级同等学力考入长春军医大学，后转入中国医科大学。

陈树兰走上学医道路很偶然，"因为军医大学生是军人编制，所有一切实行供给制。"这些能确保陈树兰"一路读下去"。临去大学报到前夕，陈树兰还郑重其事地给家人发表过一个"申明"，"我要上大学去了，从此，我再不是家里的负担。"

得之不易的大学读书机会，陈树兰自然倍加珍惜，"书念得特别好，几乎科科满分。"学习的同时，陈树兰还练就了惊人的记忆力。这点我们在采访中也有体会，什么时候上学，什么时候入党，什么时候来宁夏，她的某一患者手术前后血压数据、血相值变化，她均能毫不迟疑地一一道出。

义无反顾，奔赴宁夏

1952 年，陈树兰响应国家"支援大西北"的号召，被分配至西北卫生部直属医院，地点在陕西西安。她的大学同桌，也是她的男朋友被分在西北民族医防队，工作地点在阿拉善左旗，当时属宁夏省管辖。

一年以后，西北大区撤销，陈树兰面临新的选择。一位长辈建议：宁夏缺医疗人才，再说你男友也在那儿，不如去宁夏吧。就这几句话，让陈树兰义无反顾前往宁夏银川。

1953 年 5 月 5 日，是陈树兰到宁夏省人民医院报到的日子。当年整个宁夏省人民医院的医疗条件是：全院只有 100 张病床，其中内科病床 37 张；普内只有一名主任和两名护校毕业的中级医师；医疗设备极其简陋。

尽管当年宁夏的医疗条件非常落后，但对陈树兰来说，却是"受益一生"的一段从医经历。当年普内主任胡善昌的言传身教，对陈树兰"帮助巨大"。胡主任医术、医德俱佳，患者很信赖他。他还注重培养新人，陈树兰刚来，听不懂宁夏话，他便专门安排一名护士陪她上门诊。虽然胡主任对病人、后辈很和善，但对陈树兰的业务要求却极其严格，"查房时，他非要求我把病历背下来，还要求我随时报告患者入院后 24 小时内的血常规、尿常规等各项数据。"

宁夏内科学的奠基人

1957 年 9 月，胡主任调离宁夏省人民医院，普内的 37 张病床交给了年仅 26 岁的陈树兰。"可把我愁坏了。"虽然毕业于正规医科大学，但是面对疑难杂症，一下没了老师的指导，陈树兰还是会不安。

就这样，一本俄国人编的《内科学》和一本《中华内科》，成了陈树兰看病问诊时的"良师"。遇到书里没有记载的病例，她只能一遍遍打电话向西安医学院的老师请教。如此积累，她医术渐精。

1959 年，患者霍某，高烧不退半个月，求医到陈树兰处。陈树兰问诊时发现一个细节，该病人在一个月以前得过一次痢疾，于是她怀疑病人可能是由于阿米巴原虫感染导致的肝脓肿。但当时医院只有普通的 X 光机，陈树兰只能仔细查体，最后她终于在肝脏区域发现患者的明显痛点。局部麻醉该痛点部位时，她用一根小空针，抽出了脓液，患者病情终于得以确诊，并在治愈后出院。"他现在还活着，90 多岁了。"陈树兰说，自己在那段时间能成长得那么快，凭的就是刻苦学习、责任和爱心，"没有这些，我无法做救死扶伤的大事。"

凭着从医的信念和情感，陈树兰赢得病人尊重，也为自己的事业发展争取到机会。经她之手，诞生过不少宁夏医学的"第一"：做了宁夏第一张心电图、超声心动图；实施宁夏首例骨髓穿刺术；实施首例心包胸腔穿刺术；实施宁夏第一例右心导管手术；实施宁夏首例胸外电除颤抢救术……多次"首例"终于奠定了宁夏内科学尤其是心血管内科的基础。而陈树兰便是那个当之无愧的奠基者。

为每一个生命，全力以赴

经由陈树兰之手，诞生过诸多宁夏医学界的"第一"，挽救了无数生命，但她只用了一句话来总结其从医的一

陈树兰与
同事交流研讨。
本人提供

293

生——"我算是个好医生吧。"好医生的标准在陈树兰那儿是"博爱、认真、严谨、有担当"。她说，"患者以'生命相托'，我唯有谨慎行医，方能不负医者之任。"

自从医那天起，陈树兰就暗下决心，"医者要有一颗博爱之心"。她觉得这是从医之本。因为心怀博爱，陈树兰对家人照顾得很少，女儿说："从小到大，母亲从未给我唱过一首儿歌，洗过一次澡。"也因博爱，丈夫因病去世前，陈树兰没能陪伴在侧，"这是我一生最大的遗憾。"

面对患者，陈树兰却是全力以赴的。1971 年，54 岁的患者因腹痛来到宁夏医学院附属医院求治，临床诊断为"急性心肌梗死合并休克"。医院请当时下放到银川郊区良田公社卫生院的陈树兰回院抢救。陈树兰的抢救工作进行了 48 小时，患者病情才得以稳定。下了手术台的陈树兰又来到病房，48 小时人工监测患者生命体征各项数据，直至 7 天后，患者病情好转，陈树兰才离开。

"每一个生命都是珍贵和平等的，医生的职责就是全力以赴让他们健康活着。"陈树兰一生都在践行这个信念。1975 年，陈树兰遇到一位"自发性食管破裂"患者，当时患者已重度缺氧、呼吸困难、双侧胸腔积液、四肢发凉，处于休克状态，医学上讲这种病例的死亡率达 70% 以上。陈树兰组织内科医生抢救患者 5 天 5 夜，但患者术后心、肝、肺、肾等器官又相继出现并发症。眼见此情景，连患者家属对治疗都不抱希望，但陈树兰却没有放弃，她又全力以赴实施抢救，最后终于把患者从死亡的边缘拉了回来。

做敢于承担的医者

2011 年 10 月的某天，陈树兰接到 74 岁患者边某电话，说当天是他"再生"一周年的日子，谢谢陈树兰的救命之恩。原来，一年前，边某因急性心肌梗死被送往银川一家医院施救，放置心脏支架后苏醒过来。但术后 4 小时，边某开始呕血，止血药不起丝毫作用。危急时刻，院方请来时年 80 岁高龄的陈树兰。

陈树兰赶到后，当即吩咐护士用塑料袋接上患者吐出的血，进行称量。根据血的颜色和测算，陈树兰判断是胃小动脉出血，必须通过胃镜找到出血点，进行局部给药才能止血。但那时的患者血压只有 80/60 毫米汞柱，心率 120 次 / 分，下胃镜可能会出现心律失常，发生意外，但如果不采取措施，患者很快会因大失血死亡。两难局面下，没有人敢承担这个责任。陈树兰权衡利弊后，果断决策：下胃镜。胃镜下看到一根小动脉血管正在咕咕冒血。血从源头止住了，很快，患者血压恢复至 110/80 毫米汞柱，心率 90 次 / 分以下。病人活过来了。

"每台手术都会有风险，但不能因为风险就放弃手术。只要术前诊断清楚，手术方式、时机正确，判断手术对患者的获益和风险的利弊关系准确，并能预测各种术后并发症，此时，医生就应该敢于承担这个风险。"陈树兰说，一个有担当的人，为医才能挽人生命于弦线，为师才能鼓舞学生，给学生以前行的勇气。

学高为师，言传身教

除了医者，陈树兰还有一个身份广为人知。1983—1994 年她担任宁夏医学院院长。至今宁夏医疗战线的不少业务骨干都是陈树兰的学生。

2011 年，陈树兰以高尚的医德、精湛的医术和广播桃李的胸怀当选"感动宁夏·2010 年度人物"，颁奖台上，她的一席话让听者动容。她说，对她而言最大的快乐就是把危重病人从死神手里夺回来；最大的满足是培养一批栋梁之材。

陈树兰无疑做到了。在她担任宁夏医学院院长期间，她和院领导班子共同促成了两件对宁夏医学界乃至宁夏教育界都影响深远的大事：一是为宁夏医学院争取到了宁夏第一个硕士学位授予单位；二是创办医疗口的成人高等教育，填补了宁夏没有全日制成人高等医学教育的空白。陈树兰和同事的执着丹心，为宁夏医学院的发展和宁夏医疗人才的壮大奠定了坚实的基础。

离休后，陈树兰被宁医大总院返聘。临床上，她更加注重培养接班人，查房时尽量让年轻医生诊断、处置，在各种讨论会上，她也尽量把自己一生的积累、了解到的前沿资讯传递给年轻医生。

医患关系，沟通是"良药"

说到现在紧张的医患关系，陈树兰反问，"怎么没有患者和我吵架，找我麻烦？"确实，从医62年以来，陈树兰从未遇到过一起医患纠纷。陈树兰说她并非拥有什么"起死回生"的妙方，她的药方就是"沟通"。

"一定要用老百姓能听懂的话去沟通，别一上来就说，'你得了二尖瓣狭窄，要动手术，手术有风险，要有心理准备'。老百姓哪听得懂！你得告诉他，心脏好比一个泵，为你的全身供给血液，现在这泵有个零件出问题了，不能按心脏正常活动去供血，所以你胸闷头晕、喘不上气、吃不下东西、浑身没劲。现在我们要把这个零件换了，换个人工的……这个手术我们医院已实施了万例以上了，技术很成熟。由于手术要打麻醉药，每个人对麻醉药的反应不同，所以有可能出现意外……这样讲，病人就能了解病况和医

陈树兰。
李靖/摄

生采取的治疗措施，即使发生意外，也能理解，而不是妄加揣测，最后导致情绪和行为失控。"

陈树兰说，对于医患关系，如果医生能够多从患者利益出发，带着感情向患者解释诊疗措施的理由，自然会赢得患者的信任和理解。

链接

陈树兰的"第一"

◎ 宁夏第一个从正规医科大学毕业的内科大夫。

◎ 做了宁夏第一张心电图。

◎ 实施宁夏第一例右心导管手术。

◎ 实施宁夏首例胸外电除颤抢救术。

◎ 实施宁夏首例骨髓穿刺、首例胸腔穿刺术。

◎ 宁夏教育界第一个医学院女院长。

◎ 为宁夏高等学校争取到了第一个硕士研究生学位授予资格。

（乔建萍　文　本文采写于 2015 年）

中西合璧马浩亮

在湖滨体育馆对面，有个叫广慈堂的诊所。诊所很小，只有 30 多平方米，除了满满当当的一排中药柜以外，其他陈设极为简单，可是每天来这里看病的人却络绎不绝。

坐诊的是一位 78 岁的老者，名叫马浩亮，在宁夏医学界是响当当的人物。他依据中医传统理论，又结合西医的临床经验，中西合璧，在治疗心脑血管疾病等方面有着突出贡献，获得过国家级大奖。

马浩亮。

退休多年，坚持坐诊

每天，马浩亮的大部分时间是和病人在一起，只是出现的地方不同，有时在医院门诊，有时在自己的诊所出诊。

1998 年，马浩亮从银川市中医医院退休，但生活却忙碌依然。他在湖滨体育馆对面开了一家小诊所，除了每天去诊所外，他还一直坚持每周至少三次，去银川市中医医院的专家门诊坐诊。

马浩亮有一辆摩托车，这是他退休之后，专门为去诊所和医院坐诊买来的"坐骑"，一直陪他到现在。无论寒暑，他都会骑着摩托车出门，而从家到医院或诊所的路程，最短的也要七八公里。

"我不希望病人找不到我，这样就是失职。能够及时救助他们，就是我从医以来的梦想和成就。"如今仍专注工作的马浩亮对记者说。

2016 年采访时，第一次见到马浩亮，有点"意外"，这位当时已年近 80 岁的老人，对于电脑应用并不逊色于年轻人。上网聊 QQ，发电子邮件、使用办公软件都不在话下，网上搜索各种信息成了他的一种学习方式。目前，

马浩亮年轻时。本人提供

他一直致力于借助数字化信息手段，继续探索"活血化瘀，痰瘀同治"治疗高血压、冠心病、代谢综合征等疾病，运用"脾肾同治，阴阳并举"治疗再生障碍性贫血、血小板减少、骨髓异常增生综合征等。

"活到老，学到老。医学如果想要进步，学习现代技术必不可少。"马浩亮说，"临床实践不是获得医学新知的唯一途径，互联网是这个时代的趋势和优势，获得现代医学的一些新理念，要求医学进步，就得先让医生不断进步。"

一种学说，让他对命运有了新认识

2016年1月10日，清晨，记者第一次见到马浩亮老先生，当提出要采访时，他回绝了。他正在湖滨体育场晨练，他说这个习惯不能被打断——这一习惯，他从上小学二年级开始，一直坚持了70年。

有此"插曲"，也便不难理解这位"倔强"的老者，如何能取得种种的成就与荣誉。从身有疾患的孩童，到建树丰硕的名医，马浩亮漫长的人生与学术之路，充满着毅力与"神奇"。

1938年，马浩亮出生在河南省民权县。两岁左右，患小儿麻痹症，左腿残疾，他说，这让他当时的生活一直被灰色笼罩。

直到上小学后，一种名为"拉马克学说"的理论，彻底改变了他对生命的看法，也深深地影响着他的一生。在拉马克学说里，有一个观点让马浩亮印象深刻："拉马克认为，生命在于运动，越锻炼，器官就会越发达。所以我想，只要坚持运动，即使残疾，也能尽情享受生活。"

从此，马浩亮积极参加各种体育项目，篮球、乒乓球、跑步……只要是自己能完成的项目，他都乐于尝试，而坚持运动的习惯，他也一直保持了70年。

马浩亮说，也是因为拉马克学说，他对生命充满了好奇，所以就有了做医生的想法，而这个想法也成了他求学过程中最大的动力。1958年，马浩亮和家人一起来到银川。高中毕业后又在宁夏医学院深造，学习西医临床。

一次"神奇经历"，让他结缘中医

1963年，大学毕业后，马浩亮和妻子被分配到永宁县医院工作。

那段时期，他常会在周末回银川看望父母。"1970年，有一次回银川，当天还下着雨，路不好走，妻子和两个孩子搭了一辆去银川拉煤的三轮，可三轮途中侧翻，妻子右手严重受伤。"马浩亮说，"妻子右手做了手术，可术后半年，却连基本的功能都没恢复，连筷子都拿不住。用了很多西药，也不见起色。"就在马浩亮无比沮丧时，家人打听到了中医外科大夫胡树安。他的出现，也让马浩亮第一次见识到中医的"神奇"之处。

"胡大夫用六味中药，配上一只被拧死、不放血的公鸡，制成膏药，贴于患处，24小时内不能揭下。"马浩亮回忆，"用药五六小时后，妻子的手指竟然能动，等到两天以后，手臂功能彻底恢复。"

这一事件，给马浩亮不少震撼。也就在当年，他被调入银川市中医医院工作，有了学习中医的机会。1975年，马浩亮又如愿以偿地在北京进修了两年中医。

获宁夏医学界首例"国家级科技进步奖"

进修结束后，马浩亮回到银川市中医医院，依然从事西医临床工作。工作中，他接触了不少患有心脑血管疾病的病人，可是由于医院没有检查此类病症的医疗设备，很多检查都无法进行。为此，马浩亮一手为医院建立了心电图、超声等西医临床所用的科室。

"有了设备，检查症状有了客观的依据。结合检查诊断结果，和我学到的中医知识，我发现，中医在治疗心血管等疾病方面有着重大作用。"有此心得，1975年，马浩亮向银川市科委申请了自己的研究课题——《化痰软坚活血化瘀治疗冠心病研究》。

"限于当时医疗水平和人们的认识，大家对这种学术课题并不看好。所以，很多实验都是我自己一个人来完成。来回买实验动物、饲料，扛饲料上楼……我左腿残疾，所以吃苦是少不了的。"坚持了近9年时间，马浩亮以过人的毅力完成了这一课题。1984 年，此课题获自治区科技进步奖三等奖。

马浩亮并未停止脚步。1986 年，他又"大胆"地将《国家中医药治疗心脑血管疾病》这一大题目，申请为国家科技研究课题。"当时宁夏还没有完成国家级课题研究的先例，治疗冠心病在当时也还是一个'国际难题'，而且，用中医可以解决吗？多数人都抱有疑问。"然而，凭借那股"倔"劲，马浩亮还是和自己的团队，全心投入了这一研究。

采中西医之长，融会贯通

然而，就在马浩亮专注于上述研究，课题也即将进入最后收尾阶段时，他的二儿子突然病倒了。"一开始，检查结果怀疑是白血病，辗转多地检查和专家会诊后，被确诊为重症再生障碍性贫血。治疗了近一年时间，未见好转。"

为了能挽回儿子的生命，马浩亮几乎翻遍了所有血液病方面的书籍。最后发现中医"脾肾同治，阴阳并举"治疗再生障碍性贫血、血小板减少、骨髓异常增生综合征等有显著疗效，于是马浩亮决定"试一试"。

这一试竟然成功，儿子不久后痊愈。而就在儿子病好后不久，马浩亮所主持研究的《国家中医药治疗心脑血管疾病》课题也取得成功，并获得国家级科技进步奖，这在当时的宁夏医学界是破天荒。

多次和中医的"牵手"经历，马浩亮深有感触："不能用局限于某个领域的眼光去看待医学。无论中医还是西医，要吸收两者的长处，融会贯通。也正是因此，我才有了很多收获，病人也才能重获健康。"

已走过 50 余载从医路的马浩亮，如今的眼光依然开阔。通过对电脑和互联网的学习和掌握，他借助于数字化信息手段，继续着自己的钻研之路，在中西医结合之路上，探索不止。

马浩亮 回族，1938年生，河南民权人。1958年随家人来宁，高中毕业后，考入宁夏医学院医疗系。1963年毕业后，分配至永宁县医院。1970年调入银川市中医医院。1998年退休，坚持从事医学研究及工作至今。曾任银川市中医医院内科主任，为中西医结合主任医师、宁夏中西医结合学会副会长、中国中西医结合学会活血化瘀委员会理事。

主要成就 1975—1984年主持省级重点攻关课题"化痰软坚活血化瘀治疗冠心病研究"。1986—1990年主持国家科委重点攻关课题"冠心病动脉粥样硬化斑块消退药物及其机理研究"，国家科委验收鉴定专家认定：该课题属"前瞻性研究"，属国内首创，国际领先水平。1984—1990年先后获自治区和部级成果奖。1997年遴选为全国第二批500名老中医药专家师承指导老师。2009年被自治区政府授予自治区名中医。

（王　辉　文/图　本文采写于2016年）

工作中的
马浩亮。

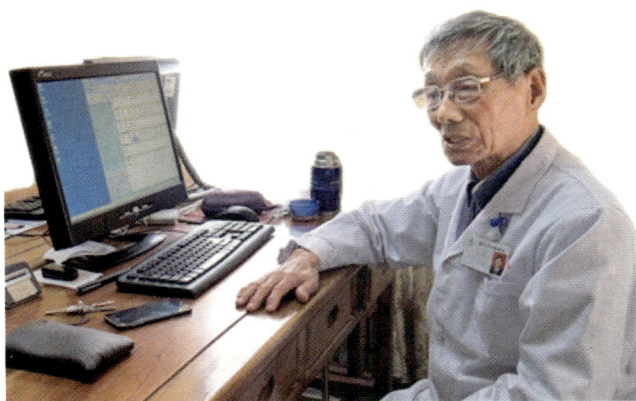

医者孔繁元

　　宁夏医科大学总院神经内科，每次坐诊，孔繁元的专家号都排得满满当当。其中，有外地专程赶来的，也有几十年前就在他跟前看过病的。

　　"这里有感觉吗？""不要紧张，慢慢来！"诊治期间，他总会不时询问和宽慰病人，并回头给身后的一位年轻医生讲解，示意对方记下病人的情况。从早上9点开始，孔繁元就一刻没停，每位病人的诊断时间最少都在15分钟，一上午他至少要看20位病人，连喝水的时间都没有，这对于一位已年近八旬的老者而言，并非易事。

孔繁元。

尽责为师，推广医疗学术

2016 年采访时，第一次约采孔繁元并没有成功，因为那一个星期他都在外地开学术会，除了出现在医院和学校，他还忙碌于学科研究。

1960 年，孔繁元从武汉医学院毕业后，满腔热忱从武汉来到银川。作为一名医者，孔繁元经常会说这样一句话，"无论是医生，还是科研人员，抑或是老师，只要有需要我的地方，只要我还能走得动，就得义不容辞地去。"这也让人不难理解，为什么接受采访时已 78 岁，原本 2008 年就已退休的他，仍然坚持在医疗第一线，处理大量疑难杂症，参加危重病人的抢救和急病会诊。每周三次坐诊，两次查房，一次授课，雷打不动。

"哪天干不动再说吧，我还比较喜欢这样的生活，充实，觉得自己还能发光发热，挺好！"孔繁元笑着说。

"如今宁夏从事神经内科专业的人才，90% 是孔教授的学生。"宁夏医科大学总医院副院长王振海说，他自己在读研究生期间，也是孔教授的弟子。"他和其他老师风格完全不同，总是笑吟吟的，有着南方人特有的

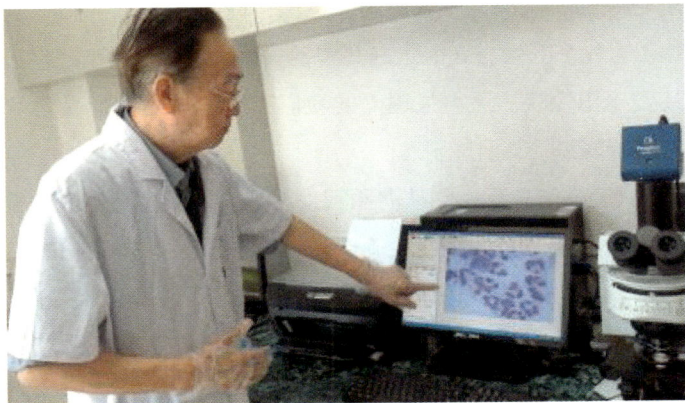

孔繁元。

温和气息。"

王振海说，老师现在依然还坚持写诊断笔记，每周大查房的时候，孔繁元都会拿着自己写的病人资料，给弟子们讲授，"他永远都是和和气气的，所以很多他带的学生都尊敬他，却不怕他，有啥问题都会及时问，及时得到解决。"

1998 年初，在孔繁元的牵头倡导下，在全区 13 家医院（多属宁夏南部贫困山区）建立了当时具有先进水平的远程教学网络，开展远程医疗和学术讲座。把科研、医疗、教学有机结合起来，收到良好的社会效益。

到最需要我们的地方去

"小时候我身体不好，长大后学了医，大学毕业时没多想就报名来到了宁夏。""那时候的人都很单纯，只是觉得宁夏更需要我们这些年轻人，就满怀热情地来了……"事实上，像他当年一腔热忱的初衷一样，孔繁元近八十载的人生里，不仅是耐心的医者，还致力科研，传承医术，在不同的角色中全情投入，书写着他不平凡的医学生涯。

就像当初选择远赴大西北的初衷一样，工作后的孔繁元并不只是每天奔波于门诊和病房，只要医院组织的下乡义诊，他每次都不会错过。

1976 年 1 月，孔繁元带领宁医附院医疗队赴海原县徐套乡。在医疗队分片包干为乡亲们看病送药、宣传医疗知识的过程中，让他对农村医疗有了更深刻的认识，"这里山大沟深，有些人一辈子都没走出去过，有病没钱治，找个医生看病得走好几里地。做医生，光救治好来医院的患者咋行？还要走出医院，还得去更需要我们的地方，为那些没有条件来医院的农村群众看好病。"孔繁元说。

1976 年 7 月，刚从海原回来没几天，唐山发生大地震，孔繁元又起程了。他回忆，在地震发生不到一周，宁夏医疗队飞赴唐山。"一下飞机，大家就闻到尸体腐烂的味道。"在余震不断的废墟中，孔繁元和分队队员身背数十公斤重的喷雾器防疫消毒，抢救治疗伤病员，清理遇难者遗体。"我还记得走的时候，河北当地政府给我们医疗队送了一面锦旗，当时心情特别复杂，悲伤中又有一种使命感和荣誉感。"

1978 年，孔繁元作为宁夏首批援贝医疗队的副队长与 23 名队员一起远渡重洋。"说真的，那时候我们都带着国际主义的神圣使命，怀着'献身不思返'的豪情去的。"孔繁元说尽管知道要去的地方环境恶劣，可是被分配到贝宁博古省坎迪县（贝宁北部最贫穷的地方之一）时，几乎空白的医疗事业仍让他和队友们很意外。

"（那里）什么都没有，老百姓虽顽疾缠身却求医无门，一台简单的阑尾手术，还得打着手电筒做，我们去之后才慢慢建立了简易手术室和其他科室。"在支援贝宁的两年中，医疗组诊治病人量逾 3 万人次。

手写笔记一百多万字

从参加工作到现在，孔繁元的桌前一直都会准备一个笔记本，随时记录病人的情况，然后再将诊断病人的情况一一整理，在他家里，有几十本一百多万字的摘录，每一本都编有目录和标题，以便迅速查阅。每次查房前，在了解了患者的基本病情后，孔繁元都会先查阅相关的资料和信息，以便更精准地诊断病情。

"在我的病人中，有一些'老朋友'，给他们看病都 30 多年了吧，他们以前的病情全在我的笔记本里，这样也方便和现在的情况做一个比较，更重要的是，我的这些临床经验也可以教给学生们。"孔繁元说，自己的时间越来越少，也越来越珍贵，所以能把自己所学留给后辈，对他而言意义重大。

脑脊液细胞学动态研究开创者

1985 年，受卫生部派遣，孔繁元以高级访问学者的身份赴法国巴黎 Salpetriere 医院，进修脑脊液细胞学。

在脑脊液里提取和收集细胞，在国内当时是个技术难题，尤其在宁夏，没有设备的情况下要搞这样的实验更是难上加难，为了完成研究，他一趟

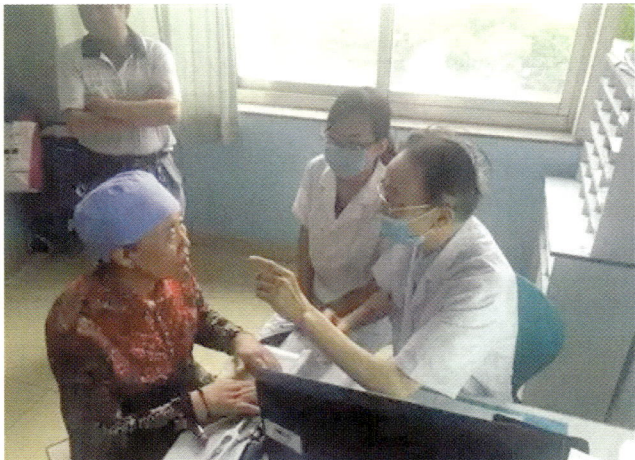

退休后的孔繁元仍工作在一线。

一趟地去其他城市的医科大学借设备做实验。让孔繁元欣慰的是功夫总算没白费，1989 年，他自主研发的国产化的 FCS 细胞收集器终于完成，获一项国家专利，细胞收集率达 95% 以上。

之后，他和他的团队又建立了独具特色的光镜、电镜和激光扫描共聚焦显微镜下脑脊液细胞学三阶段技术体系，把脑脊液细胞学从平面、静态、定性研究提高到立体、动态、定量研究的新阶段，这项技术能通过脑脊液细胞，判断出细胞活力以及患者是否患有恶性肿瘤，为我国脑脊液细胞学的学科建设和发展奠定了扎实基础。

孔繁元还和我国老一辈神经病学家粟秀初教授提出了脑脊液细胞新的命名和分类法，规范了脑脊液正常和异常细胞形态特征及临床运用。目前国内大多数实验室均采用这种命名和分类法开展临床工作。研究结果对多种中枢神经系统疾病特别是感染、脑膜转移癌、脑膜淋巴白血病和淋巴瘤提供实验室诊断标准，在临床诊断上产生了巨大社会效益。

用一技之长治愈更多患者

"作为科研工作者，应该开阔自己的视野，拓宽自己的研究面。"1992年，在孔繁元的主持下，对原惠农县6个乡村的100名癫痫患者进行了为期两年的跟踪监控和治疗。

2000年至2004年参加"中国农村地区癫痫防治管理项目"，对吴忠48万人群进行了农村癫痫社会监控，给确诊的593例癫痫患者建立了诊疗和管理程序。

2005年扩大对宁夏农村150万人口进行癫痫社会监控，并对其中确诊的1000余名患者进行筛选、治疗和随访管理。项目选用苯巴比妥治疗惊厥性癫痫疗效显著，50%的患者癫痫发作次数减少、发作程度减轻，副作用少，成年人每年用药只需要花费20~30元。他的这些研究为宁夏农村众多癫痫患者找到了一条简便、实用而有效的治疗新途径。

近年来，孔繁元依然没有闲着，一直致力于宁夏特有疾病布氏杆菌的研究，"这是一种在宁夏地区多发的地方性传染病，而且这些年有高发态势，我的主要研究方向还是神经系统方面。"

人物介绍

孔繁元　国内脑脊液细胞学动态研究领域的开创者之一，在脑脊液细胞学领域的研究成果达到国内领先水平。现为宁夏医科大学神经内科教授，主任医师，硕士研究生导师，中华医学会神经病学分会第四届委员会顾问，中华神经病学分会脑脊液细胞学组顾问。先后获国家级教学成果二等奖1项，省部级科研成果奖13项，出版神经病学专著6部。1938年，出生于湖北省。1960年，从武汉医学院毕业。1985 年，受卫生部派遣，以高级访问学者的身份赴法国巴黎 Salpetriere 医院进修脑脊液细胞学。回国后，开展脑脊液细胞学检查的光镜技术研究。1989 年，自主研发了国产化的 FCS 细胞收集器，获一项国家专利，细胞收集率达 95% 以上。1994 年，被卫生部科技司等单位授予"边疆地区优秀科技人员"称号。1999 年，获"全国民族团结进步模范个人"称号。2005 年，获全区"科技工作杰出贡献奖"。2009 年，获 100 位"为宁夏建设做出突出贡献英雄模范人物"称号。

（王　辉　文/图　本文采写于 2016 年）

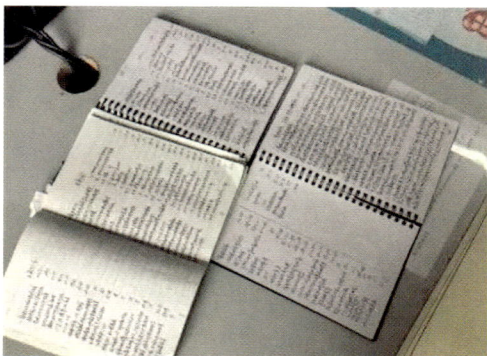

孔繁元手写的医疗手记。

孔繁元部分医学著作。

涂继善："醉"心于医

　　见到涂继善之前，记者对于他的了解，始于宁夏回族自治区"有突出贡献专家"、"中国麻醉学贡献奖"、中华医学会麻醉学杂志"国瑞杯"突出贡献奖等"如雷贯耳"的称号。但，也仅止于这些称号。

　　而称号背后的涂老师，会是什么状态？记者有过很多设想，但唯独没有想到的是——这位八十多岁高龄、参与创建宁夏第一个麻醉科的老专家，如今依然坚守在医院一线，和二十几岁的年轻人一起上手术台，一起上下班，中午依然不回家，每年还完成500多例手术麻醉。

涂继善。
刘旭卓／摄

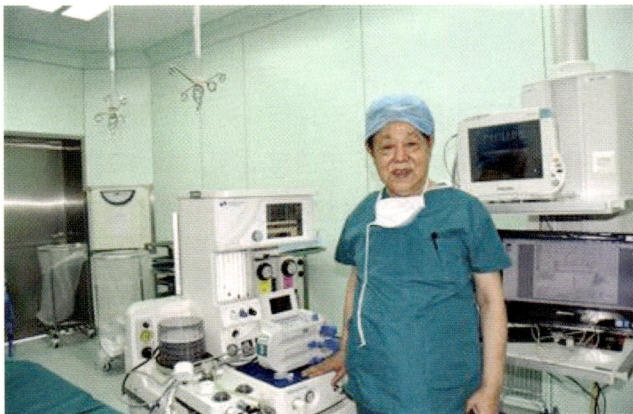

年轻同事叫他"涂爷爷"

涂继善是宁夏第一个麻醉科的创建者之一，从业 57 年间，不间断地为宁夏引进先进的麻醉设备、药物和技术，先后发表学术论文 130 余篇，也为宁夏培养了大批麻醉医生。

涂继善现在上班的地方是宁夏医科大学总医院心脑血管病医院，采访他时，他带着记者上了 7 楼院办公室，"我们医院有规定，采访须得经过医院办公室同意。"其实，前一天和记者通完电话之后，他已经和医院方面说清了采访事宜。"这是医院的规矩，不能破例。"他客客气气地跟负责人说。

在等待采访时，好几个二三十岁的办公室同事跟他打招呼："涂爷爷好""涂主任请坐""涂爷爷喝水"。一位同事给他搬来椅子，涂继善坐下后，椅子靠背不太稳当，她立即要去换一把，涂老师连忙摆手说"不用麻烦，不用，不用"，但最终执拗不过，被这位同事"强行"换了座位。

"刚刚才给一位病人做完麻醉，刚下的手术。"回来的路上，他一边给记者介绍，一边不断地和迎面遇到的同事打招呼。他如今的生活节奏，依然是 6 点半起床，8 点半到单位，中午不回家，几乎不午睡，有时候忙到下午两三点，甚至到晚上七八点。

"工作这么多年，差不多都是这样过来的，习惯了，就是现在不上夜班了。"他笑得挺乐呵。

乐在其中，"心态很重要"

从记者打电话给他，一直到采访结束，涂老师始终让人觉得很快乐。"涂主任一直都是乐呵呵的，和蔼可亲"，在许多同事的记忆中，当了多年主任，如今是心脑血管病医院名誉院长的涂继善，从来没跟同事板过脸。

"我喜欢当医生，也乐在其中。这些年做过的麻醉手术不计其数，有时候也会感觉身体很累，但是看到病人治愈离开医院，发自心底的高兴。"涂继善也将这样的心态传递给同事，"每一位医生都很辛苦，能给别人多一点笑脸，就像给病人一个微笑一样，大家心里肯定会很开心。"涂继善的思维简单而善良。

而这样的生活态度，涂继善说根源来自家庭："我们家人都长寿。"记者问他秘诀，是否跟饮食有关，或者经常锻炼？涂继善想了想，说可能是跟基因有关吧，然后很肯定地强调说："心态很重要，我心态很好。"

一句"谢谢"是最高荣誉

涂继善2016年写过一本书——《我的八十岁和五十六年》，他说算是对自己的人生和从业经历的总结。自己掏钱印刷，然后分发给亲戚、好友、领导，书中有一段话这样写道：我今年80岁了，工作了56年，还能干多久、活多久，我也不知道。我留下这个册子，告诉后人，靠自己的努力争取好的生活！告诉亲友，我没有辜负他们对我的信任和期望。送给领导，谢谢他们对我的关心和帮助。

这本书里附着各种各样的荣誉证书和奖状，记者问他认为最得意的荣誉，他还是乐呵呵地说："证书太多了，好多我都记不清楚了。但最爱听的，对医生而言最高的荣誉，还是病人家属的那句'谢谢'。"

许多病人家属最害怕的时刻，或许就是手术前那个签字。当医生将手术中所有的风险和意外一股脑地说出来时，许多家属的签字就变得沉重和迟疑。"我也会告诉病人家属，手术中可能出现的所有情况，但我不会吓他们，我会告诉病人家属，不需要太害怕，有我在，不会有问题。"涂继善会用尽可能温柔的话语，给提心吊胆的病人家属多一些宽慰。

在宿舍里研究人体骨骼标本

接受采访时，当时已81岁高龄的涂继善，依然坚守一线，承担疑难危重病人的手术麻醉。

从参与创建宁夏第一个麻醉科开始，到如今看到宁夏麻醉事业蓬勃发展，涂老师说自己终于为宁夏做了点事。

1955年，涂继善考上了湖北医学院（现武汉大学医学部），他格外珍

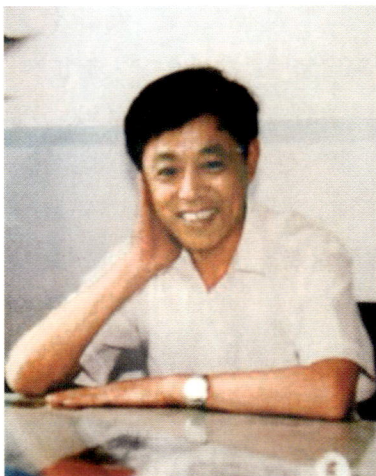

年轻时
的涂继善。
本人提供

惜来之不易的学习机会。"我们刚开始上解剖课时，有些
同学有点害怕，迟迟不敢上去看尸体。"记者问涂老师当
时的感受，他一个劲地摇头："我喜欢医学，所以好像没
什么害怕的。"

回忆当年大学的生涯，涂继善说印象深的事太多了，
他举了两个例子，其中一个是自己拿着人体骨骼标本在宿
舍里学习，他说医学和别的学科不一样，要对生命负责。
人体的构造，每一块骨头，都需要十分精确地研究。

另外，他还经常独自去尸体解剖室研究人体结构，偌
大的解剖室就他一个人，他似乎从来没害怕过。"现在回
想起来，可能是因为真的爱医学吧。"涂继善说。

宁夏第一个麻醉科

说起宁夏的麻醉行业，涂继善特别自豪："我的工作史，
可以说是宁夏麻醉事业的发展史。"

1960 年 9 月 22 日，涂继善大学毕业后和同学 10 人
来到银川，被分配到宁夏医学院（现宁夏医科大学）任教。

两年后，也就是 1962 年 2 月，在教研室工作的涂继善分工担任麻醉工作，从此开始了一生的麻醉事业。

"当时宁夏还没有麻醉科，所有手术的麻醉都是外科医生做，我们就在医学院办起了麻醉班，招收医生进修学习。"但他发现很多医生学完麻醉，毕业后还是转行做了外科医生。

在启蒙老师宋福麟的帮助下，他和另一位医生周德华一起担任起当时自治区医院的麻醉工作，成立外科麻醉组，组建起宁夏第一个麻醉科。

涂继善笑着说："当时做手术麻醉时，麻醉医生是一只手捏着'大皮球'，一只手捏着'小皮球'，两只耳朵里塞着一个'木球'做麻醉。"他解释说，大球控制呼吸机，小球是用来量血压的，耳朵里塞的木球就是听诊器。就是在这样的麻醉条件下，涂继善和他的同事，通过不断努力，将宁夏第一个麻醉科，建设发展成为如今宁夏医科大学的麻醉系，为宁夏培养了大批的麻醉人才。

下乡会诊，传播麻醉技术

除了组建麻醉科，20 世纪 60 年代至 90 年代，涂继善还将麻醉技术，带到了宁夏及周边省区各市、县、乡以及矿区等地方，他参与会诊过的医院，达 75 家之多。

涂继善说他们下乡的小组很固定：司机，外科、麻醉、放射、检验科医师以及手术室护士。自己医院出车，带的设备有麻醉机、氧气瓶、手术包、输液用具等。会诊的路很难走，走夜路是常事，手术做完后，还要交饭钱、粮票，没有会诊费，回医院报销差旅费一块五毛钱。

下乡的辛苦再多，涂继善也从未停下脚步。触动他，让他一路坚持的，是曾在西吉县苏堡乡一次又一次的免费会诊。"那里的老乡拔胡麻时，因为条件限制，只能跪在地里收割，因此许多人的膝部长了很大的疙瘩，疼痛难忍，但因为贫穷，都不去医院治疗。"涂继善说，他们是在老乡的炕头上给他们免费做手术的。

正是这样一次次地下乡，涂继善不断地将麻醉技术、药物，以及麻醉知识带到了偏远地区，也是那时候，西吉县苏堡乡医院、海原县李俊乡医院等医院有了麻醉基础。

"宁夏培养了我，我想为宁夏做点事"

谈及宁夏麻醉行业的发展现状，涂继善回答得很干脆："以前做一些疑难手术时，需要请外地麻醉医生，如今不管做什么手术，宁夏再也不需要请外地的麻醉专家。"简简单单的一句话，涂继善为之付出了一生。

改革开放后，许多人离开银川寻求更大发展，涂继善留了下来。当初宁夏做不了心脏手术时，他去上海、北京等地学习技术，不间断引进先进器械、麻醉药物，到处参加学术会议，邀请专家前来讲学……一步一步，走到现在。

如今，在宁夏医科大学总医院、中国人民解放军第五医院、银川市人民医院、银川市第三人民医院、宁夏人民医院……麻醉科的主任大都是涂继善教过的学生。宁夏的麻醉事业，就像这位八十多岁的老专家一样，生机勃勃。

如今，他承担起更重的任务：除了为疑难危重病人做麻醉，还承担着教学和科研工作，并且兼任着《中华麻醉学杂志》等五种杂志的编委，代表宁夏担任中华医学会麻醉学分会委员。

"我不知道还能干多久、活多久，但宁夏培养了我，所以我想为宁夏做点事，仅此而已。"

对于自己为宁夏麻醉事业做出的努力和贡献，在《我的八十岁和五十六年》一书中，涂继善这样说。

人物介绍

涂继善 1936 年出生于湖北省光化县（今湖北省老河口市）。宁夏医科大学附属医院麻醉科主任医师，从 1992 年起享受国务院政府特殊津贴。1960 年 9 月毕业于湖北医学院（现武汉大学医学部），毕业后分配到宁夏医学院（现宁夏医科大学）工作。1960 年至 2001 年，在宁夏医科大学附属医院工作 41 年。2001 年退休后，被宁医大附属医院返聘继续任麻醉科主任，一直工作至今。1998 年，获宁夏回族自治区成立 40 周年突出贡献奖。2008 年，获宁夏回族自治区"有突出贡献专家"荣誉。2009 年，获中国麻醉学贡献奖。2011 年，获中华医学会麻醉学杂志"国瑞杯"突出贡献奖。2016 年，获宁夏离退休专业技术人才突出贡献奖。

成就和著述

20 世纪 60—70 年代，参与创建宁夏第一个麻醉科——宁夏医学院附属医院(现宁夏医科大附属医院)独立麻醉科。

1981 年，参加《中华麻醉学杂志》创刊，代表并担任该杂志的首届编委。

20 世纪 70 年代，组建宁夏医科大学总医院心脑血管病医院麻醉科。

1962 年起，在宁夏及周边省区 73 所各级医院会诊、讲学、协助麻醉。

1962 年起，开展麻醉临床研究，先后发表学术论文 130 余篇，获得省部级科技进步奖 10 余项。

（刘旭卓　文　本文采写于 2017 年）

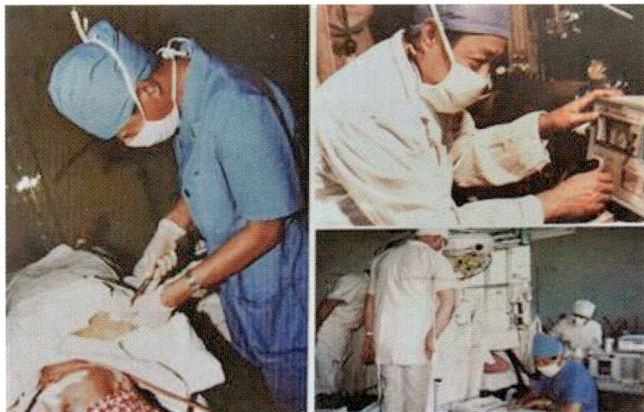

致力医学科研。
本人提供

鲁人勇之韧

　　鲁人勇常说他的人生从一开始就需要足够的韧性方可逆转。幼时，他必须饿己体肤，方能完成学业；年轻时，他需任劳任怨，才能安身立命；做学问时，他更需比别人付出更多的"头悬梁、锥刺股"的刻苦，才能出成果。"没这点儿韧性，我活不到今天，更别说苦中作乐做学问了。"

鲁人勇。
乔建萍／摄

曾参与制造宁夏第一艘机帆船

1941 年，鲁人勇出生于重庆万州（今重庆市万州区），日军侵略的炮火炸毁了原本家境殷实的鲁家，还在襁褓中的鲁人勇被迫与父母分离，和乡下的姥姥姥爷一起生活，7 岁前从未见过在外流浪的父亲、在富人家当佣人的母亲。和父母团聚后，新安的家也一贫如洗，鲁人勇想要念书，别无他法，只有靠自己。

年幼的孩子能有什么办法养活自己，唯有忍饥挨饿节约学杂费。1953 年，12 岁的鲁人勇考上离家 60 公里外的乡镇中学，2.4 元 / 月的助学金，只够食堂半月的伙食费。鲁人勇便在校外借担夫的炉灶，自己做饭，勉强撑到初中毕业。1956 年，他考入当年的交通部重庆航务工程学校（中专）。想成为一个船员的念头，只因"实在受不了饥饿的折磨，而当年重庆船员的收入比较高。"

航务工程学校毕业后，鲁人勇没有做船员，而是被分配到宁夏航运公司石嘴山造船厂，成了一名技术员。20 世纪 60 年代以前的宁夏黄河航运还很发达，长途货物运输基本依靠黄河运输。在鲁人勇这批造船技术员到来之前，宁夏人还没见过机帆船（机动的木帆船）。1960 年 10 月底，经鲁人勇等人安装的宁夏第一艘机帆船逆水试航，后因船的吃水设计缺陷和黄河宁夏段航道变幻无常等原因，船舶搁浅，试航失败。

后来，随着宁夏青铜峡、内蒙古三盛公两处水利枢纽的建设，宁夏黄河航运一落千丈。1961 年，宁夏航运公司合并到宁夏回族自治区运输公司，鲁人勇回到银川，从水路到陆路，成了一名运输公司职员。

被《史记》改变的人生

如今鲁人勇聊及他当年在宁夏运输公司里的身份，觉得"有点像'万金油干部'"。因为专业不对口，他先后被指派到各个岗位，做过文书、材料员、调度员。当过宣传干事、保卫干事。内心虽对未来茫然，但在当时他也无可奈何。

　　直到一本《史记》的出现，为鲁人勇的生活投注了一道特殊的光芒。那本从机关大院"捡"回的《史记》，他读得如痴如醉。从此书拓展，他用了近10年时间，熟读先秦文学、诸子百家的几乎所有古籍著作，不知不觉间，古文功底渐长。正是那段时间的读书积淀，为他日后的学术研究奠定了扎实的基本功。

　　1981年，交通部部署各省（区、市）编修各地交通史，40岁的鲁人勇的机缘来了，他因扎实的古文底子，被借调到交通厅史志办，成了一名编史人员。虽然专业还是不对口，甚至业务还远比之前做过的一切工种更为枯燥艰辛，但他却浑然不觉，甚至乐在其中。

　　鲁人勇刚接触编修宁夏交通史时，宁夏古代交通资料的情况是"无片纸只字。"搜集资料，是修志编史工作的第一步，也是最难的一步。1981年8月，鲁人勇去北京搜集资料，而他要搜集的资料，多数存于国家图书馆古籍部，不是珍本，便是孤本，按规定不准借阅。他用诚心，打动了国家图书馆古籍部的工作人员，并为他破例，允许他借阅。查阅的过程也相当不易，有的古书，纸张已经破碎，鲁人勇每翻一页，都要先把碎片对好才能抄录。当时国家图书馆的很多古籍未经整理，也没有复印机和影印机等设备，鲁人勇只能手工抄录。鲁人勇在国家图书馆古籍室一坐就是4个多月，其余时间还跑遍了北京的其他各大图书馆及甘肃、陕西、南京、沈阳的图书馆和档案馆，看过的古籍、档案，差不多有一卡车，终于搜集到了一大批有关记载宁夏历史的珍贵历史资料。

　　后来，就是这些珍贵的史料，让原本一片模糊的宁夏交通史、丝绸之路宁夏史、宁夏古代地理史渐渐清晰地展示在世人眼前。

填补宁夏交通史空白

　　虽然在宁夏交通志史研究、丝绸之路研究、宁夏古代地理研究领域，鲁人勇都被业内公认为权威专家，可他仍以"业余史学爱好者"自谦，说自己学历不高，专业不对口，入门时间不长，只好"用刻苦的精神多读书，用坚韧的精神搜集资料，用求实的态度探索客观历史"，以此弥补先天之

不足。而如今，也正是那份韧性，才得以让鲁人勇淡泊名利，虽年过古稀，依然潜心研究，以期不断丰富充实宁夏历史地理史志。

宁夏第一部行业史，便是由鲁人勇主编的《宁夏交通史》（1988 年出版），从先秦写到民国。想弄清楚这段时期的宁夏交通史，资料搜集相当困难，除了从古籍里搜集和宁夏有关的史料外，还需要查阅各个年代宁夏各级道路建设的档案资料。远的不说，就连近的民国时期的相关档案搜集起来都相当不易。

当年，为查阅民国年间固原地区公路建设的档案资料，鲁人勇费尽周折，这部分资料自治区档案馆没有，甘肃档案馆也无踪影，他再到南京第二历史档案馆，但只查到当时属"国家干线公路"的西兰公路线索，其他则遍寻无果。但鲁人勇没轻易放弃，他认为：宁夏不过 20 多个市、县（区），却缺了西海固 6 个县的内容，宁夏交通史就不完整。

功夫不负有心人，终于，鲁人勇在遍访诸多耄耋老人后，从甘肃张掖档案馆找到了固原地区的民国公路建设档案，其中包括：民国期间固原地区 6 县支线公路建设情况、国民党政权 1947 年为进攻陕甘宁边区修建的军事道路、1948—1949 年为防解放大军进军兰州而修建的 6 条公路等资料，十分详尽，既有命令、电文，也有公文、会议纪要。

为掌握宁夏早期民间运输工具情况，鲁人勇坚持长年田野调查，只为取得第一手资料。在同心县韦州，他就结识了几位民国初期从事骆驼运输的"驮户"。其中一位年近百岁，清末到解放一直以拉骆驼为生，东跑北京、天津，西走西宁、迪化（乌鲁木齐）。老人用生动的语言，描述了宁夏的骆驼运输户当年集中在韦州的缘由："韦州韦州，川大口子小，风大雨少。要吃隔省粮，必得买高帮。"老人口中所说的高帮，原指宁夏的木帆船。骆驼也是沙漠之舟，所以民间也称高帮。鲁人勇通过与韦州人交谈，终于弄清了宁夏的骆驼运输户的特点、线路、组织方式，并把这些采访所得用生动的语言写入《宁夏交通史》。

宁夏古代地理研究集大成者

从编修交通史到研究丝路史，鲁人勇的学术视野开始向外延伸，宁夏的古代建置沿革、古城遗址、驿道兵站、山川河流等渐渐成了他新的研究目标。20 世纪 80 年代以前，宁夏这方面的研究，也是一片空白，鲁人勇决心改变这种状况。

宁夏的古代地理，尤其是建置沿革，长期"家底不清"，各种著述谬误颇多。如宋代的"德顺军"，被说成在甘肃静宁县。鲁人勇却在《宋会要辑稿》中看到一段记载，说是曹玮在六盘山外开闲田置军驻守，初名"陇干城"，后因与西夏交兵，才置德顺军，级别与州相同。从历史记载的方位和距离上判断，德顺军应在宁夏隆德县，而非甘肃静宁县。后来，鲁人勇又在明《永乐大典》一书中的《站赤》，查到德顺驿在瓦亭之西 45 里，中间只隔一座六盘山。这就以铁证证实：宋代的德顺军在隆德而非静宁。如此一来，与岳飞齐名的四大抗金名将中的刘锜，抗金名将"吴家将"等德顺军人，也是宁夏隆德人，而并非之前上百部著述所说的甘肃静宁人。

宋代如此，更早之前的关于秦汉古县朝那县、朝廷祭祀之所朝那湫，原本在宁夏彭阳县，也误写到甘肃的属县……类此者不胜枚举。为了搞清楚这些事情，鲁人勇又开始从上万本古籍资料中搜集历史资料进行佐证，经过 10 年实地考察古城遗址，他又先后发表数十篇论文，分别对之前的史料予以重新考订。后来他的那些考证，依次被随后出土的碑铭分别予以证实。

因那份严谨求实的学术态度和不断取得的丰硕学术成果，鲁人勇"这个业余的史学爱好者"（鲁人勇自称）渐渐赢得宁夏学术界的尊重，被冠以"宁夏古代地理研究的集大成者"。他与吴忠礼先生合作完成的《宁夏历史地理考》，如今被列为研究宁夏历史地理的权威参考书目。

丝绸之路宁夏段研究的奠基者

1983 年以前，学术界认为丝绸之路不经过宁夏，各种相关著述也只字不提宁夏。但鲁人勇在为《宁夏交通史》查询资料时却发现，很多正史、古籍中有不少记述丝绸之路途经宁夏的内容，于是他决定，通过自己的研究，为丝

鲁人勇（中年时）在银川黄河大桥留影。本人提供

路宁夏段发声。

为《宁夏交通史》查找资料同时，鲁人勇便开始有心搜集丝绸之路资料，1983 年，他便在《宁夏社会科学》第2 期发表了《宁夏境内的丝绸之路》，这是全国学界第一篇关于宁夏丝绸之路研究的著述,文中用大量充实的史料，论证丝绸之路经过宁夏境内，并系统考证长安—凉州北道的历史、走向、线路及作用。随后，他又发表了《灵州西域道考略》（《中国交通史研究》1984 年第1期）。文中指出，灵州西域道辟通时间为 852 年至 855 年，此时因渭河流域、六盘山地区、兰州、青海都被吐蕃攻占，传统的丝路中原朝廷都不能使用，只好改弦更张，所以灵州西域道便成为唐末五代至北宋初中西陆路交通的唯一途径。

1987 年，鲁人勇的专著《塞上丝路》由宁夏人民出版社出版。这部专著系统介绍了从西周到清代宁夏丝绸之路的历史、具体走向、重要作用。1993 年台湾复汉出版社购得该书版权，改名为《丝路宁夏段揽胜》，在台湾地区发行。

1995 年，鲁人勇担任由交通部组织编写的《中国丝绸之路交通史》一书副主编，将宁夏段丝路的历史纳入此书，2000 年由人民交通出版社出版发行，这标志着丝绸之路经过宁夏的研究已为世人所公认。

人物介绍

鲁人勇　1941 年生于重庆万州，1960 年由交通部重庆航务工程学校毕业分配来宁。先后在宁夏航运公司、宁夏汽车运输公司任技术员、文书、宣传干事、调度员等。1980 年调宁夏交通厅史志办任副主任，1985 年任交通厅科技处副处长兼史志办主任。1990 年任宁夏交通厅办公室主任，1998 年任助理巡视员。2001 年退休。2000 年至 2003

年在交通部修书。2004年至2009年4月任《宁夏通志·交通邮电卷》主编。2000年后先后被聘为自治区人民政府地方志专家、自治区政协文史专家、自治区社科院特邀研究员、自治区地名学会专家委员会主任委员、银川市规划委员会专家。2011年12月9日被聘为宁夏文史研究馆馆员。

部分著作

《塞上丝路》1988年7月出版，宁夏人民出版社;《宁夏交通史》1988年8月出版，宁夏人民出版社(主编);《丝路宁夏段揽胜》1993年出版，台湾复汉出版社;《宁夏历史地理考》1993年12月出版，宁夏人民出版社(与人合著);《宁夏通志·交通邮电卷》2008年2月出版，方志出版社(主编);《宁夏历史地理变迁》2008年9月出版，宁夏人民出版社(承担一半);《宁夏交通史话》2013年12月出版，宁夏人民出版社。

（乔建萍　文　本文采写于2015年）

地理学人汪一鸣

"很巧，今天这个日子，也是我当年离开北京来宁夏的日子。不同的是，那是在 1975 年，时间已经过去了 40 年……" 2015 年 10 月 24 日，"汪一鸣先生学术思想及'一带一路'学术研讨会"在宁夏大学举行。会场上，80 岁的汪先生以这样一段话开始自己的发言。

在地理学界，汪先生是一位"不太一样的研究者"。一方面，他钻研学科众多；另一方面，他被认为是"中国地理学界服务于国家和区域发展与决策的典范"，身为政府部门工作人员，他一边工作一边做科研，且能将科研成果与实践紧密结合，使之落地成真。

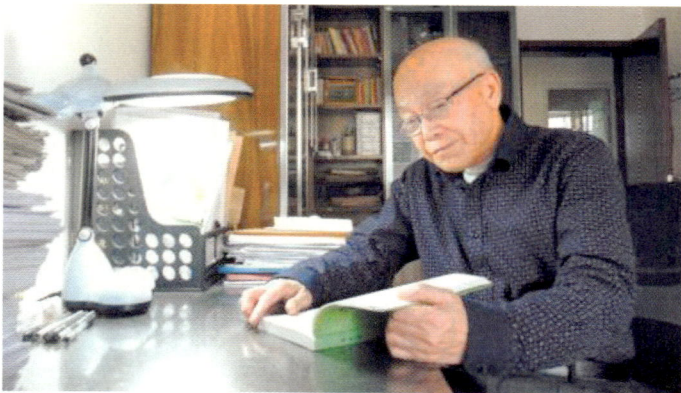

在家中的汪一鸣先生。

被尊称"西北王（汪）""规划王（汪）"

与汪一鸣先生第一次接触，是在早前的一次采访中。访问内容涉及一处湖泊湿地的形成，汪先生非常严谨，称对此湖没有作过现场察看，不好妄作推断，约定"明天再谈"。翌日再见，汪先生显然做了很多准备，从地理分析、历史成因、自然规律等方面，一一讲解。认真与耐心，令人感动。

也是在那次采访之后，在一些资料中看到，学术界对汪先生有这样一个称呼："系统阐述宁夏平原湿地历史变迁第一人"。

而这当然远不是汪先生的全部。他为人熟知的身份是地理学家，退休前工作的机构是宁夏国土规划部门，被学术界尊称为"西北王（汪）""规划王（汪）""宁夏学术泰斗"……更早些的经历：他是北京大学地质地理系经济地理专业的高才生，毕业后在中科院地理研究所工作了13年，是中国地理学大师吴传钧院士的助手。

与汪先生的交流中，希望能像其他学者采访一样，让他对自己的学术领域和思想，做一种比较明确的界定。汪先生想了想说："我的情况可能比较特殊，跟其他搞科研的人不太一样。属于'特例'。"

想一想，这也确乎是实情。以之前对汪先生的一些了解，地理的"老本行"自不必说，而无论是水利、科技、环保，还是历史、文化、旅游等众多领域，似乎都能看到他的涉猎与研究。

坚持将治学实践紧密结合的地理学者

而这只是其一。更为主要的是，"一般，地理学家都是在科研机构或高等学校搞研究的，而我比较'特殊'，我是在政府机构工作，一边工作一边坚持搞科研。有些科研机构的理念可能水平很高，但不一定全能落到实处，我却可以将我的科研与实践紧密结合在一起，让它真正变为现实。"汪先生说。

也是通过此次采访，才知道原来许多我们熟悉的工程与规划，与汪先生有着深刻的渊源。比如"宁东能源化工基地"，早在20世纪90年代初，汪先生提出"宁夏 2000—2020 年期间三大国土开发工程",它是其一。还比如"太中银铁路",原先国家规划是"在 2020 年后建设",在汪先生等人的多番努力和建议下,最终在 2011 年就成为了现实……

在开篇提到的"研讨会"之后不到半个月,汪先生将迎来他的 80 岁生日。故里上海的他,为自己来宁后所生儿子起名"海川","海"为上海、"川"为银川。虽然,在宁生活已整 40 年,但仍然是改不掉吴语乡音……生于沪,学于京,奉献于宁。回首往事,他说:"值此耄耋之年,庶几可轻鸣一声:我尽力了,不虚此生!"

小学时,即钟情地理

讲起过往,汪一鸣用"两个 40 年"来概括:"前 40 年,有新中国成立前国破家困的苦难,有解放后政治运动不断的困惑,虽有幸在名师门下读书、科研,但终究时光流转、成果不多。后 40 年,虽从'国家队'降为'地方队',把追求地理学家的梦想搁置一边,但在大环境不断改善的形势下,有幸能为宁夏建设事业尽心竭力。'塞翁失马,焉知非福'。"

1935 年,汪一鸣出生在江苏省青浦县(今上海市青浦区)朱家角镇。父亲是上海一布庄的店员,一家人靠其薪金生活。1937 年,"八一三"事变,日寇占领上海地区,母亲携汪一鸣坐船逃难,"漂泊于茫茫水乡,躲藏于宅后竹林"。

然而,苦难的童年经历中,也有"闪光"片段。汪一鸣自 1942 年起,在故乡的雪葭浜小学读书。虽然上学路过一处小桥时,得屈辱地向站岗的日本兵鞠躬,但走进学校,"往往能听到风琴奏出的优美乐声,回荡于流水、田畴间",成为他幼年记忆中珍贵的暖色。

1945 年,日本投降,故乡被奴役的日子结束。汪一鸣也在雪葭浜小学继续着自己童年的读书生涯。这中间,小学六年级时的地理老师陈久一,让汪一鸣终生难忘。"他讲课生动,声情并茂;课后,常带同学们郊游考察;他还把《苏联地理》等进步书籍,借给我看。由于他的引导,我喜欢上了地理这门学科,这对于我一生具有决定性的影响。"

汪一鸣。

也是在这一阶段，汪一鸣养成了大量阅读课外书的习惯，"眼界得以开阔，懂得了许多为人处世的道理"，也为此后他"一介书生"（汪一鸣语）的人生之路，埋下了伏笔。此为后话。

家境所迫，放弃升学

1947年至1950年，是汪一鸣在故乡度过的初中岁月。看似简单的一组时间数字，其间却包含了时代的巨大变迁，以及他个人命运的波折。

解放前夕，汪一鸣父亲所在的布庄关门，从此失业，全家生活也顿时陷入危机。解放后，人们纷纷走上新的工作岗位，但汪一鸣的父亲已是56岁的老人，哪儿都找不到工作。无奈，家里只好靠变卖布庄关门时老板作为解散费发下的几十匹布维持。布卖光了，又开始变卖家中的衣柜、桌椅……至汪一鸣初中毕业时，已是山穷水尽。于是，毕业后的汪一鸣，虽然成绩优异，也只能放弃升学，工作

329

养家。

步入工作的汪一鸣，先后担任过法庭书记员、小学教师、出版社编辑等。这中间，除了相对枯燥的书记员，汪一鸣仍保持着自己对地理的情结，比如组织学生课外地理活动、写一些地理类的科普文章。

命运的又一次转折，发生在 1957 年。这一年，时任江苏教育社助理编辑的汪一鸣，考取了北京大学地质地理系经济地理专业，终于真正迈进了他所钟爱的地理学殿堂。

在北大、地理所的日子

北大的地理学学习，以及 1962 年毕业后在中科院地理研究所的工作经历，对汪一鸣来说，影响深远。"我一生最幸运的是北大 5 年、地理所 13 年，得到诸多师长的关爱、培育。是他们的高深学养、言传身教，使我受到了科研基本功的真正洗礼，影响了我整整一生。"

汪一鸣这里所说的"师长"，包括了侯仁之（1911—2013 年）、吴传钧（1918—2009 年），他们今已作古，皆为当代中国地理学大师级人物。

"记得进入大学的第一个星期日，侯先生就领着我

野外考察中的汪一鸣。
本人提供

们实地考察校园及周边的地貌、水系和地理景观；第二个星期日，带领我们登上北海公园白塔和景山公园万寿亭，鸟瞰北京城市格局，畅谈城市历史变迁；第三个星期日又领我们徒步考察昆明湖、玉泉山水系变迁与北京城市水源的历史渊源。这三堂课犹如三把火，给我留下了永生难忘的印象。"

更为重要的是，"侯仁之、吴传钧两位老师言传身教，他们强调地理学研究必须野外考察与文献研究结合，解决好人类活动与地理环境和谐发展问题；为人、治学重在'经世致用'、'学业并重'，研究的根本目的在于为国家经济、文化建设服务。这些治学理念与准则，为我以后的工作、研究指明了方向。"

离京赴银，扎根宁夏

人生再一次的大转折，发生在汪一鸣在中科院地理研究所工作的第 13 个年头。1975 年，汪一鸣决定离开研究所，前往宁夏参加工作。事情的起因在于，当年在"知青"浪潮中远赴新疆的妻子，一直无法调进北京，且新近诞下幼子。无法照料远方妻儿的汪一鸣，最后想出了一个"折中"的办法——夫妻二人一起调往宁夏，以此来成全一家人的团圆。

从北京到银川，从中科院地理研究所到宁夏农科院。离开的不仅是一座大城市，同时离开的，可能还有自己所钟爱的地理学。时至今日，谈起这段经历的汪一鸣，语气似乎并没显出太多的变化，然而"云淡风轻"的背后，谁都能体会到，当时这一抉择的艰难。

来到宁夏农科院，"改了行"的汪一鸣却对地理学研究"不能忘情"。他利用每次进城办完公事后的时间（当时农科院院址属银川郊区），钻到图书馆里研读史料，周末则独自骑自行车到野外进行考察，几年下来，竟积累下近百篇有关历史地理研究的学术论文和科普文章，为之后《宁夏人地关系演化研究》一书的出版，打下坚实基础。

农科院的工作，一直持续到 1984 年。此时，全国各地的国土整治规划工作开始启动，地理学出身的汪一鸣，被调至自治区计委国土处（今发改委地区处），从事国土规划工作，终于得以回归地理学的老本行。也由此，一直倾力于此，取得了今天我们所看到的累累成果。

做研究，乐趣无穷

与汪一鸣先生聊天，是一个极受益的过程。除了曲折的人生故事，他也会不时用尽量通俗的方法，讲到许多专业的话题。比如什么是地理学思想，什么是国土规划，什么是可持续发展……虽然，记者一时很难完全消化。但能强烈感受到的是，学术、研究，在他生命中的至高地位，而他，似乎就是一位专为研究而生的人。

汪先生的人生经历中，自小学习成绩就名列前茅，这种情形一直持续到北大。

当时，中国地理学界有位泰斗级人物——谭其骧，是中国现代历史地理学科的创始人之一。还是学生的汪一鸣，写了一篇关于上海市成陆时代的论文，提出了与谭先生不同的观点。"虽然谭先生没有直接回应，但后来我发现，他的观点与我一致了。"

1962 年毕业后，汪一鸣被分配到了中科院地理研究所，担任吴传钧的助手。吴先生当时已是中国地理学界"一线"的研究者，为他选配助手，自然是"有意的安排"。汪一鸣在研究上的才能和潜力，当时是得到公认的。

到了宁夏，从地理研究所转行到了农科院，"已经没有系统做研究的条件了"。但汪一鸣不"死心"，利用工作之余，又开始了"业余"历史地理研究。时至今日，访谈时问到汪先生平时最大的爱好是什么？他的回答是："做研究。"在他看来，"无论什么事，如果能以做研究的心态和方法来做，就一定会做好，而且乐趣无穷！"

"我其实是个'书呆子'"

"说到底，我总是脱不了'一介书生'的本色。说得更实在一点，我在很大程度上就是个'书呆子'……"10 月 24 日，在"汪一鸣先生学术

到北大上
学前夕，汪一
鸣（后排居中）
与家人的合影。
（1957年）
本人提供

野外考察
中的汪一鸣。
本人提供

思想及'一带一路'学术研讨会"上，汪先生在发言中这样说。

汪先生这样讲，自然有他的道理。他说："还在小学时我就读了许多课外书，包括很多科学书籍、名人传记。这也'导致'了我，从小就有一种想成为科学家的念头，想学一身本事，为老百姓、为国家服务，学术报国。"

然而，这个实现梦想的过程并不顺利。"1959 年，我在北大上学，有段时间学校搞'拔白旗'运动，我被当作了'白专典型'（注：当时词汇，指只知钻研业务不重视政治学习），每天批判我……我想，我怎么'白专'了？是因为图书馆去多了吗？是因为学习成绩太好了吗？到现在我都想不明白。"

20 世纪 80 年代初，已到宁工作的汪一鸣，还经历过一个命运的"插曲"。当时，特殊年代已经过去，汪一鸣很想回归地理本行。1984 年初，国内地理学核心研究地之一的湖南经济地理研究所，急需学术带头人，想调汪一鸣过去。节骨眼儿上，自治区计委将他"拦"了下来，并提

汪一鸣先生的部分著作。

出"特事特办，什么要求都可考虑。"调动无望，汪一鸣只好提出了两个条件：
"一介书生，不当官，一心搞业务、做学问；希望组织、领导能为我参与
有关研究活动开绿灯、提供方便。"

学术报国，是心中夙愿

国土规划，是地理学研究的一个重要领域。到国土处工作的汪一鸣，
终于回归本行。然而，这中间同样艰辛良多。

在汪一鸣的学术观念里，搞规划，必须建立在科学、缜密的研究基
础上。然而现实中，"时间上、经费上……条件往往并不具备"，但他又
不肯"妥协"。这样做的结果是，"我常常觉得我'自不量力'，热情满怀，
却四处碰壁。"

这样做还有一个后果："于是，我什么都顾不上了，顾不上家，顾不
上教育孩子……我看过一本书，书上说，人一天保证 5 小时的睡眠就可以
支撑正常生命。于是，在计委上班时，我晚上大多没在 1 点前睡过觉，早
上 6 点就起床。这样，我就能有更多时间，用在研究上。"

如此"赶时间"的汪一鸣，的确大有收获。"从事国土规划工作至今，
经我手的规划方案几百个。回过头来看，我自认我都是尽最大努力去研究
着做，尽最大努力保证它们的科学性，是符合当年我从师长那里学到的学
术思想的。"

"每个人的际遇不同。当年我要工作养家，考取了大学是上还是不上
就很矛盾。走上了研究之路，母亲病逝时都没能回去看上最后一眼；远来
宁夏，是因为我不想再对不起妻儿……我虽然离开了学术研究的中心，但
在地方上我坚持学以致用，将老师教给我的理念，尽最大可能落到实处。
我尽力了，没有遗憾。"

链接

这些规划与他有关

◎ 宁东能源化工基地。宁东能源化工基地于 2008 年被确定为国家重

点开发区。汪一鸣主持编制了宁东能源化工基地土地利用总体规划。

◎ 太中银铁路。在 1987—1990 年编制《宁夏回族自治区国土开发整治总体规划》时，汪一鸣与同仁们提出"拟将太中铁路列入 21 世纪初宁夏国土开发重点工程"。汪一鸣认为，"太中线"意义重大，应抓紧打通。在他多番奔走和提议下，经各方努力，最终使这一规划于 2011 年提前实现。

◎ 大柳树水利工程。早在 1981 年，汪一鸣还在宁夏农科院做杂志编辑时，就受邀参加了黄河黑山峡河段开发方案论证。从事国土规划工作后，又先后为宁夏提出"20 世纪 80—90 年代新三大工程""21 世纪新三大工程"，其中均包括大柳树水利工程。

◎ 宁夏内陆开放型经济试验区。2010—2011 年，汪一鸣等人主持完成了宁夏内陆开放型经济中长期规划项目。时任自治区主席的王正伟批示："这个规划很好，有前瞻性，也有指导性。"该规划为报送国务院的宁夏内陆开放型经济试验区规划奠定了坚实基础。如今，这一规划已变为现实。

人物介绍

汪一鸣 1935 年 11 月出生于江苏省青浦县（今上海市青浦区）；1957 年考取北京大学地质地理系经济地理专业；1962 年毕业分配到中国科学院地理研究所；1975 年来到宁夏，从事《宁夏农业科技》刊物编辑工作；1984 年，调任宁夏计委从事国土规划工作；1992 年，开始享受国务院政府特殊津贴；1997 年中国科协授予全国首届优秀科技工作者荣誉称号；2008 年获宁夏回族自治区有突出贡献专家荣誉称号；先后被聘为兰州大学、西北师范大学客座教授、博士生导师，中国地理学会人文地理专业委员会委员和经济地理专业委员会委员，宁夏地理学会名誉理事长，宁夏高级专家联合会名誉会长，宁夏大学资源环境学院教授等。

至今已在国内外发表论文200余篇；著作（包括合作）20余部，代表著作如《不发达地区国土开发整治研究》《宁夏人地关系演化研究》《闽宁合作动力机制与运行机制》《资源·环境·经济·城镇化——汪一鸣地理研究文集》等。

（李振文　文／图　本文采写于2015年）

汪一鸣主编或参编的部分书籍。

是亚明：
为城市"画"蓝图

近 50 年时间里，银川的发展与变化，是城镇化，是各类拔地而起的建筑物，是四通八达的道路，是越来越密集的公交线路，是嵌在城中的众多湖泊湿地。当然，你也可以指着各类时尚的购物中心，问：这算吗？银川市规划管理局（以下简称"市规划局"）原总工程师是亚明会这样告诉你：这些也算！

作为这座城市规划建设的最早参与者和见证者之一，是亚明能较为准确地描述出银川市城市发展每个时空段里的变化。他亲手勾勒过这座城市未来的样子，目睹过规划图上的那一张张效果图，成为现实中的行政楼、公园、文化场所、购物中心，布局在这个城市的各个角落。

是亚明。
乔建萍／摄

"慢性子"的总工

由于之前有过几次采访，记者对是亚明多少有些印象。他性格不温不火，为人低调，说话做事都"慢慢的"。关于"慢"这点，是亚明说一部分是自己性格所致；另一部分则是他在工作生活中一贯坚持"笨鸟先飞"。"'笨鸟先飞'可以弥补不足，可以让接下来的工作做起来从容稳妥。"是亚明解释。

昔日同事对是亚明的工作状态也印象深刻。下班了，他还在工作；别人进入梦乡了，他办公室的灯还亮着。为什么？"是总工做事严谨、细致，图纸上的数据，他往往要核对好几遍才放心！"市规划局一位老同事这样评价他。

是总工从容不迫的工作作风，口口相传。年轻人敬重这位78岁的老规划人。所以虽已退休多年，但当是亚明出现在市规划局时，年轻一代仍会尊称他——是总工。

采访前，记者提出让是亚明准备一些著述。可采访当日，他并没有提及这些。这点让他和我们之前采访过的专家学者相比，显得有点特殊。他解释说："我干了44年城市规划，所做的都在这里。""这里"就是他提供的那几页简洁的工作简历。

只有了解了是亚明的工作人生，才能明白他刚才所说何意。原来，他一生最重要的作品已经融化成我们这座城市的结构与布局。他的人生经历从一个侧面反映了银川市乃至周边市县自1959年至1989年，数十年间的城市变化，同时也饱含了一位城市规划设计者对这座城市倾注的所有心血。

起初他对规划近乎一无所知

一座城市如何成为今天的模样？其中除了政府层面在经济建设和社会发展方面的深谋远虑，还少不了几代规划师根据城市的地理环境、资源条件、人文历史和经济未来发展状况勾勒的张张蓝图。

作为一个外省人，是亚明是如何从一个起初对城市规划十分陌生的人，逐渐成为银川城市规划的业内行家？他又是如何将城市的未来和历史结合到城市规划当中？如何将人对城市的认知植入规划蓝图当中？

1959 年，是亚明初来银川，开始进入城市规划这一陌生的工作领域。

采访地点，我们选在是亚明工作了大半生的银川市规划局。市规划局新址位于银川市民大厅，距离是亚明的居所并不近。我们提出用车接送他时，是亚明婉言拒绝。他说，如今城市道路发达、公交系统十分便利，他往来便利。而我们对他的采访正是从他对这座城市的道路、公交的最初印象开始的。

1959 年，是亚明从上海来到银川。一下火车，他和 5 个同校同学上了一辆敞篷解放牌卡车的"公交车"，一路颠簸来到了银川鼓楼附近。因为全是石子路和土路，所以卡车走得也并不轻松，"印象里颠簸了好久才到鼓楼"。用是亚明所学的道路和桥梁专业来评价初来银川所见到的那段路面，"可谓算不上真正的道路"。

到银川的第一个夜晚，是亚明就沿着鼓楼南街、羊肉街口、中山南街、新华街走了一圈。他希望通过道路来认识这座陌生的城市。当年银川的柏油路面只有鼓楼到羊肉街口这一段，据说还是 1958 年，为了庆祝宁夏回族自治区成立，从上海请来的师傅帮助铺设的。"其余全是石子路面。街道两边尽是低矮的旧商铺和民房。"

那是留在是亚明记忆深处的一幅银川旧城图景，也是银川市开始建设规划前的城市真实样貌。

城市规划师得是"多面手"

虽然之前对规划毫无概念，但在后来的工作中，是亚明渐渐发现做一名城市规划师的不容易。"你要熟悉各类专业知识，并善于协调它们在规划中的不同专业要求，做到矛盾中的统一。同时，还要深入了解城市的人文历史、自然地理环境、资源条件。这样，才能在一张白纸上绘制出城市的完美蓝图。"

1958 年，由于银川老城区用地方面的限制，银川市城市建设中心开始向包兰铁路以西延伸，那里当年大部分区域是盐碱荒滩。是亚明等人要做的就是在这块荒地上勾画未来蓝图。但设计这张蓝图，不仅仅是盖几座厂、几座楼、修几条路那么简单。规划开始之前，他们要综合考虑建筑、道路、电力、用水、供热、燃气等等诸多因素，还要考虑如何和这些相关部门协调配合。另外为了降低工业污染，他们还要尽可能地把气候和绿化因素提前考虑进去。

白纸上好画图，也难画图。但正是通过新市区（现西夏区）这块土地上一笔一笔摸索、勾画、打磨，才让是亚明等宁夏最早的一批规划人扎扎实实地了解到了如何布局一座城的未来。

旧城改造要保护城的"魂"

眼下，银川市最新一轮老旧小区改造工程正在进行。类似的旧城改造项目，在是亚明44年的规划生涯中，并

1959年，是亚明初来银川，开始进入城市规划这一陌生的工作领域。

本人提供

不鲜见，他前后历经了 13 次。其中多次，他就是改造项目规划的总设计师和总负责人。

旧城改造过程中，最难做的一项工作就是如何让这座城的历史文化与城市改建相得益彰。在这方面，是亚明认为银川市早有可借鉴的经验。1989 年，由他设计的《银川市鼓楼—玉皇阁地段保护及改建规划》，不仅在较大范围内很好地保护了鼓楼和玉皇阁两座古建筑，还有效地解决了解放东街及周边地段的综合治理。可以这么说，鼓楼、玉皇阁这两座清代、明代遗存下来的古建筑，之所以今天还陪伴在我们的生活中，和当初这份长远的保护规划不无关系。

"历史文化是一座城的魂，同样也是城市规划首要保护和尊重的原则。"是亚明说。

退休后念念不忘"规划"

坐在公交车上，看着窗外依次闪过的现代建筑、湖泊湿地，是亚明不禁感慨现代城市规划理念已和他们那代人大有不同。现在的城市规划更侧重城市如何让人生活得更美好。"这是对的，因为城市规划不是你的个人作品，不是让大家坐在一旁欣赏的，而是老百姓要生活在其中的，是老百姓每天要用到的。城市规划实施之后，就是要让住在其中的人感到舒适满意。"

退休后，因为在业内的良好口碑，是亚明受邀外聘。在全国各地考察时，他发现了城市规划眼下存在的一个普遍问题：就是一味"摊大饼"，注重宏大叙事，不在意细节处理。比方说他看到某地新建的一个广场，面积很大，设施也很齐全，绿化也漂亮，但由于没有很好考虑百姓的休闲习惯和出行便利度，而沦为一个"荒凉"所在。

城市是有脉搏的，一个规划师如何对城市这个生命体负责？是亚明的见解是：城市规划不要鸟瞰，要"人看"，从人的视角出发，多设计一些人性化的空间。如果你要规划一个新区，你得好好了解这片区域历史上有什么故事发生；你得用心读一读它的历史，然后再去勾画适合它的未来。

1938 年，生于江苏常州；1955 年，就读上海市城市建设工程学校；1959—1961 年，在宁夏建工局城建处和宁夏设计院规划室从事规划设计工作；1962—1991 年，分别在银川市城建局、市建委、市规划局等单位从事规划设计工作，其间，曾任局总工程师、副局长等职务，并先后获得高级城市规划师、国家注册城市规划师等资质；2000—2008 年，受聘于银川市规划设计勘测设计院（聘用），从事规划设计工作。

部分规划作品 1961 年，银川市旧城总体规划主要设计人之一；1978 年，承担银川市城市总体规划的主要设计，1981 年此规划获银川市科技进步奖一等奖；1982 年，银川市解放街改造规划的主要设计人之一；1989 年，由他作为主要设计人负责的银川鼓楼—玉皇阁地段保护及改造规划，获建设部优秀工程设计二等奖，1990 年此规划项目再获第四次全国优秀工程设计铜质奖。

（乔建萍　文　本文采写于 2016 年）

孙永明：
宁夏大地找水人

当他还是毛头小伙时，响应国家知识分子支援西部的号召，从北京地质学院来到千里之外的宁夏，并开始为这方土地上的人们找水。40多年里，他和同事一步步勘查出适合人饮用的水源数百处……

他说他的工作很简单，就是让老百姓有水喝。而这，也正是他的不简单之处。

孙永明。
本人提供

"我没什么事迹，就是干好工作"

孙永明很忙，这次采访，记者约了好几次。第一次，他突然接到了新任务，领导要求马上组织完成"宁夏回族自治区地下水集中供水水源地生态保护红线政策研究"，在一个星期内完成调研报告。第二次，一天晚上10点多，他发来短信："明天上午开会不知几点结束，下午还要到工地研究水井排管问题。特告！孙永明"。第三次联系时，他正在去往中宁的路上，有一个水源勘查项目遇到一些难题，请他去做技术上的指导……

也是在这天，他刚从中宁回来，已经是吃晚饭的时间了，急忙打来电话说："明天上午暂时没有什么安排，我们抓紧时间聊聊。"一见面，孙永明首先道歉，说自己真的太忙了，不过他转而提醒道，下午3点，他还要赶去国土资源厅评审一个项目材料，中午在单位食堂吃完饭就要回家收拾材料……

记者感叹他怎么退休了还这么忙，他却不好意思起来。"退休以后被返聘回来，很多外面的项目都通过单位联系我，请我去指导，有时候还有外地的来邀请，也不知道他们是怎么知道我的。"孙永明说，"我真的没有什么事迹，就是干好工作而已，很简单。"

"我的工作很简单，就是找水"

孙永明干的，真不是一项简单的工作。在上世纪五六十年代的宁夏，尤其是中南部山区，想喝一口纯净的水，简直是比登天还难的事。为老百姓找水，就是他最重要的工作。

至今，孙永明都忘不了1972年自己第一次在盐池找水时，在老乡家喝的那碗水。当时是从水窖里舀上来的，他看了一眼，水窖的水面上，还漂着驴粪蛋。他说自己一开始不想喝，但后来，渴得不行了，吹一吹，眼睛一闭端起碗闷下了肚。也就是这一碗夹杂着动物粪便的苦水，让孙永明和一起做水文勘测的队友们下定决心，一定要为山区的百姓找到可以饮用的水源。

　　"当时我们还帮着老乡储水。一种方法是把雨后的泥水沉淀过滤，但喝的时候还是黄水。另外就是开春的时候，趁被沙子覆盖的雪还没有融化，把沙子底下的冰雪块拉回去融化后喝。"孙永明回忆说，那时虽然条件不好，但乡亲们知道是找水的人来了，都热情招待，有鸡蛋的煮鸡蛋，有羊的宰羊……

　　"我的工作很简单，就是找到水源，让大家可以喝一碗清水。"

"做勘测工作的人，一直都在路上"

　　孙永明是上海嘉定人，父母都是农民。上学选专业时，他毫不犹豫选择了水文工程专业，问他原因，他说："搞工程的人工资会高一些。"

　　实际上工资并没有很高，但孙永明却在"找水"的路上，坚持了大半个世纪。从 1970 年来宁夏之后，他用了 15 年时间和其他水文地质工作者一起，一步一个脚印地勘查了宁夏 6.6 万平方公里的土地，完成了全区水文地质普查工作。

　　1985 年由他首次提出，将宁夏的地下水资源划分为 7 个区域，这个区域是根据宁夏的水资源状况、储存规律，第一次对全区的地下水资源做了统一的评价，为以后开展宁夏地下水资源的勘查和规划利用工作，奠定了坚实的基础；从盐池山区，到固原黑城镇，再到罗山西麓红寺堡地区和海原县南华山地区……他的团队承担起宁夏的扶贫找水工作，缓解了几十万人的吃水难题，40 多年里，发现适合人饮用的水源井有数百处，并在盐池县城郊、柳杨堡、固原黑城镇等地区逐步发展成为井灌溉区，人们的生活从根本得到改善……

　　让我们回到 1973 年年初，盐池终于打出了第一口井。记者问孙永明当时村民看到井水涌出时的情景，他说自己并不在场。

　　"做勘测工作的人，一直都在勘测的路上，每一个勘测点最后连成一个面，就能绘制出当地的水文地质图，根据图示位置，打井队就去打井。所以我说不清楚第一口井的具体位置，但可以想象当时的画面，乡亲们肯定是很高兴的。"说这话的时候，孙永明的笑容显得很满足。

或许，这就是他说的工作的"简单"之处，只要老百姓有水喝，那就值得。

坚持了 15 年的野外生活

穿越戈壁、住羊圈、冷水就馒头充饥、一年只能回几天家……在上海出生的水文地质勘测专家孙永明，曾在这样的环境里干了 15 年。接受采访时，时年 73 岁的他，仍然会在野外的山风中，异常兴奋："地质勘测工作是非常有意思的，我还能干下去。"

20 世纪 70 年代，地质工作的条件非常艰苦，从事野外工作要承受身体和精神上的双重压力，孙永明刚分到宁夏地矿局，连铺盖还没来得及收拾，就被安排到当时的同心县罗山工区，在 101 钻机队劳动锻炼。

"当时 30 多米高的钻机是需要人工搭建的，每次搬一个地方，我们就需要用 8 个多小时来安装井架和钻机。"两年的钻工生活锻炼，对孙永明来说，那是地质生涯中最可贵的一笔财富。

随后，孙永明投入水文地质工程地质专业技术生涯，他通常是早晨六七点出发，饿了找个避风的地方吃点干粮，渴了喝点凉水，深入戈壁，也住过羊圈，每天勘查10多平方公里的面积，人拉肩扛设备，以天为被、以地为床都是家常便饭，这样的野外生活，一坚持就是15年。

一张地质图、一个指方向用的罗盘，还有一个敲石头的榔头——孙永明说，这就是水文勘测工作人员每次勘测必带的"三大件"。作业时，一般几个月后才能再回到临时的勘测队部。"做水文勘测工作就是这样，从3月份到11月份都在野外工作。"孙永明回忆说。

可怕的沙尘暴经历

说到水文勘测过程中的危险，孙永明说，1976年在固原三营地区做水资源调查时，遇到的那场沙尘暴，现在想起来都心有余悸。

"那次我和几位同事刚从山沟里钻出来，中午时分突然天色变暗，当时以为要下雨，心想黄土区一下雨，我们就出不来了，为了不耽误时间，赶紧返回。四五十公里的

贺兰山考察。
本人提供

山路，走了近两个小时，赶到三营镇时，刚进招待所，狂风骤起，裹挟沙尘，一股浓浓的土腥味扑鼻而来，有窒息之感，瞬间天昏地暗，不见对面来人。这样的沙尘暴我是第一次见到，后来听说那次沙尘暴发生了很多交通事故，现在想起来还有些后怕呢。"

钻探是一项高危险性工作。孙永明说，有一次，他们同一工区的一台钻机在拆钻塔时，最高处一个300公斤的钢梁和人一起掉了下来，危在旦夕。"当时有一位工人正在高空作业，没想到他的保险带拴在钢梁上，所以一下子就被拉了下来，好在下方有一块木板给挂住，救了他的命！"现在回想起来，孙永明说，"我们那一代勘测人员其实已经很幸运了，老一辈的勘测者需要面对更多的危险，并且有时候几年都不能回家。"

很少回家，是一种常态

经常搬家，是地质勘测者的生活常态，而很少回家，也是一种常态。"我的两个孩子，都是邻居带大的。"孙永明说，"每次回家前，我都要去小镇上给两个孩子买糖果，希望来弥补我心里的亏欠。"

孙永明的爱人是自己的大学同学，当时两人一起分配到宁夏，来宁夏的第二年便喜结连理。1973年女儿出生的时候，他专门请了假陪在妻子身边，但十几天产假结束后便又离开了，等再见女儿时，孩子已经四个多月了；1976年9月，妻子临盆想让孙永明陪她回老家生小孩，领导同意并派人到工地去找，去找的人在阿拉善左旗乱井滩找了一天也没有找着他……

如今问他是否有遗憾，孙永明说，还好，孩子们都大了，也都有自己的事业和家庭。他只是觉得最辛苦的是自己的妻子，如今还在默默支持着他退休之后更加忙碌地工作。

为了后继有人，他热情依旧

说到自己的退休生活，孙永明说，自己平时没有什么业余爱好，但年轻时练就的"铁脚板"，让如今年过七旬的他，走起来依旧"健步如飞"。

除了为宁夏的地下水资源勘测做出贡献，孙永明还为宁夏地矿局水文地质工程地质专业培养了一批骨干力量，尤其是退休之后被返聘，让他有时间去向年轻人传授自己的技术和经验。在野外，即使呼呼的山风吹得大家站立不稳，孙永明却和年轻的地质工作者们一样异常兴奋……

采访结束时，他起身开始整理自己开会需要的材料，在他随身带着的工作笔记里，记录着每到一处所发现的地下水资源情况。一问才知道，这40多年来，这样的记录已经变成了一本全面的宁夏水文地质资料，让更多地质勘测者用在了实际的工作中。

"地质勘测工作是非常有意思的，我还能干下去。"孙永明笑着说。

人物介绍

孙永明　1945年出生于上海嘉定，宁夏地矿局原副总工程师，享受国务院政府特殊津贴。1964年，考入北京地质学院水工专业。1970年毕业后，分配到宁夏地矿局工作，一干就是35年。2005年3月31日从地矿局退休后至今，孙永明被返聘为局、院技术顾问，仍从事本专业工作，负责指导宁夏地矿局水工环地质的勘查工作。2008年11月，荣获自治区有突出贡献专家称号；2009年10月，被自治区评为"100位为宁夏建设做出突出贡献英雄模范人物"之一。

退休后的科研成果

1999年至2006年，参与主持了鄂尔多斯盆地地下水勘查，勘查成果《鄂尔多斯盆地地下水勘查》获国土资源部2008年国土资源科技成果一等奖。

2007年，主持完成专项调研成果《宁夏典型城市水源地保护研究》。

◎ 2013 年，参与完成了《宁夏高效节水灌溉技术发展典型调查》和《2005—2020 年宁夏主要温室气体 CO_2/CH_4 排放量测算与预测研究》。

◎ 2011 年，出版著作《宁夏水文地质工程地质环境地质工作发展史》。

（王　敏　文　本文采写于 2016 年）

在喊叫水找水调查。
本人提供

徐国相：
寻找地质趣之味

　　虽已离开宁夏十几年，但对于地质高级工程师徐国相来说，宁夏不仅是他托付年华的地方，也是凝结他在地质勘测和地质科普中付出心血之所。2018 年是宁夏回族自治区成立 60 周年，远在青岛老家的徐国相说，无论如何，都要回"家"一趟。

野外考察中的
徐国相（左四）。

扎营的帐篷在哪儿，家就在哪儿

徐国相在宁夏的家，是在原地质局的家属院里。2002 年 5 月的一天，65 岁的徐国相在家门口站了很久，退休 6 年了，这次要回青岛老家了，他不知道自己何时才能再回来。从 1970 年由内蒙古地质局调至宁夏地质局工作，之后整整 30 年的时间，徐国相都住在这里，从这里出发，他将自己对地质工作的热爱，全部投在了宁夏的山山水水中。

在徐国相眼中，宁夏的山、宁夏的水、宁夏的沙漠、宁夏的石头……无论走到哪里，都有无处不在的"宝藏"，只要善加利用，这些"宝藏"都会给这片土地带来美好的未来。"宁夏矿产主要以煤和非金属为主，金属矿产较贫乏，当我们勘测到矿产时，内心真的太激动了。"徐国相的声调高了许多。

对于常年做地质勘测的人来说，家是移动的，扎营的帐篷在哪儿，家就在哪儿。徐国相的家就是这样。如今，提到当时跟着父母在野外生活的经历，几个女儿对那段日子的艰辛都记忆深刻。

野外勘测虽然辛苦，但让徐国相积累了大量的一手资料。"爱人生病之后，不能再长年野外工作了，所以我就从野外勘测调到了地质局实验室工作。"也正是因为这样的变动，让徐国相有时间在工作之余，对数十年来积累的研究论文和作品进行整理，并编辑成书，他自 1978 年起，先后出版了《自然奇谜与踪影》《真假珠宝的辨识》《朔方科普夕拾》等科普著作，让科学变得通俗易懂。

摸清宁夏的"家底"

徐国相是 1970 年从内蒙古地矿局调至宁夏地矿局的，那一年，他 33 岁；2002 年，退休后的第 6 年，徐国相离开宁夏回到了青岛老家安享晚年。"前后整整 30 年。"徐国相算了算时间，有些感慨地说，"很值得，也很难忘。30 年，几乎把宁夏的每寸土地都走遍了。"

徐国相对宁夏最初的了解，是从"摸家底"开始的。"没别的想法，当时就想着能尽快展开工作，摸清楚宁夏的'家底'。"所谓的"摸家底"，是对地质勘测工作最形象的解释——"摸"，就是一寸不落地对区域地质进行勘测，翻山越岭、踏过草原、穿越河流、深入地下，一处也不放过；"家底"，就是对一个区域内的地质构造、地质现象、矿产资源进行系统了解和掌握。

"只有摸清楚了宁夏的'家底'，才能制定出长远发展的规划。"当时他站在贺兰山上，看着远处的银川城时，心中就做好了"打持久战"的准备。

早在来宁夏之前，徐国相就已经是工程师身份了。1964 年，他在参加"地质部 105 会战"期间，查明了内蒙古白云鄂博铁矿床中稀土、铌、钽等资源的分布状态，并作为综合研究组组长，执笔编写了第一份技术报告。

因成绩突出，在当年"地质部 105 会战"结束时，徐国相就被破格升为工程师。"稀土、铌、钽这些资源要比铁矿值钱得多，所以那次的勘测结果，对国家综合利用矿产资源，起到了重要的推动意义。""宁夏矿产主要以煤和非金属为主，金属矿产较贫乏，目前已获探明储量的矿产种类达 34 种。对宁夏经济发展来说，有着战略性的指导意义。"这也让许许多多和徐国相一样的地质人，无比欣慰。

用有趣的语言写出来

1984 年，47 岁的徐国相出版了自己的第一本科普图书《自然奇谜与踪影》。书中回顾了一些所谓"真实传说"产生的历史状况，也介绍了当前人们正在进行的探索。

凭借此书，1990 年 6 月，在中国科普作家协会第三次会员代表大会上，徐国相获得了"成绩突出科普作家"称号。"科学知识不应该掌握在少数研究者的手中，应该传递出去让更多人探索其中奥秘。"徐国相说，那时，他经常利用工作之余，将研究发现所得用最通俗的语言写出来，于是，就有了汇编《朔方科普夕拾》的想法。

2011 年，这本汇集徐国相大半生研究心血的科普图书出版了。那一年，他已是一位 74 岁的老人了。

　　30 年走过的山山水水，徐国相用文字记录了下来——
苍劲雄浑的贺兰山，"红旗漫卷西风"的六盘山，"黄河百害，
唯富一套"的银川平原，宁夏"五宝"之一的贺兰石等等，
徐国相力求把科普文章写得情景交融，让生涩的科学知识
变得通俗易懂。"能在晚年出版《朔方科普夕拾》，很高
兴。"在电话里，能听到徐老翻书的声音，那翻过的每一页，
也都是一代代地质人为宁夏地矿业发展付出的芳华。

地质勘测就像磁场吸引着他

　　从勘测到科普，徐国相将自己的大半辈子，都交付给
了宁夏地质事业，也将支宁人的精神，留在了宁夏的山山
水水中。

　　徐家 10 个孩子，作为家中老九，徐国相说，虽然家
中孩子多，但因为父亲年轻时曾上过 8 年的私塾，所以对

子女教育特别重视，就算自己辛苦，也要让孩子们念书。只可惜，等到徐国相怀着憧憬、希望能像几个哥哥姐姐一样上高中、念大学时，父亲却因身体原因无法工作了。幸运的是，就在 1953 年徐国相初中毕业时，国家地质部到青岛招生，不但不交学费，还管吃管住。这对于徐国相来说，简直是"喜从天降"。

"我上学时就喜欢上地理课，一听又是地质专业，更高兴了。"后来，徐国相以优异的成绩考入南京地质学校地质矿产勘查专业，但母亲却不让他走。"妈妈不让我离开山东，怕吃苦受罪。后来我跟她说，我将来干的工作能给她找金子，她就同意了。"徐国相笑着说。

能继续上学，徐国相格外珍惜，地质勘测像巨大的磁场吸引着他。"我是在 1958 年被分配到内蒙古地质局的，毕业后还去北京学了两年俄语地质翻译。"徐国相说，因为对这一专业的热爱，虽然工作环境总是在野外，条件十分恶劣，但自己的内心却是无比满足的。

顶着 40℃的高温勘测一天

"我们都是做地质勘测的，在内蒙古其实也没个像样的家，去哪儿扎营，哪儿就是家了。"徐国相说，头几年，家里三个女儿都是跟着勘测队长大的。

对于那段记忆，二女儿徐俐记忆犹新。"那时候牧区条件差，尤其一到夏天，特别热，坐都坐不住，但爸爸却能在闷热的帐篷里一直写调研报告。有时候野外刮大风，会把帐篷突然掀起来，大石头都压不住。"

但营地的艰辛，对于地质队员来说，并不算什么。最艰难的是在野外做勘测的日子。徐国相介绍说，比如，要给 3000 多公里的区域面积绘制一幅 1：20 万的地质图，需要 30 多个勘测队员，花费两三年的时间才能完成。"后来我们在宁夏工作的时候，通常我们会坐卡车到贺兰山下，大家再背着行李徒步翻越贺兰山，有时也会骑毛驴，骑骆驼，想方设法前进。"徐国相回忆说，最难熬的是酷暑时节，每次顶着 40℃的高温勘测一天，等回到住处，口渴难耐的队员只管往肚子里"咕咚咕咚"地灌水。

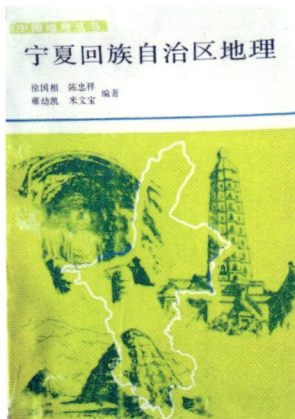

宁夏回族自治区地理

徐国相 陈忠祥
雍幼凯 米文宝 编著

徐国相
著述。
本人提供

品德的力量高于知识的传递

"我们搬到宁夏时，住的是地质局的家属院，那时候爸爸一出去勘测就是大半年，回来的时候，他会给我们带酸奶酪。"徐国相的三女儿徐倩说，除了带吃的，爸爸每次回家还会给她们带书。"我们家那会儿没什么家具，却有一个显眼的大书柜，里面放的全是爸爸的专业书籍。他特别爱看书，在去野外做地质勘测时也会带书，只要有时间休息，他就拿出来读，还会做好笔记。"

但在 20 世纪 70 年代初，爱人突发疾病，徐国相为了照顾妻子和五个孩子，申请从勘测队调到了宁夏地质局实验室工作，也是从那时起，他开始将精力转向了科普宣传与写作。每天，为了不打扰家人休息，徐国相总是在厨房的小桌子上写书稿和文章，一整夜熬下来，腿有时是肿的。"妈妈生病后，爸爸就开始照顾我们的生活起居，每天做饭，晚上给我们辅导功课，还要带妈妈出去散步……"如今想起那些年来父亲的辛苦，徐倩都很感慨。

徐倩说，因为自己是大学老师，所以直到今天，爸爸都会经常叮嘱她说："你是传播知识的人，要记得品德的力量高于知识的传递。"徐倩说，这也是爸爸人生的写照。

人物介绍

徐国相 宁夏国土资源厅教授级高级工程师。1937年3月生，青岛市人，早年就读青岛二中，后学习地质，奔波于内蒙古、宁夏。曾获"全国先进科技工作者""建国30年地质找矿重大贡献工作者""国务院知识分子特贴""宁夏有突出贡献专家""成绩突出科普作家（全国）"等荣誉。

个人著作 科普文章有《漫笔贺兰山》《年轻的六盘山》《黄河与宁夏》《宁夏煤炭为什么这样多？》《拨开托素湖的迷雾》《沙漠化的忧虑和治沙曙光》等。出版科普图书《自然奇谜与踪影》《真假珠宝的辨识》《朔方科普夕拾》等。

（王　敏　文　本文采写于2018年）

哈先甲：
见证银川规划步履

访谈中的
哈先甲。

同一碗汤，不同的人做出来是不一样的味道。你可以忠实于菜谱，做一碗符合大众固有印象的汤，或者超越菜谱，用心熬一碗靓汤。做城市规划也是如此，在一些规划师眼里，规划只是一张二维平面图，但还有这样一些规划师，通过他们对城市的构思，我们能感受到浓浓的人文情怀和惠及后世的关切。

92岁的哈先甲，就是这样一位规划人，身为银川城市规划的最早一批先行者，他说他更愿将自己视为"为这座城市打杂的人"（哈先甲语），为的是让居住其中的人们不烦恼，更舒适。

印　象

　　院门开了，露出一张瘦削的脸。因为过瘦，一双眼睛和两个眼袋在脸部显得特别突出。然后整个人从门里走出来，背已驼得厉害，走起路来腿稍微颤抖。看到记者身后的人，他突然笑得很顽皮，那是一个他多日没见的老邻居。两人会意地开着只有他们才能懂的玩笑。他反应很快，言语上一点儿也不让来人"占便宜"。这点让他不像一位92岁的老人。

　　想直奔主题采访哈先甲没那么容易。刚坐下，他就"先发制人"，"我先采访一下你吧。"接着，你多大了？孩子多大了？住哪儿啊？住的地方乘公交方不方便啊？你怎么看城市规划这事的？你对银川城市规划有什么看法……一脑门子汗回答下来，算是勉强过了关。哈先甲才说，"你坐左边吧，我右耳朵背。"

哈先甲早年工作照。
本人提供

痕　迹

落座后，记者在茶几上看到一张银川市城市规划图，上面用笔勾画了好多记号。这可能是他家中显示他规划师身份的唯一痕迹。看到记者注意到地图，哈先甲说："这可不是我为你专门准备的。"很显然，这不是特意所为，由于之前频繁使用，规划图已被翻得有些破损。

屋里光线昏暗，这让哈先甲家里的一切显得更加简陋陈旧。一股活泼清新的颜色来自后院，院里有株桃树，青枣挂满枝头。地上还散落着去年树上掉落的红枣。小院显然长时间疏于打理，"我弄不来这些花草。你看爬山虎都只在地上爬。"即使如此，这方天地，还是给哈先甲单调的退休生活添了不少安慰。尤其是近几年，他越来越少出门。"外面太拥挤，闷了就在这院里坐坐。"

严　谨

采访哈先甲要有足够耐心。交谈中只要涉及某个专业概念或常识，他是一定要讲清楚后才肯接着谈下一个问题。

摊开茶几上的规划图，说到银川老城区（现属兴庆区）保护时，提到西塔、北塔、玉皇阁、鼓楼等古建，他给记者把这座城市的"前世今生"和各处古建的来龙去脉讲了个遍。许多的细节，譬如修建年代、古建高度等，他回忆起来一点也不吃力。这也让他不像一位 92 岁的老人。

哈先甲说，做城市规划和做别的不同，它不仅要掌握建筑和工程领域的知识，也要知晓地理学、社会学、经济学、生态学方面的知识。

杂　家

谈到银川市启动的《银川市空间规划（2016—2030）》，他评价说，城市规划就应这样，它需要包罗万象，交通、生态、国土、住建、历史文化应该体现在一张规划图上。

当然城市规划师也应该大胆创新。针对前段时间微博热传的街区"对外开放",营造自由开放的交通。哈先甲认为,问题的本质在于街坊尺度,小街坊有利于慢行交通的便利性。但小区是否能打开围墙,需要与社会文明相适应,"这显然还需要一点时间。"做到这点,就需要城市规划师有超前设计意识,需要懂些社会学方面的知识。"城市规划师要首先是个杂家,掌握的东西一定要超越规划本身,不然就只是'制图工匠'而已"。

从江南到西北

古希腊哲学家亚里士多德说过:"人们是为了活着而聚集到了城市,为了生活更美好而居留于城市。"第一次看到这句话时,哈先甲被深深触动,并以此为自己一生规划生涯的指南。作为银川城市规划的老前辈,哈先甲目睹了这座城市从手中的规划图中一点点立体丰满起来,从曾经的满目荒芜到如今的宜居之城。

1925年,哈先甲出生在江苏省扬州市的一个贫寒之家。父亲的微薄收入只能供他就读扬州中学土木工程科。"学得杂,有关工程上的,像水利、道路、桥梁、给排水等知识都学了点皮毛"。但正是那时所学的,影响了哈先甲之后的职业选择,甚至整个人生。

1945年,哈先甲在江苏省淮河水利工程总局谋到一份差事,"这算所学的有了点用武之地"。解放后,中国人民解放军在南通成立农建第四师,哈先甲被调去帮着盖房子、修路、建码头、修建排水设施和防海水浸灌堤坝,压砂排碱。

1958年,中央决定筹建宁夏回族自治区,从发达省份抽调民族干部和科技人员,身为回族的哈先甲被首批选准。哈先甲在地图上找了半天宁夏,"没找到。但我还是欣然前往!"

从建农场到规划城市

来宁经历暂且不表,这里先说一下哈先甲如何与规划结缘。

1949 年上海解放后，收容游民 5000 多人。为保障上海的粮食安全，也为了安置游民，1950 年初，华东局、上海市委与苏北行署商定，划江苏省大丰县（今盐城市大丰区）为"棉垦区"。垦区原是濒临黄海的一大片盐碱地。建设初期，哈先甲作为技术人员被调去修建农场。

到了农场，哈先甲要做的是先帮着盖房子，然后修建排水设施、修路、排碱、种庄稼……所做的这些，"和之后规划一座城市有点像。"不过修建农场，在那时有很多认识上的局限，"建设上有很多的随意性"。比方说居住的地方不远建有仓库、学校邻近机械厂、医院附近办着养殖场，"这些成为一种矛盾存在，影响了之后的生产发展和职工生命健康"。

虽说不过是修建了一处农场，但哈先甲却从那时就开始思考，"在哪儿建什么，适合建什么，要有怎样的打算"。这些疑虑算是哈先甲最早的城市规划启蒙，虽然那时的一座农场充其量相当于现在的一个城镇规模。"但只要有人在里面生活起居、生产建设，就得多从规划的角度考虑考虑。"

怎么"画"一座城

1958 年 8 月，哈先甲来到银川。走出火车站，西边的贺兰山，东边的一道城墙（指昔日满城）清晰可见。其余目力所及，便是一望无际的盐碱荒滩。

因为有了之前建农场的经历，所以在后来调配工作岗位时，哈先甲毫不犹豫地选择到宁夏建工局，从事城市规划设计工作。

当年，由于银川老城区（现属兴庆区）用地方面的限制，银川市城市建设中心向包兰铁路以西延伸，但那里当年大部分区域是盐碱荒滩。这个规划刚提出之时，哈先甲便心存疑虑。"为何银川城市规划不像其他省份的城市，沿着铁路沿线发展？为何不在原来旧城基础上设计？"为解决这些疑问，哈先甲开始搜集和查阅和银川有关的历史、地理、气象、地震资料。正是在这样解决疑虑的过程中，哈先甲渐渐对银川和银川城市规划有了清晰的概念。

当然囿于时代所限，当年的城市规划不过是一种粗线条式的。而如今的城市规划，哈先甲提出一个"常识"概念。这个常识，说到底是沟通问题，古与今的关联，今天与未来的衔接，私人领域与公共领域的划分等等。"你想想啊，城市规划好比画画，不沟通好，你画一笔，我画一笔，这画能好看吗？"

一座城市应有回忆。早在 20 世纪 80 年代初，哈先甲就主张旧城保护。他先后带领规划人员对玉皇阁、西塔、北塔、中山公园调研，制订维修改造规划，规定老城区建楼不能高于这些古建。"当时有个标准，站在任何一处古建上，能眺望另外几处古建。"但遗憾的是，这些古塔楼阁，如今早被楼群层层阻挡。

人物介绍

哈先甲 1925 年，出生于江苏省扬州市。1944 年，毕业于江苏省扬州中学（曾用名苏北公中）土木工程科。1958 年，奉令调往宁夏，参与成立宁夏回族自治区筹备工作。1962 年，正式调入银川，任银川市城市建设局副局长。1979 年，任银川市基本建设委员会总工程师。1985 年，任银川市人民政府顾问。1992 年，离休。

（乔建萍　文 / 图　本文采写于 2017 年）

在银川家中的哈先甲。

陈敏求：宁夏路网编织人

　　初见陈敏求时，他带着记者去他的小院转了一圈，一边走一边介绍："这是桃树，这是李子树，这是杏树……"记者问这些树是啥时候栽的，他笑着回答："退休以后，以前哪有时间啊！"的确，退休前的陈敏求太忙了。翻开他的履历就能看到，陈敏求用时间和心血，见证了宁夏交通史上一个又一个的"第一"：宁夏第一条高速公路、宁夏第一座现代化的黄河大桥、宁夏第一条隧道……

陈敏求。
刘旭卓／摄

与宁夏的"弹簧路"结缘

陈敏求在宁夏生活 35 年，许多往事都已模糊，但说起初次踏上这片土地的情景，至今依然记得十分清晰。"我是 1961 年来到宁夏的，当时从湖南大学土木工程系毕业，被分配到宁夏公路勘测队，是一名技术员。"陈敏求操着一口浓重的湖南方言，笑着说起当年的情景。"别说柏油路了，在银川城区连条像样的街道都没有，基本是土路、沙子路。"

他感受最为深刻的，是从银川走固原。要先坐车到叶盛，然后渡黄河，再坐车继续走，400 多公里路，得走整整 3 天。而且出门前，要先看天气，如果下雨，车就没法走了。

当时在他们交通人中，流传着一句顺口溜，形象地说明了宁夏的交通状况：晴天扬灰路，下雨水泥路，春季弹簧路，秋冬搓板路。陈敏求解释说，之所以叫"弹簧路"，是因为 20 世纪 80 年代以前，在春融时期，宁夏灌区的路面由于路基低，车走在上面，会出现不均匀起伏或破裂冒浆的现象，由于干燥少雨，等级低的砂砾路面经车辆的反复碾轧而形成波浪式的搓板路。

说起往事，陈敏求感慨颇多，语气也变得不轻松。当年，他准备在宁夏奋斗一场的时候，却因为工作调动，于 1963 年离开宁夏。陈敏求以为只是"暂别"，没想到这次"暂别"，长达 19 年时间。

参与中宁黄河大桥建设

1963 年到 1982 年间，他随交通部公路二局辗转青海、四川、湖北乃至遥远的中非共和国，作为主要设计者和施工指挥者，参与了飞跨乌江天险的乌江大桥、横亘长江的三江大桥、连通珠江的容奇大桥的建设，积累了极为丰富的工作经验。

再次回到宁夏，已是 1982 年 9 月，此时的陈敏求，不再是当年初出校门的学生，他给宁夏带来了桥梁、道路修建的丰富经验。

他将自己的经验，首先运用于 1983 年 12 月开工建设的中宁黄河大桥中。"当时宁夏修建大型桥梁的经验还比较少，中宁黄河大桥也是宁夏第一座现代化的黄河大桥。"陈敏求说，在这座桥的施工中，他将从外地带来的"预应力桥梁"（预应力是在施工期间给结构预先施加的压应力，使结构在正常使用的情况下不产生裂缝或者裂得比较晚。）设计与施工经验，运用其中。

丰富的桥梁建设经验，也为工程节省了资金。他与工程技术人员一起对最初的设计进行详细测算，经过多次的重复测算，原来设计方案中的灌注桩长度每根减少 10 米，这一处改动为国家节约资金 90 多万元。在大桥两岸的防护工程建设中，他结合实际情况反复论证、实验，缩短了护岸长度，这一改动，又节约了 100 万元的建设资金。

这座大桥，也成为当年宁夏"三纵六横"公路网中重要的一环，成为连接宁夏中北部沿黄地区和南部山区最主要的过河通道和交通咽喉。当年，银川走固原的时间，也从 3 天缩短为 1 天内到达。

为宁夏交通建设争取资金

如今在陈敏求的家里，依然保存着他当年的工作日志。这些密密麻麻的文字，是他任宁夏回族自治区交通厅厅长时期内的"账目"。作为当年宁夏交通的"管家"，他记录了宁夏交通建设中的各项重大工作及详细数据。其中有很重要的一项内容，就是为宁夏交通建设争取资金。

1983 年，陈敏求上任后面临的第一个难题，就是资金短缺。"要修路，必须争取到交通部的资金，要有项目支持。"陈敏求说。为解决资金问题，他多次坐火车往返于银川与北京之间，向交通部汇报宁夏的交通状况。陈敏求的执着也感动了交通部的许多人。"八五"期间，中央给宁夏的交通建设资金补助金额为 3 亿元。

陈敏求说，交通部之所以投入大量资金，还有一个重要原因。他借用当年交通部一位领导的话说，"拨给宁夏的公路建设补贴资金看得见，摸得着！"陈敏求说，既然国家任命自己做宁夏交通建设的"管家"，那他就必须"当好家"，必须将来之不易的建设资金，全部用在公路建设的刀刃上。

"老交通"的公路情

采访中，这位做事非常严格的老交通，说到一件往事时，展现出了柔软的一面。陈敏求用缓慢的语速说起1987年的一次事故。20世纪80年代，黄河上的大桥很少，人们多坐船渡河，在永宁县东和渡口，就发生过一次翻船事故。"作为交通人，我觉得自己肩负的责任重大。"时至今日，陈敏求谈及此事，依然痛心。也是从那之后，陈敏求更加坚定信念，要为宁夏百姓修好每一条路。

"道路不畅造成了多次事故，也制约着宁夏经济的发展。"陈敏求说，宁夏不沿边，不靠海，公路运输是宁夏交通运输中最主要的方式，因此，发展经济还得从修路开始。面对宁夏的实际情况，交通厅做出两个决定：一是大力修建干线公路，二是建设南部山区的道路网。

陈敏求主持修建了宁夏东西干线公路。东干线起点位

1988年，陈敏求（前排右三）在同（心）海（原）路工程现场查看施工情况。

本人提供

于石嘴山，经陶乐、白土岗子、下马关、预旺、彭阳，最后至于甘肃省平凉市。西线是贺兰山沿山公路，北起平罗县崇岗镇，经青铜峡土墩梁，西至中卫再渡黄河至海原、西吉到甘肃省静宁县。"我记得 1985 年前后我们从银川走中卫往南考察时，用了一星期的时间，车走一段就没路了，后来全凭两条腿走，过了一星期才到静宁县。"陈敏求记忆中的土路，没过几年就大变样。到了 1989 年，从石嘴山走固原的干线，已是全程柏油路。

而在南部山区的修路经历，更是让陈敏求感慨不已，"从 1984 年起，宁夏新建和改建了山区公路 1600 多公里。"陈敏求还记得当初一位固原地区专员的话："这是一条条救命路。"陈敏求解释说，1987 年，固原地区经历了一场大干旱，正是因为这些乡村公路的建成，才使得粮食和牲畜的饲料能够及时运进来，避免了更大的损失。

多年来，这些建于 20 世纪 80 年代后期的乡村公路，为宁夏南部山区的经济发展发挥了巨大作用，山区的人们，也借助便利的路网"走了出来"。

宁夏的第一条高速公路

除了解决山区乡村道路不畅的问题，陈敏求将目光转向全国范围，他主张宁夏要跟东部联系起来。而这个纽带，就是一条高速公路。

陈敏求说，当时听说宁夏要修高速公路，社会上反响强烈，大多数是反对声音。1988 年，中国已建成沪嘉、沈大等高速公路，而在宁夏，绝大多数人仍然没见过高速公路，对此并不理解。有人认为，宁夏修高速，是花钱晒马路。也有人认为，与其用钱修路，不如投到南部山区扶贫。还有人算细账：占七八千亩土地，10 年少了 7000 万斤粮食……

陈敏求的压力可想而知。"有反对意见，那我们就去外地实地考察，看看别人的高速公路到底怎么样"，陈敏求带着考察团先走山西，再到四川、湖北、安徽、江西、湖南，经过考察，反复做工作，向自治区政府汇报，最终形成的结论是："高速公路就是好，我们也要修。"

后来，在经历了长达 5 年的前期准备后，姚伏至叶盛高速公路于 1997 年 4 月 28 日开建，2000 年 6 月 30 日试运行。

姚叶高速建成后，成为京藏高速在宁夏境内的重要组成路段，也是宁夏"八五"期间"三纵五横"公路主骨架的重要组成部分。直到今天，它依然是宁夏连通东部省区的重要通道。

宁夏的第一条公路隧道

1997 年之前，开车走 312 国道的司机都对一座山"不寒而栗"，这座山就是六盘山。"六盘山险峻，沿山而上的公路弯弯曲曲，异常难行。"20 世纪 90 年代，陈敏求对这座山最深的印象，是频发的交通事故。

1992 年，国家决定修建六盘山公路隧道。当时，不仅宁夏，全国范围内，修建的公路隧道也不多。"再难也要修。"陈敏求明白这条隧道修建的意义，他协同全国的桥梁道路专家，整日整夜地研究可行性方案。

陈敏求说，六盘山的地质条件很复杂，不是纯粹的石层，也不是纯粹的黄土层，而是支离破碎、漏水严重的渗透体。"这时候，我之前在湖北参与葛洲坝建设，在四川修建乌江大桥时的经验就派上用场了，我将那些工艺和图纸借鉴过来，会同国内专家，一起研究这条隧道的施工工

陈敏求在宁夏工作期间的工作日志。
本人提供

370

艺"，陈敏求说，因为施工难度大，当年的这条隧道，是由武警部队参与修建的。

这条全长2385米、宽9米、高5米的隧道的修建，耗时5年，最终于1997年正式通车，也是当时西北地区最长的公路隧道。建成通车后，结束了陕、甘、宁三省区人民翻山越岭过六盘山的历史。

如今，宁夏的公路总里程已超过3万公里，黄河公路大桥也多达15座，宁夏交通已四通八达。退休多年的陈敏求，依然关心着宁夏的交通建设，采访结束时，他阐述着自己的想法："宁夏的交通发展方向，应该是向东和向西，向东，能走活了，向西，能走出国门。"

人物介绍

陈敏求 1938年出生于湖南湘乡市。湖南大学土木工程系毕业后，分配到宁夏公路勘测队任技术员。1963—1977年，随交通部公路二局先后在青海、四川等地担任桥梁建设工作，先后担任乌江大桥、容奇大桥等桥梁的主要建设者。1977年，被派往中非共和国担任工程设计人员，1978年回国后，到湖北宜昌参加葛洲坝三江大桥的建设工作。1982年调回银川工作，参与中宁黄河大桥修建工作。

（刘旭卓　文　本文采写于2018年）

何季麟：
扎根宁夏筑"钽"途

何季麟是目前宁夏唯一的中国工程院院士，1969 年他来到宁夏石嘴山市，和一群年轻人一起，在戈壁滩上建起了"905"厂。当年这一落户宁夏、名不见经传的小厂子，如今已成长为世界钽工业的佼佼者——中色（宁夏）东方集团有限公司。

何季麟。刘旭卓 / 摄

把青春献给这里

"刚来石嘴山的时候，除了市区有几条街道、几家店铺外，周围几乎都是戈壁滩。"何季麟第一眼看到的宁夏，让他"傻了眼"。

这种荒芜，不仅是地域上的，更体现在业内的不被人重视。1993年，何季麟参加第33届国际钽研究中心（TIC）的年会时，深有体会。"我们在年会现场给别人发名片时，几乎没有人接。"能参加年会的基本都是国际上有影响的企业，没有人知道在中国还有个叫宁夏的地方，在宁夏，还有一家钽工业企业。

而到了1997年，在他们的努力争取下，TIC秘书长专程前往宁夏考察，当时新一届的年会获批在宁夏举行，在钽工业领域，宁夏走上了世界舞台。

何季麟初来宁夏时24岁，那时他大学刚毕业。当时和他一同前往的，还有包括清华大学、北京大学在内的70多所高等院校的学生。他们是落户宁夏的中国钽工业的"拓荒人"，带来了技术，奉献了青春。

包括"905"厂在内，在那个年代，宁夏的许多工业企业，都正处于最初的发展阶段。何季麟是看着"905"厂一步步成长起来的，当时参与建设的他们这批年轻人，也是宁夏工业发展的开拓者。

如今，宁夏发展一片生机，当年的许多青年人，也都定居宁夏，把这

何 季 麟
（中）在钽粉
生产现场指导
工作。
本人提供

里当成自己的第二故乡。祖籍河南的何季麟也是如此，如今，73 岁高龄的他依然四处奔波，继续为这片土地贡献着自己的力量。

戈壁滩上的稀有金属梦

约何季麟院士的采访特别不容易，记者打了 3 个电话，约了 2 周，何院士才挤出点时间。在等待的这两周时间里，何院士跑了 4 个省（市），开了 5 个学术交流会。记者问他身体能不能吃得消，他说："还行，回来稍微有点感冒。"

如今说起中色（宁夏）东方集团有限公司，世界有名。但在 1969 年，谁也不会想到贺兰山下戈壁滩上那个代号"905"的小厂，如今会闪耀在世界舞台。用何季麟的话说，当时他下火车时就"傻眼了"。

"火车站连站台都没有，也没人知道要去的'905'厂在啥地方。"1969 年，何季麟从北京钢铁学院（现北京科技大学）冶金物理化学专业毕业后，来到石嘴山，开始了新的生活。

何季麟口中所说的"905"厂，便是当年的宁夏有色金属冶炼厂，"905"是它的代号。1965 年，国家决定在贺兰山下建一座钽铌铍加工厂，原北京有色金属研究院的 200 多名干部职工就这样来到了贺兰山下，在戈壁滩上建成了一座军工配套钽铌铍冶炼、加工的小厂。

"刚来石嘴山的时候，周围几乎都是戈壁滩。"何季麟说，如今在他们集团办公楼的走廊里，挂着一幅老照片，几个年轻人在窑洞前笑得很开心，照片上的窑洞，他们住了 8 年。就这样，何季麟和同事们在住窑洞、吃白菜萝卜的日子中，开始了在稀有金属领域的探索。

打破中国钽粉零出口纪录

如今的中色（宁夏）东方集团有限公司，生产的钽丝占世界市场份额的 60%；综合质量和市场占有量均居世界第一位；钽粉占世界市场份额的 30%，居世界第二位。为神舟飞船、探月工程、蛟龙号载人深潜器、北京正负电子对撞机改造等重大科学工程提供重要的配套材料。但在 20 世纪 80 年代，曾举步维艰。

　　"当时正值改革开放初期，我们老厂长去北京参加全国订货会，仅仅拿到一个订单——250 克钽粉。"何季麟说，老厂长回来一传达，全厂震惊。

　　国内没有市场，那就开拓国外市场。为提高技术，1987 年，国家决定实施中国钽工业的技术改造，时任副厂长的何季麟带领团队到美国考察，准备引进新的生产线，但当他们背着方便面去和对方谈合作时，得到的答复是："我们绝不会在东方培植一个竞争对手。"

　　"自己干！"1990 年，何季麟接下了厂子里"用半年时间攻克钽粉技改难关"的任务，带领团队开始自主研发。"我们当时承担了超高比容钽粉、钽铌湿法冶炼、钽电容器阳极引线用钽丝三个国家级重点技术改造项目，压力可想而知。"他和科研人员一起，没日没夜地泡在实验室、车间蹲点亲自动手参与研发、探索、送样，无数次地改进、阶段性提升。最终，产品一次性通过国际认证。当年便打破中国历史上钽粉零出口的纪录。宁夏——这个地处中国西北边远地区的省区，也开始进入世界视野。

开拓"钽途"的坎坷路

　　科研搞成功了，产品也获得了认证，但市场在哪里？

　　为谋求发展，1992 年，何季麟和同事访问了世界第一大钽电容器生产商美国基美公司。"人家压根就不信，说你怎么能做出这么高技术的产品？我在地图上画出宁夏的位置，跟对方不断解释。"何季麟当时用了足足 3 个多小时时间，回答对方提出的诸多问题，终于得到对方认同并顺利进入商务谈判，拿到了首批订单。

　　1994 年，何季麟又带领团队奔赴日本。当时日本用钽材料做电容器的公司是各个国家中最多的，一共有 11 家。他们一家一家地跑，只有一个公司比较认同，其他公司要么见见面搪塞两句过去了，要么连样品都不看，直接从桌子对面推过来，说没有时间做检验评价。

　　"看到对方的态度，心里很难受，但同时我们也十分有信心，因为我们有自主研发的先进技术支撑，相信一定能够攻入日本市场。"何季麟说。正是凭着过硬的产品质量和诚恳的态度，20 世纪 90 年代，中国钽材料打开了世界市场，产品先后成功进入美、英、德、日、韩等国，和国际上所有用钽材料做钽电容器产品的 20 多家公司建立了稳定的商务供货关系——中国钽工业从宁夏走向了世界。

贺兰山下，一种精神在传承

"我们是国内钽铌行业的领头羊，我们应该有信心也完全有能力与世界比肩。"采访中，何季麟说到这句话时，声音突然提高。正是基于这样的信念，2000 年，公司的钽铌出口总量达到 280 多吨，跻身国际市场钽工业三强……

当曾经贺兰山下举步维艰的"905"厂闪耀在世界舞台时，2001 年，何季麟被评选为中国工程院院士，他也是截至目前，宁夏唯一的中国工程院院士。这一殊荣背后，要付出多少艰辛，取得多少成绩，常人难以想象。

"那时候的每一个人，都是这么过来的。我们有一个能吃苦、有责任的团队，这是我们成功的关键。"何季麟说，现在中色东方的职工们还是愿意称自己是"905 人"，这是一种精神的传承。

在何季麟看来，中国工程院院士这个荣誉，需要他用一辈子的努力和奔波去诠释，"国家给我这个荣誉，我就应该为国家做点事情、多做贡献。"时至今日，73 岁的他依然承担着相关的国家项目，"感觉自己已经和稀有金属产业、钽铌铍金属材料技术与产业结下了不解之缘，这个产业对我有着特殊的磁力。"何季麟说这话时，眼睛里闪烁着明亮的光芒。

贺兰山下的国际名企

在何季麟当选院士的 2001 年，公司实现销售额 18.46 亿元，但当年钽铌工业进一步发展仍面临障碍。何季麟介绍说，我国钽铌资源分布分散，品位低，钽、铌原料很大一部分需要进口，而钽丝、钽粉等主导产品则大部分销往国外，典型的"两头在外"产业特征使得企业抵御市场波动风险的能力减弱。果不其然，20世纪90年代末开始的互联网泡沫，导致中色东方主导产品钽粉、钽丝的出口量大幅下滑，价格也大跌。2002年，销售额就滑落到了8亿元。

"调整产业结构。"何季麟带领企业决策层，又开始了新的征程。公司规划了除电容器级钽粉、钽丝及纯铍制品主导产品外着力研究开发十余条主业延伸新产品链，提出了在最短的时间内，使目前研发的新产业与主产业各占50%比例的发展目标。经过5年的艰难爬坡，2007年，公司实现恢复性增长，销售额再创历史新高。

如今，中色（宁夏）东方集团有限公司发展迅速。公司开发的新产品，填补了多项国内空白，部分成果达到了国际领先或先进水平，基础研究和超前性产品的开发领先市场应用3~5年，为许多重大科学工程提供了重要的配套材料。

让更多的人才到宁夏来

如今说起中国钽铌铍事业的发展，何季麟着重强调了两个字：人才。"20世纪80年代是企业比较艰难的时期，人才大量流失。有一次我和当时的吴瑞荣厂长在北京出差，一晚上抽了3盒烟，从1981年数到1983年，发现一共走了200多名科技人员。用吴厂长的话说，'走得人心凄凉'。"如今说起，何季麟依然很感慨。

不过，大部分人还是留下了。如今在中色（宁夏）东方集团有限公司，何季麟和同事们当年栽种的白杨树已经几十米高了，虽然"905"厂的老一代人早已退休，但这一棵棵白杨，依然见证着那群年轻人的意气风发，笔直的树干，就像"905"不屈的精神。

"在西北，要想引进高技术人才，不容易，要想把他们留住，更不容易。"何季麟说，他对目前的人才发展和引进很着急。

何季麟谈到当年"905"建厂时的人才队伍结构，他说当时大概有40%~45%的职工，是来自清华、北大等全国70多所高等院校的学生，大伙在一片戈壁滩上建设起了具有世界先进水平的企业，但到了现在，人才问题成了制约产业发展的重要因素。

何季麟说，目前他正在探索引进人才的方式方法，比如通过校企联合培养科研人才等途径。"把知识引进来，把人才引进来，这是我目前觉得最着急的事。"何季麟说。

何季麟一生获奖很多，但他将所有的奖金捐献出来，用于科研事业。他笑一笑，说自己一生光明磊落，钱只要够花就行，再多也没什么用……

人物介绍

何季麟 1945 年出生于河南省开封市，1969 年毕业于北京钢铁学院（现北京科技大学）。中色（宁夏）东方集团有限公司原董事长、总工程师、教授级高工，西北稀有金属材料研究院院长。2001 年当选为中国工程院院士，多次获得国家和省部级奖励。"彩电配套用钽粉火炬计划项目"获 1998 年国家火炬计划一等奖；1996 年、2007 年、2012 年又分别获得国家科技发明二等奖，科技进步二、三等奖；2000 年获宁夏科技功勋奖。

（刘旭卓 文 本文采写于 2018 年）

何季麟（左四）在铍铜生产现场指导工作。
本人提供

彭凡：
铸造 3D 打印追梦者

驱车来到银川经济技术开发区同心南街199号，这里正是我国铸造业的领军企业宁夏共享集团的所在地，世界顶级大型铸铁件、铸钢件，以及国内铸造业 3D 打印产业化应用的"国内首创"都在这里诞生。但面对如此之好的成绩，共享集团董事长彭凡却说，这只是迈开了"共享蓝图"的第一步，未来，还大有可为。

彭凡。▶

3D 打印智能工厂

走进共享集团的大门，可以看到路两侧分布着"颜值"迥异的两座建筑，一边是全封闭的现代化厂房，一边是传统的工业铸造车间。

"这里是（共享集团）铸造智能工厂，是世界首个万吨级铸造 3D 打印成形工厂，这里有 13 台我们自主研发的铸造 3D 打印产业化机型，像火车内燃发动机等大型铸件的制造，不再需要长周期、高成本的模具，所用砂芯一次打印成形，效率和质量都超过了世界同类机型最优水平。"跟随共享集团宣传部负责人何晓东走进南侧的现代化厂房，宽敞干净的工厂里，整齐排放着高大的铸造 3D 打印产业化机型，一个就有 5 米多高，几位工作人员在打印机操作板前熟练地进行着操作。偌大的厂房里，除了机器运转声，再没任何嘈杂之声。

可以说，铸造 3D 打印机是共享集团研发实力的证明，但共享集团之所以能成为铸造业一流企业，靠的不仅仅是一项技术的领先。作为"领头羊"，彭凡对于共享的未来，自信而坚定。

探寻铸造业的未来

从 1983 年大学毕业被分配到当时的宁夏长城机床铸造厂工作至今，彭凡已经在铸造产业上坚守了 35 个年头。从生产一线走出的彭凡，一直有个梦想，就是希望能改善铸造行业"黑脏热"的工作环境，实现自动化生产。

梦想照进现实是在 10 年前，他在德国第一次见到 3D 打印技术，但当时在国外也只是用这一技术做一些样品制作等工作。彭凡敏锐地感觉到，这一技术或许可以用到铸造产业上。

"回国后，我们只用了 2 年时间就攻克了技术难关，并成功研发铸造 3D 打印产业化机型，实现了产业升级转型。同时，我们还养了一只'大母鸡'。"彭凡笑着说，以前做研发，是企业关起门来自己做，就像自家养了一只小鸡，生产力有限。但如今，共享集团已经建立了中国铸造行业工业互联网平台——共享工业云平台，通过这只"大母鸡"，可以将行业资源聚集起来，让大家在这一平台上实现资源和项目的共享与交互，不断产生科研成果，推动企业和行业的快速发展。"基于此，铸造业产业的未来，将得到彻底改变。"彭凡说。

保存在老车间里的记忆

在共享集团铸造3D打印成形工厂的展示区里，摆放着一件件造型各异的砂芯（铸造生产中用于制造型芯的材料），令人忍不住驻足观看。这些大型铸件、小型工艺品，全都是用铸造3D打印机打印出来的。它们有的被用在国家重点项目中，有的已走出国门……然而，它们背后的故事，却鲜为人知。

"你们刚才看到老车间了吧，就在厂房对面。我最早来宁夏就是在那样的环境里工作的。"见到彭凡是下午1点，略显疲惫的他坐在沙发上，思绪被拉回到了1983年。那一年，大学毕业的彭凡被分配到当时的长城机床铸造厂工作。厂房里飘浮着的黑色粉尘，即使是酷热的夏天，工人们还是要穿上厚厚的工作服才能抵挡高温和灰尘……

"参加工作后相当长一段时期我总在想，什么时候铸造工人的工作环境也能改善一下，体面一些，不再那么辛苦。"彭凡笑着说，"不过（那时候）哪里会想到有（铸造3D）打印机这么方便的机器。"

铸造3D打印机到底有多方便？彭凡解释说，如果用传统的砂型铸造工艺手工制作一件铸件，在浇注前，需要经过2天建模、3~5天进行工艺设计，再用40天做出木模，之后要有2天进行制芯、造型和合箱的工序，最后再用1天进行浇注，才能做出一个铸件来。但即使这样，也很容易有误差，如果因为生产需要临时调整了数据，那就需要重新开始，再来一遍。"像火车内燃发动机那样的大型铸件，之前需要用模具并手工制作十几块砂芯组装完成，但现在，打印机不用模具一次就能打印成型。"

对每个铸件，彭凡都要求精益求精。

踏上产业转型升级之路

任何一项成果的研发之路，都是不易的。

最初集团投入几千万购买设备，但很快各种问题就凸显出来，要么是不切合实际，要么就是技术上有问题不方便及时解决，最让人"憋屈"的是，如果哪个零件坏了，还得高价维修，受人牵制。

就在大家为难之时，彭凡果断改变思路问集团研发人员："给你们两年时间，能不能攻克受制于人的问题？""能！"彭凡的坚决，换来了更加坚决的回应。

2012 年，由共享集团 10 多位研发人员组成的队伍，正式打响了解决受制于人的攻坚战。让彭凡欣慰的是，仅仅用了两年时间，样机就生产出来了。"再后来就开始设计大机型，直到有了现在 7 米长、4 米宽、5 米高的铸造3D 打印机。"——传统"翻砂"车间变成空调工厂了，铸件生产也由复杂变简单了，共享集团也终于由此开始，结结实实地踏上了铸造产业转型升级之路。

让中国铸造走出国门

如果近十年是共享集团实现跨越式发展的关键时期，

那么，改革开放 40 年，也是他们追求品质，一步步走向国际市场的 40 年。

早在 20 世纪 80 年代末，彭凡便开始跟随当时的厂领导一起，为制造的铸件拓展海外市场。彭凡至今清楚地记得，当他们向日本铸造协会会长真诚地提出出口铸件到日本时，对方却说："你们中国的铸件，水平太低，怎么能出口到日本呢？"这句话刺痛了彭凡等人的心，也让他们不约而同暗下决心：无论如何，都要让中国制造的铸件走出国门，被世界认可！

那一次，在不断走访日本企业并一一推荐后，他们最终和日本马扎克公司签约，拿下了他们的样件订单。让大家欣喜的是，经过日方企业一番严格的验收，所有铸件样品一次性通过质量验收，顺利签约！

质量是发展的第一张牌

2000 年，共享公司与美国通用电气公司（GE）全面合作正式启动，标志着公司国际化进程取得更进一步的重

3D 打印砂芯。

彭凡在车间。

大进展。

目前，共享集团一半以上产品销往亚洲、欧洲、美洲等 10 多个发达国家和地区的 50 余家著名企业，其中 80% 以上的客户是世界 500 强或行业领先者。

"质量是一个企业能不能有好发展的第一张牌，而共享在追求高端、铸造经典的基础上，又提出了大质量的概念，它包括产品质量、工作质量，还有最重要的，就是国家质量。"彭凡笑着说，"别说差之毫厘了，就是差个头发丝都不行！做产品，一定要把创新精神和工匠精神结合起来，才能做好。"

人物介绍

彭凡 1963 年出生于四川省宜宾市，任共享集团股份有限公司董事长，共享装备股份有限公司董事长、总裁，国家智能铸造产业创新中心董事长。多年来一直从事企业经营管理、铸造技术及材料、数字化网络化智能化研究，并成功打造出国际一流的专业铸铁、铸钢企业三家，致力于推动铸造行业转型升级，是中国铸造业领军人物。

铸造 3D 打印机是如何工作的

与办公用的打印机不同，铸造 3D 打印机在工作时，刮砂板每次打印都会刮 0.3 毫米的沙子。打印前预先数字建模，哪里需要实体，打印铺砂的同时，就会在哪里喷上树脂黏结剂。上万个 50 微米的喷孔，在计算机的控制下，根据砂芯的截面图形喷射树脂。树脂与沙子中的固化剂进行反应，形成固化，勾画出砂芯的截面。每打印完一层，升降平台就下降一层。铺砂器铺砂，打印喷头喷出树脂，交替进行。经过约 2000 层的堆叠，砂芯就打好了，后面再经过吹砂这道程序，固化的砂芯渐渐呈现。"一般一个人可以管理 3 台机器，每台机器如果要制作两个 2 米多的大件砂芯，需要 15 个小时左右即可完成。砂芯完成后，再进行 1 天的浇注，最后把外层的砂模去掉，铸件就基本制作好了。"彭凡给记者介绍。

（王　敏　文　本文采写于 2018 年　配图均由受访人提供）

彭凡。

王旭明：
在物理学中"跳舞"的人

第一次和王旭明通电话时，他说这个电话打得及时，因为他正计划去外地。

从 2001 年进入宁夏大学后，每个寒暑假他都很忙，不是在开学术会议，就是在忙课题的事。如今已入选国家"百千万人才工程"的王旭明说，既然读了博士，进行了比较系统的科研训练，就应该做博士该做的事，坚持做科研。

王旭明。
刘旭卓 / 摄

对物理学的热爱

"想到晶格中去跳舞"这句话，是王旭明大学毕业时，在纪念册"个人志趣"一栏中填写的一句话，意思就是想到微观晶体结构中做个舞者。什么叫作对物理学的热爱？由此可见一斑。然而，现实的路，并不平坦。

1991年，王旭明从宁夏大学毕业后，被分配到固原市西吉县白崖中学，做了一名教师。对于许多人来说，这就算是端上了"铁饭碗"，但对于王旭明来说，别人口中的"铁饭碗"，却是他认为的"人生低谷"。他心里有一个坚定的目标——考研继续读物理。

"那时候一到周末，除家在本乡的几位年长老师之外，其他老师都骑着自行车，进了离校十里开外的县城。"王旭明的周末是孤独和寂寞的，但钻到物理学知识中，他又觉得很充实。同事看他工作了还这么用功读书，有些不理解，因为那个时候已经到了谈婚论嫁的年纪，"别考了，给你介绍个朋友结婚过日子吧"，这样的话，王旭明都听烦了，无论谁来劝，无论别人怎么看，他始终坚持着自己的梦想。

1995年，他终于走过最为寂寞的4年，一纸广西大学理论物理专业研究生的录取通知书，为这段时光画上句号。

做科研乐在其中

王旭明说，读了研究生，才算真正开始了物理学研究，也才真正体会到做科研的乐趣，当然还有做科研的那份坚守——耐得住寂寞，受得了清贫。他说，1995—1996年，是他这辈子学习最紧张的一年。

"那时候几门专业课都用英文原版专著，而且是学生讲，导师听并主导同学一起讨论。要把那些艰深难懂的英文专著读懂弄通，并清楚地讲出来，没有夜以继日地钻研和反复琢磨是不可能的。"他至今记得导师的一句话：研究生不是带出来的，是训练出来的。而王旭明恰好是肯钻研，能坐住的人。

采访期间，他说起大学毕业时的一件事。本科毕业时，他写的题为《一类衍射屏的透镜特性分析》的毕业论文，答辩结束后，论文导师让他整理一下，说有可能发表。于是，他就在毕业前的一个月里，泡在图书馆查资料，完善论文。"最后这篇论文真的发表了。1994年，我受邀参加了全国光学学术会议，是当时参会的唯一的中学教师，其他都来自科学院或者大学。"王旭明说，他就是靠着不断的坚持和努力，才完成了读研时最为艰辛的学习。

搞理论研究是艰苦的，但收获也很多。如今再读英文专著或写英文文章就不那么困难了。"不论是理论基础还是英文写作，都是那时候奠定的基础。"

第一位引进博士

2001年，在中科院等离子体物理研究所完成学业取得博士学位的王旭明，婉拒了其他各方邀请，回到母校宁夏大学，成为物理与电子电气工程学院的教师，也成为该院引进的第一位博士人才。

取得博士学位，离开导师团队，必须尽快找到新问题的突破点。那时，正是复杂网络研究在国内流行起来的时候，在其博导的启发下，王旭明结合自己所处西北的地域特点，原创性地把复杂网络的思想引入黄河泥沙输运的研究中，获得了第一个国家自然科学基金项目资助。

"传统的泥沙输运研究是在河流断面上，而我们发展到网络上了。"王旭明解释说，就是将整条河流看成一个树状网络来做研究。传统治理河道泥沙的主要方式是大水冲刷，而他们通过建立模型和物理数据计算，通过人造洪峰的脉冲峰谷控制，来提高输沙效率，相比传统方式，输沙速度大幅提升，效率提高。

一分耕耘一分收获，科研工作是非常艰辛的。2006年寒假，他花了一个月时间编一个程序，结果引发腰疼，很长一段时间不能站、不能坐。在他的带动下，学院的科研项目和成果多了起来。时至今日，王旭明的30余篇论文被SCI（科学引文索引）、EI（工程索引）收录。他还入选国家"百千万人才工程""教育部新世纪优秀人才支持计划"。

给学生辅导课程的王旭明。本人提供

物理跟生活息息相关

王旭明是很"固执"的一个人。这种固执体现在他的科研工作中，也贯穿于他的教学生涯中，更表现在他对宁夏的眷恋中。离开中科院选择回到宁夏时，研究所里的一位领导有点生气："从来都是别人找我看能不能留下，你却留都留不住。"王旭明嘿嘿一笑，说："我恋家。"

本科从宁夏大学毕业，做了博士以后又回到这里，王旭明说就像回到了家一样。他的科研成果，也在这个熟悉的地方，一个个生长发芽，茁壮成长。

王旭明主要从事非平衡统计理论、不连续系统特征动力学、复杂系统理论等领域的研究工作。单从这些字面意思看，就知道这是枯燥乏味的内容，但他做得津津有味。"其实物理跟生活息息相关，生活中随处可见物理。"王旭明说得没错，他们完成的人类群体决策行为动力学及其统计理论，这一课题，就跟人类生活息息相关。

他的研究小组也在这方面进行了一系列新尝试：实证

研究了区域人口结构和 GDP 分布等，揭示了与人类迁移行为有关的统计规律，预测了区域人口演化规律和趋势。王旭明说，现在我国不少地方出现了"老人村"，而许多大城市又过度膨胀，这种现象就是因为自由无序地迁移导致的，他们所做的研究，就是针对这一问题，建立模型，通过一系列复杂的算法，给出区域分布两极分化的预测和警示。

另外，他在不连续系统特征动力学、河网泥沙输运动力学等领域的研究，引起了国内外同行的广泛关注，为宁夏大学的物理学学科建设做出了很大贡献。

作为宁大人很自豪

王旭明对宁大有着很深的感情。1989 年他在宁大开始读本科，2001 年又回到这里做教师，一直到今天。算一算，他人生中二十多年的时光是在宁大度过的。聊起关于宁大的话题，他的话很多，回忆也很多。

"我们读书的时候，宁大老校区的北边围墙还没到现在的贺兰山路，我估计原来的怀远校区是现在校区五分之一左右，那时候学校的旁边还是荒滩，而现在的学校，绿树成荫，学校的环境远不是当年能比。"王旭明看着窗外的绿树笑着说。

除了环境变得优美之外，最让他感受深刻的，是学校整体实力的大力提升。拿物电学院来说，2000 年前后的时候，还没有学科的概念，这虽和当时教学型大学的定位有关，但也在一定程度上说明了当时科研力量相对薄弱，1997 年，才有第一个硕士点——固体力学硕士点。后来随着时间的推移，教师的整体素质大幅提升，学科建设也已走入正轨。

采访中，王旭明特别提到，今年是宁夏回族自治区成立 60 周年，也是宁夏大学建校 60 周年，"宁夏大学在这 60 年的发展中，培养了一大批各个领域的人才，这些人对宁夏的经济社会建设和发展做出了很大贡献。"王旭明笑着说，"作为一名宁大人，我很自豪。"

王旭明 1967 年出生，教授、博导，宁夏大学物理与电子电气工程学院院长。主要从事非平衡统计理论、不连续系统特征动力学、复杂系统理论等领域的研究工作。先后主持国家自然科学基金项目 4 项，参与国家自然科学基金项目 2 项；主持和参与包括科技部国际合作项目、教育部新世纪优秀人才支持计划项目在内的省部级科研项目 10 余项。出版专著 1 部，发表论文 70 多篇。

（刘旭卓　文　本文采写于 2018 年）

姚敏：
宁东煤制油基地拓荒者

"不好意思，实在太忙了。"虽然事先和记者约好了采访时间，但姚敏还是身不由己，被别的事务"抢占"了半个多小时。他一边表示歉意，一边翻开笔记本，迅速地书写着。这样紧凑的步调，是姚敏的日常。

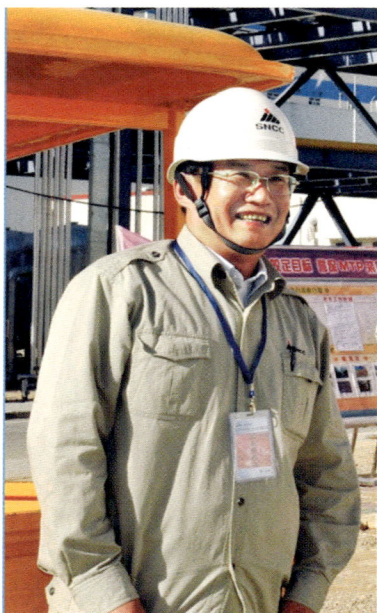

姚敏。
本人提供

宁夏第一个煤化工项目

姚敏的忙始于宁夏的第一个煤化工项目——25万吨/年煤制甲醇项目。这个项目当时是国内最大的煤制甲醇项目，姚敏负责筹建工作。

"我们的煤炭资源储量大，但发热量一般在4000大卡左右，和内蒙古、陕西相比煤质差不少。如果把煤炭运往华东、华北地区，成本也更高，很难有竞争优势。"姚敏说，正是在这样的背景下，2004年，他全面负责25万吨/年煤制甲醇项目的筹建工作。

姚敏毕业于西安矿院，接受和喜欢这样的挑战，其实源自儿时的记忆，"我是磁窑堡人，小时候，家乡周边的煤炭很多，就想着长大了要学好本领，回到家乡来。"他梦想着在这里干一番事业。

当梦想照进现实时，无比艰难。当年的宁东，面临着无任何煤化工人才储备、无煤化工核心技术、无煤化工项目建设与运营管理经验的困难。作为宁东基地的拓荒者，注定了一路艰辛。除了埋头恶补煤化工知识，他同时奔赴全国招贤纳士。一双脚、一个公文包、一张规划图，还有一份"三顾茅庐"的诚意，当年，姚敏就是这样开始项目的筹建工作。

"拼命三郎"的攻关路

"作为当时国内最大的煤制甲醇项目，可能到今天没人会想到，我们当年的核心装置，是一台弃置十来年的'二手货'。"姚敏说，这台煤制甲醇项目最核心的气化装置是从首钢集团买来的，在此之前，它已在库房里闲置了十来年，当时全球仅存两套，另一套在美国。这样的气化炉技术尚不成熟，也没有先例可循。

姚敏带领团队，下定决心要把"这堆废铁开起来"。为了研究方案，他们时常在30多摄氏度的帐篷里一待就是七八个小时，一两个月也回不了一次家，半个月能洗一次澡就算不错。而让姚敏更觉艰难的，是2006年5月的一次意外。当时他参与集团拓展训练时，意外摔伤了髋关节。当所有人为项目攻关捏一把汗的时候，姚敏摇着轮椅来到了现场。

2007 年，项目进入最后的试车阶段，但气化炉辐射废锅频繁结焦。为解决这个问题，姚敏拄着拐杖，每天在相当于 14 层楼房高的气化框架上往返几次爬上爬下，"拼命三郎"的绰号也因此传开。"这台机器现在还在正常运转。"姚敏的自豪，从言语间透露出来。

令人自豪的"神宁炉"

更让姚敏觉得自豪的一件事，发生在 2016 年。

这一年的 9 月 23 日，姚敏在美国得克萨斯州代表神华宁煤与美国顶峰集团签署了"神宁炉"气化技术许可合同，姚敏说，那天很有纪念意义，标志着神华宁煤迈出了从技术引进向技术输出的坚实一步。"以前都是我们找人家要技术，那次反过来了。"

姚敏口中所说的"神宁炉"气化技术，是煤制油项目的核心技术，煤气化装置承担着全厂原料气的供给任务。这项核心技术过去一直掌握在国外几家大公司手中。

为了彻底打破垄断，突破技术难关，2012 年，神华宁煤全面启动了新型气化炉的研发。仅仅一年时间，直径 4 米，高 21.6 米，总重 289.25 吨，日投煤 2200 吨干煤粉全套气化技术（神宁炉）问世，这项获得自主知识产权的核心技术，获得了 15 项发明专利，打破了国外的技术垄断。

从 2004 年至今，姚敏参与主持了包括 25 万吨 / 年煤制甲醇、60 万吨 / 年煤制甲醇等 8 个项目，来自中国宁夏的核心技术，在世界舞台上闪耀光芒。

有史以来的最大项目

采访之前，记者了解的 400 万吨 / 年煤炭间接液化示范项目（以下简称"400 万吨煤制油项目"），如果用一个字来形容，那就是：大。究竟"大"在何处？对于中国煤炭产业的意义何在？姚敏用一组数据做了形象的说明。

"这个项目是目前世界上单套投资规模最大、装置最大、拥有中国自主知识产权的煤炭间接液化示范项目。概算投资550亿元，动静设备1.3万台，仪表设备11万台，电气、仪表电缆1.8万公里，相当于目前我国高铁的运营里程数。"姚敏接着说，这是迄今为止，人类在石油化工及煤化工行业一次性投资建设规模最大的化工项目。

说到这个项目，姚敏似乎有说不完的话，一组一组的数据信手拈来。他说，更为重要的意义，在于这个项目本身的各项突破，以及里程碑式的意义。这个工程，引领一批民族企业在国外技术封锁中突出重围，推动了我国重大技术、装备的国产化，也培养了一大批的技术人才。项目同时承担着国家37项重大技术、装备及材料自主国产化任务，工艺技术、装备台套数统计项目国产化率达到98.5%。

人物介绍

姚敏 1965年3月生于宁夏。1987年毕业于西安矿院（现西安科技大学），工学博士，博士生导师。获国家发明专利金奖、世界煤炭转化卓越贡献奖、中国管理科学奖、自治区科学技术重大贡献奖。

（刘旭卓　文　本文采写于2018年）

王玉炯：
当好宁大生命科学学院的掌舵人

　　对王玉炯进行采访的过程中，他不断强调着不要写他个人，在他看来，整个宁夏大学生命科学学院的发展绝不是个人的贡献。每一个团队，每一个项目，甚至每一个在生命科学学院学习的学生，都是宁夏大学生命科学学科发展实实在在的推动力，而作为院长，他最重要的就是当个"好舵手"，让"大船"航行得更远更稳健。

王玉炯。

生物技术人才的培养基地

20 世纪 90 年代，我们国家在现代生物技术研究方面普遍还是落后的，而宁夏更是处于几乎空白的状态。

1999 年 6 月，王玉炯在原解放军军需大学病原生物学专业博士毕业，也是那一年，宁夏大学准备筹建生物工程系，接到邀请后，他决定重回故乡。在他的带领下，宁夏大学的生命科学学科从无到有，实现了当年建系，当年招收本科生，当年建立硕士学位点的跨越式发展；领衔建立了宁夏第一个生物化学与分子生物学二级学科硕士学位点，获批建设了宁夏第一个教育部重点实验室。

作为学科带头人，在王玉炯的努力下，还相继获批建设了生物学一级学科硕士点和生物学一级学科博士点，形成了学士—硕士—博士完整的人才培养体系；领衔建设的生物化学与分子生物学学科于 2001 年被遴选为首批自治区重点学科，之后，又相继入选"211 工程"重点建设学科和首批自治区优势特色学科，目前，"生物学"一级学科已被遴选为自治区"双一流"建设的重点建设学科。

如今回想当时筹建的艰辛，王玉炯颇为感慨："那时学校将北校区一个卫生所的办公室腾出来让我们使用，生命科学学院最早就是从那里开始走出第一步的。"从最初筹建时期的不到 10 个人，发展到今天由 90 多人组成的高水平师资队伍。学院的发展，取得了有目共睹的成绩，入选国家"百千万人才工程"人选、教育部"跨世纪优秀人才"、自治区"塞上英才"等各级各类人才计划 20 余人次，使宁夏大学生命科学学院成了宁夏生物技术领域内开展高水平科学研究，培养高层次专门人才，开展国内外学术交流，为地方经济建设和社会发展提供智力和技术支撑的重要基地。

科研围绕经济发展需求展开

与其他院系发展定位不同，王玉炯介绍说，从成立之初，生命科学学院的定位就是教学和科研并重。在他看来，只有高水平的科研，才能有高质量的人才培养，产出的生物技术成果也才能对宁夏产业经济的发展起到有效的推动作用。这一点，被集中展示在了生命科学学院实验室楼的荣誉墙。

"这些都是各个团队承担的科研项目，你看，有研究动物传染病的，有研究枸杞、马铃薯的，还有研究荒漠土壤、沙生植物害虫……"王玉炯说，"生物技术就是这样，一是应用的领域比较宽广，二是可以通过基因、细胞等微观世界的研究，'以小博大'，推动不同产业向更深入的领域迈进。大家在选题立项的过程中，会围绕宁夏经济建设发展的需求、围绕宁夏产业发展过程中存在的问题。这样，我们的科学研究才不会游离于社会发展需求之外，才能解决产业当中的实际问题，为经济发展提供技术支撑。"

说话间，记者跟随王玉炯参观了实验室楼，在这里，有国内先进的科研环境和设备，也创造了被全国乃至世界所关注的科研成绩。王玉炯指着满满一间屋子的证书、奖牌说："你看，这些都是我们学院的教师和学生参与科研项目获得的成果。""教学兴院、科研强院"是生命科学学院一直以来坚持的发展理念之一。

从第一个申报项目开始……

说起科研，有一件事至今让王玉炯印象深刻。建系第一年，由他作为项目主持人申报获批了一项国家"跨越计划"项目，国家批复经费270万元，这个数字让学校吓了一大跳。

"那个项目后来又衍生出了宁夏申报获批的第一个国家'863'计划项目，即'犊牛、羔羊腹泻CPB-ST双价基因工程苗的中试研究'，研究成果在2004年8月成为我国第一个获得国家一类新兽药证书的动物用基因工程疫苗。"

在那之后，王玉炯带领团队先后主持承担了国家"973"计划项目、国家自然科学基金项目和科技支撑计划项目等国家级项目20余项。作为学院的"掌舵人"，王玉炯在科研上的坚持，也让宁夏大学生命科学学院成为吸引高层次人才的磁石。如今，在宽松和谐氛围的好环境吸引下，凝聚了一批具有国际视野、年轻有为的高层次人才，更吸引了外籍专家，甘愿为了科研事业把家落在了宁夏。

人物介绍

王玉炯　1963年生，宁夏中宁人，宁夏大学二级教授、博士生导师，上海交通大学兼职教授、博士生导师。长期从事微生物学等学科的教学与科研工作。"基础生物学"国家级教学团队带头人，教育部"长江学者与创新团队发展计划"创新团队带头人，自治区"塞上英才"、国务院政府特殊津贴获得者。

（王　敏　文　本文采写于2018年　配图均由受访者提供）

王玉炯教授指导博士研究生。

马玉龙:
科研路上要耐得住寂寞

马玉龙不善言谈,但说到化工时滔滔不绝,两眼放光。这位成绩卓著的科研人对化学化工像着了魔一样,"一天不待在实验室,感觉心里慌得很",他说,习惯这东西真可怕,一旦养成就改不了了。

马玉龙在
实验室。

做研究要走到实践中去

"搞研究时感觉很充实，闲下来就难受。"马玉龙笑着说，这种感觉和高考时最为相似，那时候他就对数理化很感兴趣，并且考入陕西师范大学化学系。1988年，完成本科学业后，马玉龙来到当时的宁夏农学院（现属宁夏大学）任教，后来，他在职攻读浙江大学博士学位，取得博士学位后，2004年，重新回到宁夏大学。

"回来后，就直接参与了自治区的重大项目。"马玉龙说，自己当时是以科技特派员的身份来到宁夏伊品生物科技股份有限公司的，当时主要解决一个难题——氨基酸分离纯化。氨基酸是调节饲料口感，促进动物食欲的一种重要添加剂，但一直以来都是依靠离子交换技术，氨基酸提纯效率较低，马玉龙主要研究膜的分离与再生提纯技术，取得了重大成果。

"靠这一个技术，就能为企业盈利4000多万元。"马玉龙感慨地说，到现在他都记得那趟从市区开往永宁的404公交车，每次坐着那趟车，一趟又一趟地跑去企业，有时候一整个假期都在企业待着，和企业上上下下的员工都混熟了。"搞研究不能闷在办公室里，不然怎么会知道企业的生产流程是什么，怎么会知道企业最需要解决的难题是什么。"马玉龙笑着说。

宁夏高校首个国家重点实验室

说起省部共建煤炭高效利用与绿色化工国家重点实验室，马玉龙感慨良多。

马玉龙说，2007年1月，这个举全区之力申报的国家级实验室获批，是宁夏高校中第一个国家级实验室。为了申请这个实验室，熬夜写材料，成了他和申报组成员的家常便饭。这期间，大家还要去外地请专家论证，请院士评估……马玉龙说，那时候好像不知道累，心里有个目标，完不成总是不甘心，好在他们一鼓作气，实验室最终获批了。

而现在，更严峻的形势摆在面前。2020年，实验室将迎来评估，如果牌子都保不住，科研项目就无从谈起。虽然压力很大，但从马玉龙的话里，依然能听出他信心十足。

"我们这个实验室 2017 年承担了自治区重点研发项目两项，重大项目一项，承担国家级科技研发课题一项……"马玉龙掰着手指头，详细介绍着。他说，目前，实验室的研究方向主要有三个：一是煤的清洁利用，二是产品的可控转化，三是资源循环利用。目前，他们已经取得成果。"在煤化工含盐废水分置提盐东西部合作项目中，我们已经能提取工业盐了，今年小试已经完成，预计明年在神华宁煤中试后，将很快实现产业化生产。"这一科研成果，将大大提高工业废水的循环利用率，给企业带来巨大经济效益。

科研之路当迎难而上

科研之路从来都不是笔直平坦的，马玉龙告诉自己，也告诉学生，一定要耐得住寂寞。2009 年开始，他和学生们开始研究秸秆利用，他们跑遍了宁夏，收集来自不同产地、不同品种、不同部位的秸秆，做纤维素转化多元醇的研究。

"当时许多学生都信心满满，但是到毕业的时候，他们说没有研究成果，论文也不好写，有些女生就哭鼻子。"马玉龙说，这太正常了，因为搞科研不可能那么简单，秸秆利用是个很大的难题，如果那么简单的话，那还叫科研吗？直到 6 年后，他们对于秸秆利用的研究论文才逐渐开始发表。

搞科研要耐得住寂寞。马玉龙有一个习惯，每两年一次的国家自然科学基金申报项目申报材料，他会在正月初一到初七这七天去完成。"过年时正好没人打扰，清净，很适合写申报材料。"马玉龙说。

绝不妥协的治学态度

马玉龙一方面搞研究，一方面还承担着学院的本科生、研究生、博士生的教学工作，另外还负责学院的管理工作，所以每天的日程都安排得满满的。他随手翻开鼓鼓的文件包，里面塞满了各种申报国家级或者省部级项目的材料。尽管很忙，时间有限，但对待科研，马玉龙从不妥协。

"有时候会遇到学生论文答辩过不了的情况，怎么办？过不了就是过不了，哭得再凶也是过不了，我告诉学生，做学问不是靠眼泪的。"马玉龙说，在做学问和科研方面，不管你是谁，他一步也不妥协。

从 2002 年带研究生开始至今，马玉龙一直坚持每两周组织一次课题组讨论，逼着研究生了解当前最前沿的科学研究，而且要了解本专业之外的科研成果，每个人都要上台讲。这就要求学生必须吃透科研内容，而且视野要开阔。

但在生活中，在私下，他又是谦逊和蔼的，他的学生说："实验室的空调就是马教授自己掏钱安装的，他觉得我们在那里面做实验太热了，但他的办公室也没空调。"

人物介绍

马玉龙 1965 年生，宁夏固原人，博士后，博士生导师。主要围绕工业产品分离与清洁生产、资源高效转化与循环利用、生物质能源开发等领域，开展基础应用研究和工程技术开发工作。主持国家自然科学基金 4 项、国家科技人员服务企业项目 1 项、教育部新世纪优秀人才项目 1 项、宁夏重大科技攻关项目 1 项、宁夏重点科技项目 2 项等。

（刘旭卓　文 / 图　本文采写于 2018 年）

陈力：
见证宁夏气象发展之路

　　"刚来宁夏一看，怎么是这个样子？我们一起来的同学，有的都哭鼻子了。"老气象人陈力回想起1959年初见宁夏的样子，就是荒凉。可是只要这地方有人生活，就需要了解天气变化。陈力等一批气象人作为这一时期的亲历者，用自己的青春，奠定了宁夏气象事业最初的基础。

陈力。

预测天气要看天、看蚂蟥

1959 年，陈力从成都气象学校毕业，来到宁夏。过去有个宁朔县，就是现在的青铜峡市，他刚来就在那里当代理站长。

"那个时候搞的是人民气象，要培养气象哨，这个现在的人可能都不理解。我当时骑着自行车，带上一个黑板、一盒粉笔，到各公社、大队去给气象哨讲课，什么是天气预报，什么是霜冻，霜冻怎么防……白天讲，晚上打个地铺就睡那儿。"

代理站长干了几个月，1960 年陈力就调回宁夏气象局。当时气象局刚建立，在窑洞里办公。"那时正值三年困难时期，刚去的时候有个插曲，上级派我抓食堂工作，为了改善生活，农业厅分配了 30 只羊，我们到盐池买羊，背了几斤黄豆不敢吃，怕羊饿死了不好交代，就给羊吃。晚上睡觉怕人偷，就把两个羊抱着，大衣盖着，就这么睡，身上都是虱子。"

陈力告诉记者，人都吃不饱，更没条件提高建设水平。那时全区就 70 多个气象人，都是外地支宁来的。各县就一个观测场，气象台就两个，一个固原气象台，一个银川气象台。制作天气预报还要凭群众经验，看天、看蚂蟥、看乌龟。计算机根本谈不上，他们工作的时候都是拉计算尺、打算盘统计资料。

艰辛建起贺兰山气象站

1960 年，自治区批准建立贺兰山气象站，让陈力负责建站。3 月份开始勘测，一共五六个人，他是最年轻的，每天背着经纬仪，从贺兰山东边到西边，每一个高峰他都爬过，最后位置选在大岭。

高山上建站困难太多，去了以后先在大岭挖地窖、搭帐篷，还要修路、盖房子。陈力是气象局、农业厅、设计部门来回跑，没有交通工具，就靠走路。"有时候还得赶夜路，挺害怕的，赶上刮风下雨更麻烦。平时吃水吃菜，也都得靠当地政府和群众帮忙，不然根本生活不下去。"

在贺兰山气象站，他们主要是为民航和空军部队发报。工作方面的困难不少，比如冬天电线会结冰，一结就是一堵冰墙，电话也不通了，必须从山顶到山地都把冰敲掉。还有就是下大雪，半天就把观测场埋掉一半，百叶箱都被堆起来了。

1966年，中国气象局和农业部联合下发了一个关于逐步组织公社区以及以上农业基础推广站开展气象服务工作的通知。正好陈力是1964年从贺兰山气象站调到贺兰县气象站，跟农机站比较熟，就和他们一起蹲点，到前线普查春潮、霜期在什么时候，当时因为贺兰县气象站建站时间短，资料很少，只好借鉴银川的资料，还有一个办法是看老农谚和物候。

天气会商。

"我记得那几年我们还调查冰雹，因为冰雹有时候是打成一条线的，就给它绘制了一个冰雹的走向图，防雹就按这个路线来打防雹炮。1959 年的时候，全区开始人工消雹试验，那时候都用土炮，经常爆炸。后来引进了'空炸炮'，再后来又有土火箭、'三七'高炮和防雹雷达。"

为农业现代化奠定基础

20 世纪 70 年代有一阵，陈力曾离开过气象部门，但因为喜欢气象工作，又回来了。而这时，正是宁夏气象事业蒸蒸日上的阶段，各方面现代化进程加快，是一段飞跃的历史。

1979 年，开展全区农业气候区划工作。宁夏气象局成立了规划小组，抽调了一些技术人员参加全区农业区划会战，最后还写了《全自治区农业气候区划报告》。搞这个花了很多功夫，也为农业现代化发展奠定了基础。

至于陈力自己，因为这一年也号召业务归队，听了这

地面观测员学习观天经验。

个消息，他就申请回来了，在永宁县气象站工作。"刚回来就让我研究彭曼公式，那是英国一个科学家发明的公式，和农业气候区划工作有点关系。我当时不懂，但是我会统计，就被派到中国气象局办的高级农业区划气象班，学了不少东西，包括这个彭曼公式。回来以后，我就一门心思扑在这事上，家也不回，全心全意找资料。当时也是运气好，找着了不少关于彭曼公式的资料，这个主要是研究植物蒸腾和蒸发的关系。"

陈力把当地好多作物的系数求出来，比如水稻、小麦的蒸腾系数，这样就知道灌多少水，在什么日照辐射情况下它产量最大，这些在农业区划上都是有用的，可以区分我们的干、湿线等农业气象划分。

全区建立天气雷达监测网

"工作期间，还有一件事对宁夏气象事业影响挺大的，就是搞现代化建设。20 世纪 80 年代，具体哪一年记不清了，全国气象局长会上，要求成立现代化小组、台站的规划小组，研究站容站貌怎么改变，人员的技术力量怎么培训。那次会后，局里送了好多人出去培训。"

那时宁夏气象部门现代化进展也特别快，全区建了天气雷达监测网，银川、中卫、固原这些地方形成一个网，有711雷达、多普勒雷达，这个很不简单，在一些西方国家也不多的。再加上卫星、计算机，基本实现了现代化。陈力还记得当时除了宁夏计算中心，就属他们引进计算机比较早。有一次美国专家到这儿来看到了特别吃惊，认为在这个地方，现代化建设一点不落后。

卫星的作用也很大，1988年9月7日，我国第一颗气象卫星发射成功了，乌鲁木齐卫星地面接收站在当天早晨首先接到了云图照片。

有了这个云图以后，针对天气的实时预报，准确度提高了，能提前一个小时报出来，作用很大。比如贺兰山的暴雨，提前一个小时报准了，就可以少受损失。

气象事业就是要做好服务

气象事业就是要做好服务，向公众发布有效气象信息，信息有效了，大家才会认可。

"我印象最深的是，有一年预报做得比较准。好像是涉及黄河汛期，降雨量很大，区领导就坐在气象局，局长、预报人员、技术人员都在，当时叫气象部门拍板，到底要不要分洪。如果分洪，就会把一个公社淹掉，沿途也要遭灾的。我们分析以后，认为上游不会有大雨，不需要分洪。结果预测很准，给国家减少很多损失。还有贺兰山发山洪，我们也做出了准确的预报，避免了很多损失。"

后来大家慢慢也都知道了天气预报的重要性，也就越来越关心天气预报。以后天气预报说有灾情，宁可信其有，不可信其无，这对气象部门的威信也是一个提高。过去陈力刚到宁夏，很少有人说天气预报，现在由于现代化的建设，气象部门预报越来越准确，服务的范围不断扩大，就是不一样了。

人物介绍

陈力　1936 年生，湖北省黄梅县人，1959 年来到宁夏，先后在贺兰山气象站、贺兰县气象站工作，后又任宁夏气象局科研所技术员。

（李　尚　文　本文采写于 2019 年）

鉴定检测气象仪器。

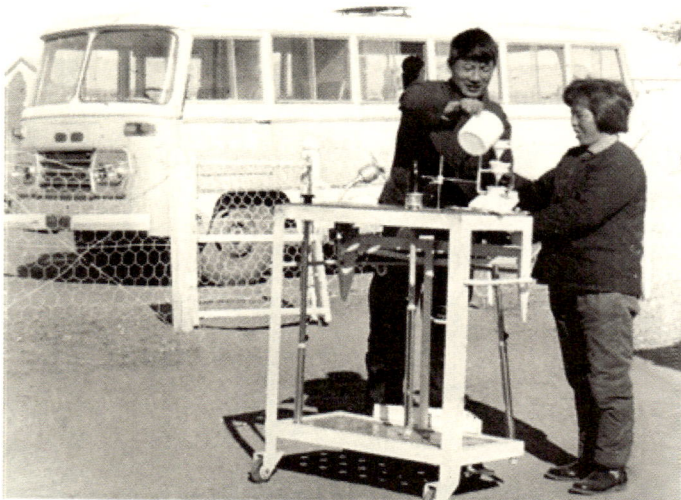